De la même autrice

Plus jamais seule ! Quoique…
Éditions Sud Ouest, Bordeaux, 2019

Les 12 travaux mythiquement merveilleux de Pernille
Éditions Sud Ouest, Bordeaux, 2022
Prix de la bal(l)ade littéraire du Salon de Lons 2022

De si beaux horizons
City Éditions, 2023

Pour communiquer avec Coralie Caulier

facebook.com/coraliecaulier.officiel
instagram.com/coralie_caulier
tiktok.com/@coralie_caulier

Ce livre a été imprimé par Firmin-Didot (177882
ISBN : 978-2-8177-1096-9 – N° éditeur : 01.02.01.24

CORALIE CAULIER

PLUS JAMAIS SEULE !

QUOIQUE...

5 ANS
PLUS TARD,
VERSION
ENRICHIE

Éditions SUD OUEST

À mes piliers. Ma mère, mon père, mon frère
et parfois ma canne quand mes sacro-scintes
se font la malle !

Avertissement

CE LIVRE VA PARFOIS être grinçant *(comme mes articulations)*, mais cela reste de l'humour. Lire mes boutades *(surtout celles en italique)* au sixième degré est la meilleure façon d'aborder ce livre ! Pourquoi l'humour ? Je pense qu'il fait partie intégrante des traitements au quotidien d'une maladie chronique. L'humour fait du bien, dédramatise, apaise, et fait tout simplement rire. Je n'ai pas pu m'en passer dans mes écrits... à vos risques et périls ! Si vous gardez en mémoire tout au long de votre lecture que l'humour est simplement de l'humour, tout ira bien.

J'ai écrit ce livre pour tous les malades, proches de malades, et pour tous les autres. Mon premier objectif est de faciliter la compréhension entre les deux mondes, d'améliorer le dialogue et de changer les regards. Ce n'est pas simple comme objectif, me direz-vous et, justement, pour que ce ne soit pas trop pesant, vous l'aurez deviné... Non ? Humour ! Quoi que je puisse dire dans les prochaines pages pour taquiner les uns et les autres, rappelez-vous que vous êtes tous formidables... La preuve, vous avez acheté mon livre ! *(Ça y est, je commence !)*

Préface

« Ah, mes vieux os ! Mes rhumatismes ! » À mon âge, on dit cette phrase tous les jours. Une ritournelle propre à mes quatre-vingts balais. C'est l'apanage des vieux. Je suis une mamie gâteau *(je voulais mettre « vieille bique » mais on m'a censurée… Quand on voit ce qui suit, on se demande pourquoi !)* et j'ai de l'arthrite, quoi de plus banal ? Avant de passer l'arme à gauche, les articulations s'affolent, mais heureusement pas avant !

Quoique…

Une grande autrice a dit récemment : « Y'a pas que les vieux qui sentent la pluie, l'humidité, toi, à vingt ans, tu as déjà un baromètre pré-intégré. »

Vingt ans ? Il y a erreur sur la marchandise. Ça ne peut pas être ça, elle ne doit pas parler d'arthrite et de rhumatismes. Ou alors elle ment pour faire sa maligne !

Quoique…

Et si c'était vrai… ? *(Ça, c'est d'un autre auteur, un peu moins connu.)*

Coralie m'a confié qu'elle était souvent émue par le regard que les personnes âgées portaient sur elle les jours où elle a sa canne. Un regard gêné doublé d'une douce compassion, comme si elles avaient honte de ce dérèglement de l'ordre des choses. C'est pour cela qu'elle m'a laissé la parole dans cette préface. C'est peut-être bien réel cette histoire de rhumatismes…

Pour en juger par vous-même, je vous laisse en sa *(merveilleuse)* compagnie, elle se sent un peu seule.

Quoique…

Mémé Gertrude
Patiente experte

On a tous vécu ce moment…

Réveil en sursaut. Il est l'heure. L'alarme a dû se déclencher. Pourtant, je ne l'entends pas. L'ai-je arrêtée dans un demi-sommeil ?

Je tourne la tête et le radioréveil m'annonce trois heures du matin. Impossible ! Serait-il déjà en panne ? Mais je viens de l'acheter !

Tout ce méli-mélo me contrarie. Est-ce cette contrariété qui me lance tant dans le dos ? Je me lève. Je me traîne. Pas sûr que ce soit le radioréveil qui soit en panne finalement…

Mon corps crie la déroute. J'ai mal. C'est quoi ce nouveau mot, d'ailleurs ? Pourquoi ne me lâche-t-il pas depuis des semaines ? Je n'ai rien demandé, moi !

Et pourtant, j'ai mal.

Étrange.

Oui mais j'ai mal.

Pourquoi ?

Ça ira mieux demain…

Non ?

Chapitre 1

JE VENAIS DE PASSER une année de folie au Centre de formation vocale Richard-Cross à Paris *(oui, je me la pète dès le début, comme ça, vous avez le ton tout de suite !).*

Je chantais à longueur de journée, je dansais, je jouais la comédie, je répétais jusqu'à pas d'heure et je trouvais le temps *(cela me semble surréaliste aujourd'hui)* de pratiquer un sport hallucinant… la gym suédoise ! Soixante nanas en tenue de sport qui sautillent et galopent pendant une heure non-stop. *(Si vous avez l'occasion, le spectacle vaut le détour !)* Bref, je vivais à mille à l'heure. Que dis-je, dix mille à l'heure !

Et j'avais enchaîné avec la même férocité un cursus au Cours Florent, après un passage aux Rencontres d'Astaffort de Francis Cabrel et une formation le week-end de chef de chœur à Caen *(eh oui, je me la pète encore… Et alors ?).* J'étais une furie déchaînée, je voulais apprendre, je voulais me nourrir de tout ce qui me passait sous la dent *(excepté la nourriture, une bonne comédienne se doit d'être mince, c'est bien connu)*, je voulais vivre et tout faire exploser.

Finalement, ce qui a explosé, c'est mon corps ! Oups…

Certains disent que la maladie n'arrive pas par hasard. Je ne sais pas jusqu'à quel point cela est vrai, mais toujours est-il que cette année-là, j'en ai beaucoup demandé à mon corps. Trop. Je ne l'écoutais pas. Était-ce une sonnette d'alarme, ce corps qui explose ? Je ne le saurai jamais. Se dire : « Et si j'avais été plus attentive à mes ressentis ? », « Et si j'avais fait différemment ? », « Et si, et si… », ça n'avance à rien, ça n'apporte rien, si ce n'est de la culpabilité incertaine. Alors je ne sais pas pourquoi, je ne le saurai certainement jamais, mais oui, mon corps a explosé.

Et ç'a été brutal. Un couperet bien acéré. Je traînais une petite angine depuis quelques jours et un soir, en rentrant du cours de théâtre, je me suis sentie vraiment patraque. Courbatures, fièvre, nausées et vomissements *(je vous préviens, c'est ici que nous quittons le glamour. Âmes sensibles s'abstenir.)*. Bref, un bon coup de froid…

Mais le lendemain matin, le bon coup de froid s'était transformé en bulldozer écrasant tout sur son passage – et notamment mes articulations *(certaines études scientifiques tendent d'ailleurs à chercher un lien entre infections préalables, mauvaise réponse immunitaire et déclenchement de la maladie)*. J'avais mal partout, je suffoquais littéralement. Je n'arrivais pas à marcher, je n'arrivais même pas à me lever. Panique à bord !

— Allô Maman ?

La famille à la rescousse ! Ni une ni deux, les voilà qui m'embarquent. Direction les urgences.

Là-bas, on n'a pas vraiment identifié ce qui m'arrivait. Un gentil interne un peu dépassé m'a filé deux, trois cachetons pour faire taire la douleur et m'a dit de revenir le lendemain. OK, chef !

Malgré les jolies petites pilules, j'ai passé une nuit merdique. Je me réveillais sans cesse, tournais en rond *(j'ai passé pas mal de nuits depuis à tenter le tourné en carré mais le dicton a raison… Ce n'est pas possible !)*.

Je faisais l'expérience désagréable d'un mot qui allait devenir mon quotidien *(mais ça, je ne le savais pas encore, alors ne perturbons pas trop la chronologie spatio-temporelle)*, la douleur.

Quel mot pervers et hypocrite. Sous ses petites consonances toutes douces, on croirait presque que ça coule tout seul. Et pourtant, je peux vous jurer que rien ne coule avec la douleur. Ça reste bien bloqué, du béton armé. On aurait dû appeler ça « troukeur », par exemple. Là, on comprend mieux, c'est plus parlant. Si on dit :

— La vache, j'ai plein de Troukeurs aujourd'hui. Rrrrh, truc de…

C'est sacrément plus représentatif que :

— Humm, j'ai plein de douleurs aujourd'hui. Lilalilalou…

C'est comme dire « J'ai mal », c'est tellement joli qu'on pourrait penser que c'est une expression inventée pour le dessin animé *Oui-Oui* !

Jai-Mal
Est si fier de ses belles pilules jaunes et rouges
Jai-Mal
Montez avec lui il vous emmènera au pays des douleurs

Vous l'avez bien en tête, maintenant ? Comme c'est magique ! Moi, ça va me rester en tête pour trois jours *(mais ça, je ne le sais pas encore, donc ne perturbons pas la chronologie spatio-temporelle).*

Tout cela pour dire que les mots sont des menteurs – ou bien les gens qui les inventent. Ils vendent du rêve et après paf, tu te prends une réalité à laquelle tu n'étais pas préparée. Ça ne va pas du tout ! Je crois qu'il est grand temps que j'intègre l'Académie française pour remettre de l'ordre dans tout ça. Ne vous inquiétez pas les gars, j'arrive !

Revenons à nos moutons. Nous ne sommes pas en 2017 *(année où je suis en train d'écrire. Ah, nous sommes maintenant en 2038 ? Il a été édité sacrément vite ce bouquin ! #fière).* Non, nous sommes en 2008. Année fatidique.

Toute ma vie, je me souviendrai du mois d'octobre 2008. Je sais précisément ce que je faisais : pas grand-chose !

Les douleurs devenant trop intenses, j'ai dû quitter le Cours Florent, quitter Paris et revenir chez mes parents *(vous allez voir au fur et à mesure du livre que ce ne sera pas le seul come-back, mais je n'en dis pas plus, faudrait pas vous priver du suspense).*

Je passai examen sur examen. On m'a pompé tout mon sang pour l'explorer *(VS, CRP, HLA B27…)*, j'ai joué à l'imprimante et au scanner *(oui, j'aime faire des blagues pourries !)*, et fait un voyage interstellaire dans une Intergalactiqua Revolutionnary Machine, plus connue sous le nom d'IRM.

On m'a tout fait noter entre 0 et 10 *(la douleur, la fatigue…)* et ça, ce n'est pas évident sans manuel d'apprentissage ! Je me demandais comment les médecins comprenaient et interprétaient ces notations, j'ai saisi par la suite que c'était très subjectif et que, loin de servir de comparatif entre patients, ces notes permettaient un suivi de notre propre évolution au fil du temps. Toujours est-il qu'au début, j'étais un peu perdue !

Après plusieurs semaines d'investigations, de nuits sans sommeil, d'éclatements de tête contre les murs, j'obtins enfin un rendez-vous. Le doc avait des choses à me dire !

Je n'y allais pas en fanfaronne, mais pas inquiète non plus. J'avais encore une petite naïveté toute mignonne qui sautillait et chantonnait que le malheur, on le sait bien, n'arrive qu'aux autres. Ah, ah, pauvre crécelle !

— Le malheur, il existe et aujourd'hui, il est pour toi !

Mais ça, je ne le savais pas encore, alors ne perturbons pas la chronologie sinon les astrophysiciens vont venir m'accuser de voyager dans le temps et si je me mettais à aller tuer mon père avant que je naisse, je vous raconte pas le paradoxe...

Donc ! J'étais là à attendre mon rendez-vous. Un peu sur les dents *(parce que je n'avais plus grand-chose à me mettre sous...)*, je voulais savoir !

Allez, encore un peu de patience pour le diagnostic, j'ai prévu de n'en parler qu'au chapitre 2. Eh oui, il n'y a aucune raison que je sois la seule à avoir attendu et ressenti cette frustration. Tous dans le même bateau !

Et puis si je vous racontais tout, tout de suite, vous ne liriez pas la suite. Bon, ça compterait malgré tout pour une vente de bouquin mais quand même... j'ai encore deux, trois trucs à vous dire sur ma petite personne. Patience !

Plus tard, j'ai appris que j'avais eu de la chance...

Mon diagnostic était tombé en un mois, alors que la moyenne est de sept ans pour cette pathologie ! Sept ans d'errances médicales, de douleurs incomprises, car il s'agit d'une maladie très difficile à diagnostiquer *(parfois des signes radiographiques, parfois non. Parfois des marqueurs sanguins, parfois non. Et j'en passe.)*. Un truc à devenir fou.

Alors OK, j'étais mal et impatiente, je trouvais le temps ultra-long BUT... I was a lucky girl !

Un étrange dialecte…

CET HOMME EST DEVANT MOI depuis quelques minutes à présent. Pas très grand, la quarantaine bien tassée. À priori, il parle…

— Vous comprenez ?

Non, selon toute vraisemblance, je ne comprends pas. Qu'est-ce qu'il a dit déjà ? Il pourrait mimer avec les mains, je ne connais pas son dialecte, moi !

Peut-être me parle-t-il de toutes ces expériences bizarres qu'il m'a fait vivre ces dernières semaines ?

Si j'ai gagné au loto, j'aimerais qu'il me le dise plus clairement !

Mais il continue avec ses mots compliqués et termine avec le plus barbare de tous : spondylarthrite ankylosante.

Ne vous inquiétez pas si vous buttez dessus, tout le monde écorche ce nom imprononçable. C'est une histoire d'entraînement !

Vous voulez un petit dico ?!

Chapitre 2

C'EST FOU COMME je me sens con devant cet extraterrestre. Ils sont déjà parmi nous !

Et ils ne ressemblent absolument pas à ce qu'on nous avait dit. Ils trompent bien l'ennemi, ces aliens du douzième type. Blouse blanche sur petite chemise à carreaux, chaussures bateau, poches remplies de stylos, ils nous vendent un sourire de circonstance. Mais… Je suis certaine que ce serpent autour de leur cou sert à nous envoyer des radiations dans la poitrine.

— Respirez bien fort.

Bah, tu m'étonnes !

— Allez-y franco, faut que ça pénètre bien dans toutes vos cellules et comme ça, après, on pourra vous manger toute crue.

Les malins, ça, ils se gardent bien de le dire.

Bref, trêve de plaisanterie… mais je vous aurai prévenus. Quoi qu'il arrive, si invasion il y a, ça ne promet pas du joli joli ! Gorge sèche, palpitations cardiaques, regard hagard et mutisme… Vous voyez le tableau ? Eh bien, c'est encore pire !

Je ne réalise pas bien ce qui m'arrive. Je subis ce rendez-vous plus qu'autre chose.

Le médecin me manipule, regarde une fois encore les divers résultats de mes examens *(comprennent-ils réellement quelque chose à ces clichés en noir et blanc qu'on appelle radios ? Ou bien font-ils semblant pour se la jouer « Communauté des Hommes Médecins qui Savent Extraire des Informations des Images Illisibles par le Commun des Mortels » ? J'émets un doute…)* et il parle.

— Vous souffrez d'une spondylarthrite ankylosante, avec HLA B27 positif.

Quoi, ce n'est que ça ? Tout ce cérémonial pour ça ? J'ai bien failli éclater de rire, je vous le promets.

Mon père a une spondylarthrite ! Ce n'est rien, cela n'empêche pas de vivre normalement, quelques cachets par-ci par-là et puis c'est bon. Mal au dos, hop un cacheton, et hop ça repart. Fingers in the noze comme on dit !

Ah, la bonne blague, il m'aurait presque fait peur celui-là. Des petits farceurs ces extraterrestres quand même, on ne peut pas leur enlever ça. Même s'ils nous mangent tout cru, on ne pourra pas leur nier un certain sens de l'humour.

Quoi ???

Oh là là, que vous êtes coincés… Souriez un peu ! Vous êtes en train de vous dire : « Oh non, une jeune femme apprend à 20 ans qu'elle est malade. Même si elle dit que ce n'est rien, je ne peux quand même pas rire. Ce serait déplacé… Bon, allez, je me lâche, un sourire, ça ne fera pas de mal. Oh et puis un petit rire étouffé… »

Quoi ? Vous osez ? Quelle indécence… Honte à vous ! JE SUIS MALADE QUAND MÊME ! Vous n'avez donc aucun respect ?

Ah, je vous ai bien eus, non ? Mais bon, un peu de tenue tout de même…

Enfin, toujours est-il que cet extraterrestre de l'astéroïde médicalus X137HB8462K m'a bien fait rire !

Avec ses airs tout droit sortis de la CHMSEIIICM *(vous savez, la fameuse Communauté des Hommes Médecins qui Savent Extraire des Informations des Images Illisibles par le Commun des Mortels. Retenez, parce que je ne vais pas le répéter à chaque fois)*, il n'avait finalement pas grand-chose à me dire.

D'ailleurs, on est repartis tranquille *(j'étais avec pôpa-môman)*.

Anti-inflammatoires, quelques antidouleurs et une poignée de main…

ATTENTION FLASH SPÉCIAL

« Au nom de tous les arthritiques du monde entier, je souhaite dédier onze minutes de remerciements, de reconnaissance et de respect à tous les rhumatologues du monde entier et à leurs légendaires poignées de main. Nous ne vous remercierons jamais assez pour leur mollesse qui, Dieu merci, protège nos mains douloureuses. Il faut vous reconnaître cette sacrée qualité d'adaptation… C'est tout mou et c'est parfait comme ça ! Alléluia ! »

C'est d'ailleurs une des grandes frustrations de ma mère aujourd'hui *(oui, je change de temporalité, et alors ?)* : ne plus pouvoir me serrer FORT dans ses bras ! En effet, des gestes anodins du toucher sont complètement décuplés tant le ressenti est douloureux. Petite chose fragile que je suis ! Il est essentiel de préserver son espace vital, notamment face à ceux qui ont tendance à te taper dans le dos après une bonne blague ou ceux qui ont la fâcheuse habitude de te serrer l'épaule en te faisant la bise. Ah, c'est de l'organisation !

Maintenant que c'est dit, nous pouvons reprendre le cours des programmes.

Je disais donc que je repartais plutôt sereine. Être malade, pas top, mais si ce n'était que ça, j'allais vite revenir sur le devant de la scène.

Mes parents n'étaient pas plus inquiets.

— C'est juste comme papa !

Nous étions comme de joyeux larrons en foire. Plus de peur que de mal. Et d'ailleurs, avec du recul, le diagnostic ne nous semblait guère étonnant : j'avais fait mes premières radios des sacro-iliaques à 11 ans *(pas banal)*, j'avais multiplié les séances chez le kiné pendant l'adolescence et je faisais tellement d'entorses des doigts en sport que mon surnom était Kouak *(les attelles pour doigts s'appelant des grenouilles)*. Bref, cela pouvait sembler logique et pas effrayant pour un sou.

— Même pas peur les Martiens, c'est quand vous voulez !

On n'a pas dansé la polka mais c'était tout comme. On était encore naïfs en ce temps-là. Aujourd'hui, je sais que…

Ah, ce n'est pas possible, encore ce truc de perturbation de la bonne course du temps : si je commence à expliquer la suite avant que je ne la vive, je vais créer du désordre dans l'ordre et donc rompre le second principe de la thermodynamique. Einstein va me tuer… Ah non, ça, ce n'était pas lui.

Bref, laissons tranquille la création d'entropie *(oui, je sais, vous avez le sentiment que je me la joue encore MAIS pas du tout ! C'est juste que si certains lecteurs scientifiques se sont dit : « Oh tiens, un livre qui parle d'une maladie », il faut bien que je leur donne envie de continuer en leur envoyant du savant de temps en temps. Les autres, sautez le passage et laissez-moi faire).*

On a donc chauffé la matière, excité les particules. Je n'avais qu'une spondylarthrite ankylosante. *Yeah !*

Abracadabra…

J'AI QUAND MÊME FAIT quelques recherches sur ce fameux mot, « spondylarthrite ankylosante », dont les résultats me semblent un peu exagérés. Ou bien il manque des infos, ou bien c'est encore un site internet pas crédible. Bref, il y a un truc quoi… Je connais cette maladie, c'est pas ÇA !

J'ai pas une pathologie invalidante à vie, moi ! Pas besoin de monter sur ses grands chevaux !

Je vais prendre les médocs et dans quelque temps, tout redeviendra comme avant. Un vrai tour de magie. Paf, ça apparaît. Et paf, ça disparaît *(le déni, vous connaissez ?)*.

Quelques semaines, quelques mois de fatigue et de douleurs, et je reprends le train de la vie à mille à l'heure. Pas bien grave, vous voyez ?

On me demande comment je vis ce chamboulement ? Mais bien, évidemment, puisque ce n'est rien ! Une seule expression revient en boucle : « Je m'en fous ! »

Ça va repartir comme c'est venu !

Abracadabra…

Chapitre 3

Voilà l'idée folle qui me tournait dans la tête cette fameuse fin d'année 2008…

« Mais oui, Abracadabra ! Me voici, Harry Potter. Ou plutôt Hermione Granger *(ça m'évitera une longue et difficile transformation)*. Alors…

— Slug-vomiting charm !

Ah non, ça, c'est pour vomir des limaces… Oups ! Quelqu'un pour me tenir les cheveux ? *(Satané sortilège des anti-inflammatoires…)*

Je recommence…

— Evanesco spondylarthritum !

Et là, c'est *censé* disparaître. Je dis bien *censé*. Il va me falloir un stage de remise à niveau à Poudlard très rapidement. Je vais de ce pas appeler mon pote D.

Attendez-moi, je reviens…

[tic-tac. tic-tac. tic-tac. tic-tac. tic-]

Me revoilà ! Avec une mauvaise nouvelle. Pas de place avant 3015. C'est dommage… »

Même si je sais aujourd'hui que ça n'est pas arrivé *(chut, chut, chut !)*, à l'époque, j'aurais donné beaucoup pour qu'on me lance le sort « Enervatum ». Mais si voyons ! Celui qui rompt le « Stupéfix ».

Car c'est vraiment ainsi que je me sentais : stupéfiée, statufiée.

Loin de découvrir la même pathologie que mon père, nous étions confrontés chaque jour à davantage de douleurs, de limites.

Alors j'ai fait la même connerie que beaucoup d'entre nous. Je suis allée fouiller sur internet…

Aaaaaahhhhhhh ! La bête noire qui rôde, vieille charogne.

N'ALLEZ JAMAIS SUR LES FORUMS LIBRES QUAND VOUS TOMBEZ MALADE !

C'est un coup à se tirer une balle. Les pires choses de la Terre sont décrites et bien plus encore. J'en ai lu des trucs que je n'aurais pas dû, j'en ai appris des choses que je n'aurais pas dû, j'en ai bouffé des infos que je n'aurais pas dû. Intoxication !

Heu… intoxication ou effets secondaires ?! Parce que là, c'est bizarre sur ma peau…

J'ai fait allergie sur allergie.

Les anti-inflammatoires me rendaient malade, dans le meilleur des cas. Ou bien me filaient de l'urticaire sur le visage *(Elephant Man, vous connaissez ? Eh bien, c'est pareil mais pour une femme. Elephant Woman, me voilà inscrite dans l'Histoire !).*

J'en ai essayé un, puis deux, puis trois, puis dix. *(Ça va oui, je sais compter, rassurez-vous, mais je n'allais pas énumérer toute la liste. Vous êtes drôlement tatillons vous !)*

— Tiens, cette famille-là, nous n'avons pas encore testé. Allons-y !

Pas de vomissements. Yes ! Pas d'urticaire. Yes !

Mais c'est normal que ma main gauche fasse le double de ma main droite ?

— C'est embêtant, dixit le doc. Une maladie inflammatoire quand on est allergique aux anti-inflammatoires !

(Oui, c'est absolument tordant !)

— Allez, tentons celui-ci ! En espérant que votre estomac déjà fragilisé *(je peinais effectivement à avaler quoi que ce soit tellement il était à vif)* n'en pâtisse pas davantage. Mais essayons !

C'est comme une journée shopping, mais sans les fringues.

Et si j'essayais le Renetavol… Non, décidément, il ne me va pas au teint. Alors peut-être le Camxiropi. Oh non, je fais verdâtre avec ça. Bon alors, le Tidbuce ? Je fais bouffie, non ? Pas facile de trouver le cachet qui t'ira comme un gant !

Et si les sites internet disaient vrai. Et si j'avais vraiment une pathologie invalidante à vie. Et si tout mon quotidien allait se retrouver chamboulé. Et si, comme toutes les maladies, il y avait plusieurs degrés d'atteinte. Et si j'avais une forme bien plus sévère que celle de mon père.

Pas bête, la guêpe ! Elle ira loin la petite. *(Enfin pas grâce à mes jambes car, à cet instant-là, j'étais plutôt clouée au canapé.)*

Bref, je touchais du doigt la vérité de ma nouvelle existence.

Paf, ça apparaît. Et paf, c'est toujours là.

Tomber de rideau…

Je ne suis définitivement pas certaine d'être une bonne magicienne. Pourquoi personne ne m'a-t-il jamais inscrite à un club de magie ? J'aurais su comment faire…

J'ai pourtant suivi la formule. Trois pilules jaunes le matin, deux blanches le midi et une ampoule le soir. Mais…

Les semaines et les mois se sont écoulés, les kilos se sont évaporés, dormir est devenu un lointain concept et le mot douleur m'est à présent familier. Pas vraiment ce que j'escomptais.

Ce site internet disait peut-être vrai quelque part… Je comprends que ce n'est pas près de repartir tout ça…

Je me prends LA claque. Mais à retardement.

Vous avez la formule pour panser les blessures ?

Chapitre 4

ALORS LA FORMULE POUR panser les blessures ? Attends que je cherche dans mon lexique des sortilèges…

Bon, STOP les âneries ! À un certain moment, il faut regarder la réalité en face. Ça fait mal ? *(En même temps qui t'avait dit le contraire ?)*

C'était une sale période.

Trois mois après le diagnostic, je souffrais comme une bête *(quand la bête souffre bien sûr)*. Je cumulais les échecs avec les anti-inflammatoires et me bourrais d'antidouleurs. Pas la panacée quoi.

J'avais bien une SPA (spondylarthrite ankylosante) sévère.

Sur les six premiers mois de la maladie, j'ai perdu dix kilos, donc à trois mois, je devais être, à la louche, à moins cinq *(ça, c'est cadeau pour les scientifiques)*. Pas d'appétit à cause des douleurs *(meilleur coupe-faim sur le marché !)*, à cause de mon estomac détraqué par les médocs et j'en passe.

Le regard complètement hagard, alourdi de cernes de trois kilomètres et abruti par des nuits sans sommeil du tout ou emplies de réveils nocturnes. « Dormir » ? Quel mot inutile ! Je découvrais plutôt celui de « ruminer » tant la douleur m'empêchait de fermer l'œil et me laissait, pendant des heures interminables, en face à face avec cette maladie qui m'empoisonnait. J'en venais à redouter l'heure du coucher, le comble pour une nana en permanence au bord de l'épuisement *(au bord, que dis-je ? Jusqu'au cou, oui !)*.

C'était officiel, je ne retournerais pas à Paris, fini les cours de théâtre, fini la musique. J'ai même été obligée d'annuler, la mort dans l'âme, ma participation aux Francofolies (en France, en Suisse, en Belgique et au Canada) où j'étais censée représenter la France sur une scène avec trois jeunes des autres pays francophones. L'équipe de Francis Cabrel m'avait choisie, j'avais dit « ouiii ! », la spondylarthrite me forçait à rappeler pour dire finalement « nooon… ». À la place, c'était les rendez-vous médicaux, la queue à la pharma et le squattage de canapé.

Avant ça, je n'étais pas trop séries télévisées. Mais ça c'était avant. *(Oui, je suis aussi devenue une experte en slogans publicitaires, huit heures devant la télé, ça forge la culture.)*

Je me suis transformée en une Desperate House-sick.

Tantôt Lynette, pour le style vestimentaire hautement… négligé. *(Que personne ne me voie dans mon jogging informe me traîner comme une vieille…)*

Tantôt Susan, pour le côté… Attendez, je dois prendre un mouchoir, mes yeux coulent tout seuls. Des larmes ? Non, peut-être…

Tantôt Bree, pour le côté « Ne me cassez pas les… » et non pour son côté porté sur la boisson *(le rhumato m'avait prévenue d'ailleurs : « Attention à l'alcool. Vous aurez l'impression d'avoir moins mal après quelques verres et avec une maladie chronique douloureuse, les addictions ça peut aller très vite. » On va faire gaffe alors… Gloups !)*. Je me trouvais assez insupportable. Ma famille me pardonnait, moi pas trop… *(un verre de gnôle pour avaler la chose ? Ahah, non je déconne !)*

Tantôt… Non étrangement, plus jamais comme Gabrielle et sa classe légendaire. Adieu les talons féminins *(avec du recul, je me dis aujourd'hui que le plat c'est bien. Hein, les filles ? Pas trop marre de souffrir pour quelques centimètres ? Poor, poor girls !)*, adieu les robes ultra-serrées *(hein, les filles ? Pas trop marre de ne pas réussir à respirer pour se faire une taille de guêpe ? Poor, poor girls !)*, adieu la tenue distinguée et le dos droit *(hein, les filles ? Pas trop marre de cette rigidité pour ne pas ressembler à un bossu ? Poor, poor… non là, je l'avoue, vous marquez un point.)*.

Bref, une véritable Desperate House-sick combinée avec un zombie. *(Vous voyez comment ils marchent dans* Walking Dead *? Eh bien c'était pareil !)*.

J'étais complètement *Shameless*, je me foutais de tout. Je me spécialisais dans l'*Anatomy* avec *Grey*. J'étais tombée bien *down* avec *ton abbey.* Tout ça pour dire que ce n'était pas un *Game*, la maladie trônait dans ma vie et surtout dans mes occupations.

Je n'avais jamais passé autant de temps devant un écran. Moi, l'hyperactive à cent mille à l'heure! *(Note à moi-même. Faudrait se mettre d'accord sur la vitesse...)*

Même lire me semblait parfois trop épuisant. C'est dire!

Face à cela, je ne pouvais plus éviter l'inévitable. Ma vie avait changé et j'allais devoir l'accepter *(mais ce mot était encore TRÈÈÈÈS loin dans ma conception de la chose!).*

Le déni était chevillé à mon cerveau pour quelque temps encore. Humm, ce doux cocon du déni, de l'oubli, de l'occultation. Ça ne dure qu'un temps mais pendant ce temps, on espère encore. Ou tout du moins, on s'efforce d'oublier.

Je ne m'attribuais pas encore le mot « malade », je vivais simplement une mauvaise passe. Je n'avais pas une pathologie, j'avais un « petit souci de santé ». Je n'avais pas mal, j'étais juste « un peu fatiguée ». Toute la panoplie de la personne dans un bel et beau déni de sa ma-la-die!

Mais au fond de moi, je savais bien ce qui se passait. *(Je ne suis pas si ridicule...)* Le dire, l'avouer à haute voix, me condamnait à l'accepter et à l'ancrer dans la réalité. Alors je minimisais, je dédramatisais, j'en faisais du pseudo-humour à deux balles.

— Mais nooon, ça va, voyons! Cool!

Mais intérieurement, je savais. J'avais compris. Et j'accusais le coup difficilement. Je me prenais en effet LA claque du siècle *(en tout cas de mon presque quart de siècle à l'époque).* Une bombe à retardement. Trois mois après l'annonce qui m'avait tant fait sourire.

Non, ce n'était pas rien. Non, je n'allais pas reprendre ma vie comme si de rien n'était. Non, je ne serais plus jamais la même. Non, définitivement, je ne voyais que de la négation.

Et ça fait drôlement mal de prendre conscience. Peut-être même plus que les douleurs physiques.

NON NON NON. Foutez-moi la paix! Mais ça ne marche pas comme ça. Ceux qui savent le savent! C'est comme une pensée boomerang. Tu as beau l'envoyer valser, elle te revient toujours en pleine figure. Et chaque fois qu'elle revient, elle te blesse à nouveau. Ce n'est pas bon d'oublier, car tu finis toujours par t'en souvenir.

J'en étais là. Je venais de fêter mes 21 ans. Une gamine pleine de rêves en tête. Et du désespoir à revendre. J'étais triste mais je continuais de sourire. Pour mes proches, pour l'illusion, pour la vie telle que je l'imaginais.

Tout d'un coup, je me sentais accablée et résignée avec l'envie de pleurer sur mon sort, de me laisser aller. Bye-bye le déni, bonjour tristesse *(ça me rappelle quelque chose... Pas vous ? Je ne sais plus trop quoi...).* Enfin... j'étais pas *Pompélup*, comme a dit un autre auteur.

Et pour couronner le tout, rendez-vous chez le doc...

— Écoutez Mademoiselle, je suis arrivé au bout de mes compétences avec vous. Vous ne supportez pas les anti-inflammatoires. Les douleurs ne cessent d'augmenter. Je l'avoue, je ne sais plus quoi faire. Le mieux serait que vous alliez consulter ailleurs. Dans un plus grand hôpital.

Quoi ? Mais euh... Où ? Comment ? Pourquoi ? Avec qui ?

— Je suis vraiment désolé. Au revoir et bon courage.

Et les réponses à mes questions ? Non ? Bon, OK...

SRF, Sans Rhumatologue Fixe. Deuxième claque !

Vous imaginez la panique ? J'étais pour ainsi dire désorientée. Heureusement, j'ai la chance d'avoir une mère pro de l'internet, pro des recherches en tout genre. Si tu te poses une question et que tu ne trouves rien sur le net, tu peux être sûr qu'en deux temps trois mouvements, elle aura remué Glegoo pour lui faire expulser toutes les infos nécessaires.

Je ne suis donc pas restée SRF trop longtemps *(mais ça, je ne le savais pas encore... Vous avez compris la chanson, non ? Eh bah, vous comprenez vite mais faut vous expliquer longtemps. Et nous n'en sommes qu'au chapitre 4... Ça promet !).*

Bref, c'était la loose totale !

Ah, certains politiciens n'aiment pas que l'on fasse un commerce de son handicap mais je me demande si je ne fais pas plutôt de la politique. Car pour le coup, mon commerce, là, c'est le mensonge !

Parce que quand je relis ce que je viens d'écrire et que je me rappelle qu'en quatrième de couverture, je vous ai promis qu'on allait se marrer… Il y a tromperie sur la marchandise !

Allez, Toubidoum pouette pouette ! C'est la danse des canards. Qu'on me réélise pour un chapitre, je vous promets que cette fois, je tiendrai mes promesses. La blague *(chut !)*.

Attention, femme méchante

Il n'y a pas que les chiens qui mordent. Je crois que je serais capable de mordre aussi. Le premier venu. Homme, femme, enfant, chien, chat… Quiconque se mettra sur mon chemin.

Ah les bienheureux! À vivre avec leur petite insouciance.

Et lui, qui ne respecte personne. Pourquoi est-il en bonne santé? Et elle là, qui fume comme un pompier? Pourquoi moi plutôt qu'eux?

Sale vie de… Bon je me calme. Et en même temps, non! J'ai pas envie de me calmer! Comment c'est possible? De se calmer. Avec toute cette injustice. J'ai toujours été réglo moi!

P* de m*, fais c*, M* M*et M*!

Ras-le-bol…

Chapitre 5

Ah la colère, vaste débat…

Colère positive, colère négative, la garder, l'expulser, la nourrir ou l'écraser. Entretenir sa colère comme un cercle vicieux ou tout simplement s'autoriser cette colère pour pouvoir passer à autre chose. Toutes les écoles s'entendent mais personne ne sait qui a fondamentalement raison.

La colère, qui la nourrit ? Et surtout que nourrit-elle ?

La colère, que l'on soit pour ou contre, semble inévitable. Mais quid de l'être humain au milieu de tout cela ?

Alors le côté philosophique, ça vous branche ? Je suis sûre que vous vous êtes dit : « Ah ça y est, elle en est à son chapitre 5 et elle se prend déjà pour Platon ! » Jolie blague !

Socrate a dit : « Mieux vaut réflexion que colère sans raison. » Ah bah, oui, OK Monsieur le Philosophe, mais moi des raisons, j'en avais des tonnes !

J'étais en colère, c'est indéniable. Tout me sortait par les yeux et je ne supportais plus les gens. Leur bonheur me fatiguait et leurs jérémiades me hérissaient. Est-ce que vous vous êtes déjà rendu compte à quel point les gens se plaignent ? Pour tout, pour rien. C'est un sport national.

Je m'énervais contre moi-même. Je m'énervais contre le milieu médical. Je m'énervais contre les gens en bonne santé. Je m'énervais même devant ces putains de pubs à la télé :

« Un rhume ? Grâce à StopRhume, la vie continue ! »

Courage, encore quelques jours et votre naseau arrêtera de répandre votre malheur dans des carrés de papier. #VousÊtesUnBattant

Et le pire, c'est que les gens y croient !

— Alors comment ça va en ce moment ?

— Bah, on m'a diagnostiqué une spondylarthrite, alors c'est pas la forme ces temps-ci.

— Ne m'en parle pas, je viens de passer une sale période... (suspense)... Je sors d'un méga-rhume, t'imagines même pas.

Oh pauvre bichette ! Pour te consoler, je rêve de t'arracher les yeux avec une petite cuillère, juste pour te soulager de la pression oculaire due à ton terrible rhume bien sûr. Et puis je te les enfoncerai dans le nez, juste pour qu'il arrête de couler bien sûr. Et si tu es sage, je te ferai manger ta langue, juste pour que tu arrêtes de parler bien sûr. Ma pauvre petite bichette... !

J'en étais là.

Flippant, vous dites ?

Moi, je dirais plutôt que c'est humain. Vous vous rendez compte, avoir 20 ans, tomber malade, avoir mal et entendre des cinquantenaires se plaindre de ne plus avoir la même pêche qu'à leurs 20 ans ? Je suis désolée mais la seule chose que j'avais envie de leur répondre c'était : « Estime-toi heureux d'avoir eu cette énergie à 20 ans ! Tout le monde va dans le même sens... À moins d'être mort ! » Mais comme je suis bien élevée, polie, docile... Bref une gentille fille, je me taisais.

Mais dans ces cas-là, c'est pas bon. Car la colère, même si on la garde en soi, ne disparaît pas pour autant. Au contraire ! Elle est là, elle bouillonne, elle se sent étriquée. Et un jour, comme pour un volcan, elle jaillit.

Mais comme je suis vraiment une gentille fifille, l'éruption s'est fait attendre. Ça m'a pris quelques années *(alors je vous raconterai ça plus tard, parce que sinon vous savez ce qui va se passer avec la flèche du temps...)*.

Et si aujourd'hui je mords quiconque avec perte et fracas, à l'époque, je grognais *(en silence)* et je me mordais le cerveau. *Pas cool !*

Alors oui, j'aurais été capable de mordre le premier venu, homme, femme, enfant, chien, chat... mais pour cela, il m'aurait fallu un peu plus de c...

Oh là là, j'entends d'ici les sympathiques mères de famille blâmer mon rustre langage. Quelle charretière je suis ! Vite les enfants, fermez les yeux et bouchez-vous les oreilles. Shrek est de retour !

Sauf que… Il paraîtrait, d'après certaines études, que la vulgarité fait du bien et surtout, qu'elle est signe d'intelligence ! De mon mutisme colérique de l'époque, les chercheurs auraient certainement déduit un QI digne d'Einstein ! Car mon vocabulaire était drôlement riche dans ce domaine.

Mais je m'arrêterai là, c'est promis. Je ne voudrais pas froisser la bienséance.

Pour revenir à nos moutons, j'étais donc en colère. Les gens me faisaient chier, la vie m'emmerdait. Bref, tous des cons, tous des abrutis. *(Vous voyez le tableau ?)*

J'avais donc officiellement quitté cette phase de déni pour en rejoindre une autre *(la fameuse colère, quoi ! Ça fait deux pages qu'on ne parle que de ça, vous pourriez suivre un peu… Je ne sais même pas si on peut encore parler de mémoire de poisson rouge. Alzheimer peut-être ? Ou si je vous ennuie, faut le dire).*

J'étais donc arrivée dans une nouvelle phase. Car c'est comme ça, on parle de phase. Les célèbres sept étapes du deuil.

Du deuil ? Je vous entends d'ici *(j'ai décidément une sacrée audition pendant ce chapitre. Ça doit être la colère, ça démultiplie les sens)* : « Elle mélange tout là. Elle cherche simplement à gonfler le nombre de pages de son témoignage. »

Mais non ! Je vous assure, on parle bien de la même chose.

Ma vie d'avant : DEUIL.

Le moi d'avant : DEUIL.

Mes activités d'avant : DEUIL.

Mon énergie d'avant : DEUIL.

Mes études d'avant : DEUIL.

Mon appart d'avant : DEUIL.

Mon insouciance d'avant : DEUIL.

DEUIL. DEUIL. DEUIL. DEUIL. DEUIL. DEUIL. DEUIL.

Si vous n'êtes pas convaincus, je peux encore continuer longtemps ! La liste est longue.

Au début de la maladie, j'ai entendu quelqu'un dire que la spondylarthrite était faite de petits deuils au quotidien. J'en ai vite compris le sens !

Il y a un avant puis un après et au milieu, il y a bien ce qu'on appelle un deuil. C'est dur les deuils. J'en ai chié, pour rester polie *(gentille fifille)*.

La spondylarthrite est donc faite de plein de petits deuils tous les jours, c'est vrai, et j'en vis encore fréquemment aujourd'hui *(je suis intraitable, pardonnez-moi Dieu de l'Univers)*. Mais le plus dur de tous, c'est LE deuil. Celui qui est entre l'avant et l'après, celui qui englobe le tout. Le Roi Deuil des deuils.

Et dans ce fameux Roi Deuil des deuils, j'en étais à la colère. J'avais encore du chemin à parcourir pour l'acceptation. D'ailleurs, ce mot me faisait hérisser les poils, comme on dit. J'avais la haine et je pensais qu'elle ne me lâcherait jamais. Je ne voulais pas la laisser partir non plus, c'était mon moteur. Avec assez de colère, j'arriverais peut-être à gagner la bataille.

Aristote a dit : « La colère est nécessaire ; on ne triomphe de rien sans elle, si elle ne remplit l'âme, si elle n'échauffe le cœur ; elle doit donc nous servir, non comme chef, mais comme soldat. »

J'étais le chef et je construisais une armée. La guerre était bel et bien déclarée.

Liquide lacrymal…

LARME [larm] n.f. (XIIIe; *lairme* 1050/latin *lacrima*)
Larmes de désespoir.
Avoir les larmes aux yeux.
Être au bord des larmes.
Avoir du mal à retenir ses larmes.
Être en larmes.
Visage baigné de larmes.
Verser des larmes.
Pleurer à chaudes larmes.
Fondre en larmes.
Crise de larmes.
Sécher ses larmes…

[d'après le *Petit Robert* 2012]

Chapitre 6

« Les larmes sont constituées d'un liquide sécrété (fabriqué) par les glandes lacrymales principales et accessoires, et s'écoulent de l'œil lors d'une sécrétion accrue, sous l'effet d'une irritation chimique, physique ou d'une émotion. La quantité de larmes est habituellement de 0,1 ml par heure. »

Ah, ça vous en bouche un coin !

Faut dire que ça fait presque dix ans que je suis en stage de médecine intensif. Je suis devenue une Patiente Rhumato Experte Plus Plus. Termes médicaux, diagnostics, traitements, c'est parti pour le QCM. Je vais être la major de promo ! Appelez-moi Docteur.

Toujours est-il qu'à l'époque où je vivais l'expérimentation de ces sécrétions lacrymales, je n'étais même pas encore une externe de bas étage. Non, je n'étais qu'une apprentie étudiante de troisième zone. Une première année, une bizu, une bleue.

Je n'avais donc pas encore compris que les « moyennes » en médecine étaient faites pour être transgressées. Que les chiffres restent des chiffres et la réalité une réalité. Deux choses bien distinctes, quoi !

Et je m'affolais de constater que, loin des 0,1 ml par heure, mon anatomie surproduisait en masse. Des litres au kilo. Bref, mes glandes tournaient à plein régime et moi j'avais les boules.

Car les gens pensent souvent que je vis, et que j'ai toujours vécu, la spondy avec un sourire et un courage permanents, mais c'est faux. J'ai pleuré fréquemment toute seule dans mon lit. Parce que ce n'était pas la vie dont je rêvais. Ce n'est pas la vie dont je rêve tout court.

Alors oui, cette énorme tristesse, au cours de l'année 2009, je me la suis prise en pleine tronche. Comme une voiture qui s'emplafonne dans un mur à 250 km/h. Elle débarque juste après la colère. Chute de tension vertigineuse.

Je ne sais pas quelle est la phase la plus difficile à traverser. Je sais juste qu'il faut s'accrocher au radeau pour éviter de se noyer.

Ah, sacrées sécrétions lacrymales… Je me remets à faire de la politique et à vous conter l'inverse de ce que j'avais promis. Mais que voulez-vous ? C'est la vie.

Les plans à long terme, les promesses, les projets ne sont là que pour combler le vide d'un futur incertain. Car si une chose est sûre, c'est bien que demain est incertain.

Non non, je ne me remets pas à philosopher, c'est une réalité on ne peut plus palpable. Et cette leçon est l'une des premières que nous offre la maladie.

Avant, j'étais comme tout le monde, je prévoyais !

— Et si on faisait ce voyage dans trois ans ? Parce que dans deux ans, je pense changer de boulot donc j'aurai l'argent pour… Ça va être géant !

Et puis la spondy arrive dans ta vie.

— On fait quoi demain ?

— Ouh là ! C'est loin demain ! Ça dépendra comment je me lève…

J'ai vite compris que personne ne pouvait savoir où il serait dans cinq ans mais ça nous rassure de faire semblant. Ou bien on est naïf de croire que c'est vraiment possible. Je crois que j'étais un mixte des deux. Et puis, ça m'est passé. Par la force des choses.

J'étais triste à cette époque. Le déni et la colère m'avaient tellement occupée au début que mon champ de vision était brouillé. Je ne percevais que l'indifférence ou bien ma rage. Mais quand le nuage s'est dissipé, j'ai vu.

J'ai vu mon avenir rétrécir, mes projets fondre comme neige au soleil *(bah oui, les nuages n'étant plus là, il y avait du soleil. Logique)*, ma vie changer du nord au sud *(malgré un horizon pas si dégagé)*.

J'ai compris. Et ça m'a mis un sacré coup au moral.

Alors non, je ne suis pas une héroïne qui surfe *(enfin ça, on y reviendra plus tard mais ce n'est que dans quelques années...)* sur les vagues de la maladie sans éclaboussure *(note pour moi-même. Pas certaine que ce soit possible de surfer sans être mouillée. À réfléchir.).*

J'ai bu la tasse un paquet de fois et ces quelques mois-là, j'ai bien risqué la noyade sèche. Indétectable mais destructrice.

Car pour ça, je suis balaise. Le faire semblant ! C'est l'une de mes spécialités. Sourire à qui mieux-mieux comme dans une parade de Disney World alors que les larmes viennent vicieusement encombrer mes poumons.

— Ça va et toi ?

Ma phrase fétiche, passe-partout, que je sers à tour de bras.

Pas de pitié, pas de compassion, pas de vague, pas d'éclaboussure, pas d'eau, pas de larme.

Mais du coup, pas facile pour les autres de comprendre ce que tu vis. Alors dans ta tristesse, tu enrages de constater cette incompréhension. Ta colère repointe le bout de son nez, puis la tête tout entière. Elle te consume jusqu'à la brûlure au troisième degré et les larmes viennent ensuite désespérément essayer d'éteindre le feu.

Mais le sel sur les plaies, ça brûle.

Si c'est ainsi…

Le temps passe et je commence à me faire à l'idée. En tout cas, je suis fatiguée d'être en colère ou triste. Ça me ronge de l'intérieur.

Je sais à présent qu'il y a plusieurs phases. Après le déni, la colère et la tristesse, il y a l'acceptation. Je suis peut-être bien entrée dans cette phase-là. Il le faut pour mon équilibre psychologique…

OK, je suis malade. Je le dis, je l'avoue, je le reconnais.

Si c'est ainsi…

Chapitre 7

L'ACCEPTATION !

Hip, hip, hip, hourra, nous voilà débarrassés de la tristesse, ça commençait à devenir sinistre, ce bouquin.

Morticia, sors de ce corps. Ou plutôt file-moi le tien et garde le mien tout pourri. Quoique ça risque de poser problème. Un sérieux problème… Si elle n'arrive plus à claquer des doigts selon les jours…

— Toulouloulou –?? – Toulouloulou –?? – Toulouloulou Toulouloulou Toulouloulou –??

— Toulouloulou –?? – Toulouloulou –?? – Toulouloulou Toulouloulou Toulouloulou -??

They're creepy and they're kooky,
Mysterious and spooky,
They're all together ooky,
The Addams Family

Va falloir un coup de main de la main, si je ne m'abuse.

Ou alors je garde mon corps et j'accepte. C'est la solution la plus raisonnable. On ne maîtrise pas encore vraiment les permutations d'enveloppe charnelle. Mais est-on vraiment raisonnable quand on a mal ? (*Oh Voltaire, c'est plus l'heure là !)*

Donc. Je fais mon deuil de ma vie d'avant. Checke. J'accepte mon nouvel état. Checke. J'avance. Checke.

J'ai eu l'impression de faire mille deuils par jour pour réussir à vivre en paix. Pas facile. Mais c'est comme ça, comme on dit.

Des petites croix devant ma liste interne des choses devenues difficiles, compliquées, impossibles. Et elle est drôlement longue cette liste. *(Note à moi-même. Pas sûre que le mot « drôlement » soit le plus approprié. À réfléchir pour la relecture.)*

J'ai donc fini par être fatiguée de la colère et de la tristesse. Je suis du genre à aimer avancer et avec ces deux poids-là aux pieds, on ne va pas bien loin. Mais ces étapes sont importantes à vivre. Elles m'ont permis de digérer les choses, de les appréhender, de les tester pour réussir à apprivoiser ma nouvelle vie.

La colère et la tristesse ne sont pas que destructrices, au contraire. Et je ne prétends pas les avoir éradiquées de ma vie. Encore aujourd'hui, je ressens souvent le… *(Note à moi-même. Mais c'est pas possible ça ! En quelle langue faut-il le dire ? Pas le futur ! C'est pour plus tard. Tu vas les remplir comment les prochains chapitres, bêta ?!)*

Je tiens à préciser que se parler à soi-même n'est pas signe de démence. De grandes grandes études de grands grands chercheurs prouvent au contraire que cela affecte les êtres les plus intelligents. Ah ! Vous y réfléchirez à deux fois avant de juger la prochaine fois. *(Note à moi-même. Beaucoup de « fois » dans cette phrase. À conserver après corrections pour l'édition belge.)*

Je disais donc que j'avais progressé dans ma relation avec la maladie. Non pas que je l'aimais, mais je la tolérais.

Une compagne de route un peu relou, qui parle trop, qui te colle aux basques mais que tu supportes parce que tu n'as pas le choix. Et le pire dans tout ça, c'est qu'on te demande de veiller sur elle !

Il faut en prendre soin, de cette compagne, pour pas qu'elle parte en vrille, comme disent les jeunes *(la trentaine, ça en fout un coup…)*.

Tu dois la chouchouter, l'apaiser, car il faut avouer qu'elle est colérique, la petite. Au moindre faux mouvement, elle te hurle dans les oreilles. Alors il faut surtout apprendre à la connaître. C'est à ce moment-là que j'ai vraiment posé un regard curieux sur elle. « *Qui es-tu, hôte de mon corps ?!* »

La spondylarthrite ankylosante est une maladie dysimmunitaire, c'est-à-dire que mon propre système immunitaire s'affole, pensant qu'il y a un corps étranger au niveau de mes articulations *(alors qu'il n'y en a pas, vous aurez compris)*, mais comme lui, il croit qu'il y en a un, il s'y bat dur comme fer, le conquérant. Ça crée de l'inflammation *(donc des douleurs.*

CQFD) et à long terme, cela peut amener à une ossification de certaines insertions des tendons ou ligaments dans l'os, notamment à la colonne vertébrale, d'où la perte de mobilité et le mot ankylose *(à un stade extrême, on appelle cela la colonne bambou)*. La spondy, maladie rhumatismale qui reste à ce jour incurable, peut toucher toutes les articulations. Au centre, le cou, le dos, le bassin et les hanches et autour les articulations nommées périphériques *(tout le reste quoi!)*. Et des articulations… nous en avons PARTOUT!

C'est aussi une maladie dite chronique, avec des moments plus faciles que d'autres et inversement. Elle touche autant les hommes que les femmes *(bien que l'on ait longtemps cru, à tort, que les formes masculines prévalaient car, sans signes extérieurs apparents, les femmes étaient renvoyées à l'hystérie!)* et il est estimé qu'environ 200000 personnes en France en souffrent *(soit entre 0,2 et 0,3 % de la population)*. La spondy est une maladie du jeune adulte puisque très souvent, elle se déclare entre 20 et 30 ans *(ceci reste une généralité puisqu'il existe également des formes juvéniles et d'autres plus tardives)*.

Cette pathologie demeure encore très méconnue, notamment en ce qui concerne ses origines (*d'une part génétique avec le gène HLA B27, d'autre part avec les fameux facteurs environnementaux qui sont multiples et complexes à définir)* mais aussi ses principes actifs et son fonctionnement. Cependant la recherche existe pour cette maladie, et c'est le plus important à retenir!

Voilà, je crois que schématiquement, j'ai fait le tour! Si vous souhaitez plus d'informations médicales, je vous conseille de lire les livres du Professeur Maxime Breban, *La spondylarthrite: conseils au quotidien* et *La spondylarthrite*. Vous y trouverez toutes les réponses à vos questions.

Pour savoir tout ça, j'ai dû m'y intéresser à cette chère pathologie…

C'est ce qui est dur à accepter au début. Devoir lui consacrer du temps pour, en retour, plus de tranquillité. Mais au départ, cette tranquillité, elle est presque imperceptible. Je ne voyais que le temps que je lui consacrais. Les médocs, les injections *(ça, c'est pour plus tard, tu ne sais pas encore ce qui t'attend mignonnette !)*, les mouvements de rééducation, et les traitements, et le kiné, t'as pensé à ton rendez-vous ?

Car la spondy est ultra-chronophage ! *(Oui, je sais que c'est un petit témoignage se voulant drôle et léger mais je suis bien obligée de mettre quelques mots intelligents de temps en temps, sinon je ne serai jamais prise au sérieux par les critiques littéraires ! Allez donc voir dans le dico.)*. Je disais donc que la spondylarthrite ankylosante, ou maladie de Bechterew *(eh ouais !)*, était **ultra**-chronophage. Un vrai mi-temps !

Et pas facile de concéder un mi-temps à quelque chose qu'on exècre. C'est un réel apprentissage.

Au départ, je ne voulais pas sacrifier de mon temps à faire des étirements. Car la spondylarthrite est vicieuse. Elle donne des douleurs. Donc, logiquement, donne envie de s'écraser comme une crêpe bretonne dans le canapé. MAIS ! Si tu restes trop dans le canapé, la crêpe refroidit, se solidifie, le fromage colle au jambon, c'est la loose totale !

Il faut donc bouger. Huiler la machinerie régulièrement pour éviter l'ankylose. Mettre du beurre *(salé)* dans les articulations. Et le beurre fond avec les mouvements. Donc étirements et assouplissements quotidiens !

J'avais du mal à supporter d'avoir mal et de devoir pourtant me mobiliser et donc de me centrer sur la maladie. J'avais le sentiment de ne plus avoir d'identité, d'être elle, d'être juste la spondy. Crise identitaire pas évidente !

Le dédoublement de personnalité me guettant, je n'avais plus que le seul choix d'accepter mon sort. De redevenir moi tout en étant elle en même temps. C'est ce que j'ai fait !

Mais attention : « ACCEPTER » ne veut en aucun cas dire « CAPITULER ».

Ce sont deux concepts distincts et diamétralement opposés. Je n'ai jamais capitulé. Je me suis toujours battue pour un mieux hypothétique. Je ne m'appelle pas spondy mais Coralie *(note pour moi-même. Ça c'est de la phrase ! Puissante, profonde...)*.

L'acceptation n'est donc pas négative car elle ne signifie pas que j'ai baissé les bras *(bon, quand j'ai vraiment mal aux épaules, mon amplitude est quelque peu limitée, c'est vrai mais quand même je lève les doigts ! Quand je peux… Oh mais soyez un peu plus ouverts d'esprit aussi ! On parle de puissance mentale là !).*

Tout mon être était donc debout, tout mon être est d'ailleurs toujours debout *(tic-tac tic-tac…).*

Bref, j'acceptais qu'elle soit là pour mon équilibre mental mais elle n'avait pas gagné la bataille. Elle n'a d'ailleurs toujours pas… *(tic-tac tic-tac).*

Alors oui, si c'est ainsi, j'accepte. Mais je tiens à dire que je suis toujours dans la place. Yo men !

Tu apprendras…

NOUVEAU RENDEZ-VOUS AVEC UN nouveau monsieur. C'est pas qu'il parle plus simplement celui-là, mais je comprends mieux à présent. L'être humain est drôlement doué pour apprendre de nouvelles langues. C'est un docteur, un rhumatologue, un rhumato comme on dit dans notre tribu.

Il avoue que la formule en place ne marche pas très bien sur moi. Ça, je l'avais deviné depuis longtemps !

— On va passer aux injections d'anti-TNF. Vous savez vous piquer ?

— Euh… Me piquer ? Non, je ne sais pas…

— Eh bien, vous apprendrez !

Chapitre 8

COMME JE VOUS LE disais précédemment, je n'ai pas été SRF *(Sans Rhumatologue Fixe, petit rappel)* très longtemps. Nous avons vite trouvé the place to be !

Direction l'hôpital Chinco *(par souci de non-publicité, j'ai modifié les noms...)* pour rencontrer un docteur lambda. Mais trop occupé à danser la lambada *(no comment)*, il a été remplacé par un autre docteur. Et là le lambda *(et la lambada)* n'était plus de mise, non ! J'ai eu droit au tapis rouge, à la crème de la crème, THE KING, Professeur Mora !!! Des critères AMOR !

Quand le mec qui te pose pour la deuxième fois ton diagnostic est LE mec qui a inventé les critères de diagnostic spondy utilisés dans le monde entier, y'a pas à dire, ça en jette.

Nous étions en 2009, il était grand, cheveux blanc-gris, hyper-imposant dans la stature et déjà bien âgé.

Il m'a examinée, pris des mesures, observée de la tête aux pieds et des pieds à la tête *(eh oui, la perspective est différente !)*, il m'a fait ses critères et bingo ! J'avais gagné, j'avais plus de 6, un bon 15/21, une bonne première de la classe.

— Spondylarthrite. Bon. Et ensuite. C'est quoi l'historique ?

Et là, forcément, je lui ai déballé tous les échecs avec les anti-inflammatoires, les effets secondaires, mes douleurs, ma fatigue, mes nuits de deux heures *(je vous reparlerai des nuits, on va se marrer, je vous l'ai promis !)*, ma perte drastique de poids, et j'en passe et des meilleures *(je suis quand même drôlement sympa, je vous épargne une liste fastidieuse. Vous pourrez le dire à vos potes quand vous vanterez mon bouquin)*.

— Donc on a une vraie intolérance aux AINS en grande majorité et la famille que vous supportez vous soulage mais pas assez. Pipapipapoum *(ça, il ne l'a pas dit mais ça se voyait dans ses yeux)*... Je pense que la meilleure solution, dans votre cas, est de passer à une autre famille de médicaments *(c'est très convivial la médecine, c'est la Famille !)*. On va passer aux injections d'anti-TNF. Vous savez vous piquer ?

— Euh... Me piquer ? Non, je ne sais pas...

— Eh bien, vous apprendrez !

Et j'ai appris ! À mes dépens, je dois dire.

La première fois que je me suis injecté de l'Brelen *(no advert)*, j'ai tourné de l'œil. J'ai fait tout comme il fallait pourtant !

J'ai sorti la seringue préremplie plusieurs minutes avant. J'ai préparé mes accessoires.

Désinfectant : checke

Compresse : checke

Pansement : checke

Chaise confort : checke

Chat éloigné : checke

J'ai baissé le pantalon. J'ai lavé mes mains pendant trois plombes. Je suis revenue à ma chaise *(pas facile de faire tout ça avec le pantalon baissé mais je ne voulais surtout pas souiller mes doigts en touchant le tissu !)*. J'ai pincé le gras de ma cuisse *(je devais être arrivée à moins sept kilos donc pas simple de trouver la graisse)*. J'ai mis la seringue préremplie à 45° *(ils sont marrants eux, j'ai pas un compas dans l'œil non plus. Expression à la con.)*. Et j'ai transpercé ma chair ! Vin di dious ! *(Dany Big up ! Je suis ta cousine picarde par alliance des Hauts-de-France)*.

J'ai injecté le produit. J'ai eu une belle boule rouge sous la peau. J'ai enlevé la seringue. Et comme un signal, j'ai fait bouloute *(c'est une petite blague familiale, mon grand-père ayant tendance à faire des petites chutes régulièrement dans les prés alors c'est le petit mot moqueur qu'on... Vous arrêtez de me faire raconter ma vie, oui ? Vous êtes psy ou quoi ?)*. Bref, je suis tombée, j'ai tourné de l'œil *(et tout mon corps d'ailleurs)*.

J'ai repris mes esprits dans le canapé. Trempée de sueur. Nauséeuse. Et les jambes surélevées par ma mère *(va falloir vous habituer, je ne vais pas répéter « encore » à chaque fois. Ça deviendrait lassant.)*.

Détonant cette première fois, j'ai vu les étoiles, sué de tout mon corps et perdu conscience. C'est beau l'amour…

(Tu divagues cocotte, tu divagues.)

Ça doit être des réminiscences du passé de cette étape hautement confusante. Pardonnez-moi, j'ai pêché ! *(E.L. James a pris le contrôle de mon ordinateur. Hacking !)*

Bref, tout ça pour dire que… Pourquoi PERSONNE ne m'a prévenue que les premières injections pouvaient être réalisées par une INFIRMIÈRE ? Pour réellement APPRENDRE !

Mais non, moi, j'ai l'allure typique de la roots, l'aventurière du bout du monde, la vieille école sur le tas et roulez jeunesse. « Tu apprendras », elle était bien bonne celle-là !

Sur le coup, j'ai eu les nerfs. Et puis avec du recul *(allez, ça faisait longtemps qu'on n'avait pas transgressé le temps. Soyons roots un peu !)*, je me dis que c'était bien ainsi. Pas eu le temps de stresser, d'anticiper en regardant faire l'infirmière *(ou l'infirmier, quelle sexiste je suis)*. Finalement, avec cette méthode bourrue, the King m'a évité d'appréhender.

Je me suis raconté des cracs. Je sais bien que je n'ai pas l'allure de la coolos qui vit sur les plages ou dans la jungle. Il m'avait percée à jour ! Je suis celle qui prévoit plutôt deux fois qu'une et qui planifie. Alors quand je voyais dans ses yeux le « *Pipapipapoum* », il se disait « Je vais la pousser directement dans les orties celle-là. Une fois que ce sera fait, il sera trop tard pour qu'elle ait peur ». Et il avait bougrement raison, le bougre *(note pour moi-même. Lourdingue la formulation de la formule.)*.

Alors vous lisez ça et vous êtes drôlement gentils quand même ! Parce que personne ne s'est levé pour me crier « Hey toi là-bas t'es mignonne *(merci !)* mais c'est quoi tes anti-trucs bidules chouette ? ».

AH !

Quand je vous disais qu'on était surqualifiés, nous les patients. On devrait être payés pour notre savoir, tiens !

Les anti-TNF sont des médicaments issus de la biothérapie *(ça ne vous aide pas plus, je sais)*.

Ces médocs, qui constituent un traitement de fond pour plusieurs maladies inflammatoires chroniques, viennent manger le TNF *(que nous produisons tous)* et permettre ainsi de contrôler l'inflammation *(car il est impliqué dans ce processus).* Ça ne guérit pas mais ça limite l'évolution de la maladie *(quand ça marche, car nombre de patients ne sont pas réceptifs).*

Par contre, ce sont des médicaments de compèt'. C'est du poids lourd. Car les TNF sont les Tumor Necrosis Factor, acteurs majeurs de la défense immunitaire. Mais comme ce traitement se régale de ces petites molécules, le système immunitaire en prend un coup.

En plus d'avoir une spondy, on devient donc parano !

Un rhume ? Pin-pon pin-pon ! Mal de gorge ? Pin-pon pin-pon ! Douleur dans la poitrine ? Pin-pon pin-pon !

Enfin, vous avez compris le truc.

Du coup, il y a toujours des fâcheux pour te dire : « Mais il n'y a pas moyen de se soigner autrement pour éviter ces traitements lourds ? Parce que vous vous rendez bien compte que vous multipliez les risques d'avoir un jour une autre maladie ? » Je leur hurlerais bien dessus à ces gens-là car ils ne comprennent pas que ce n'est pas un choix. Quand la maladie est forte, ce n'est plus un choix !

Enfin, revenons à nos moutons. Je disais qu'il fallait être ultra-vigilant. Éviter la fièvre *(bah ouais, c'est bien connu, on évite la fièvre comme un obstacle !)*, les coupures, les infections... Un jour, j'ai eu un kyste au niveau de l'aine, assez gros mais finalement inoffensif... branle-bas de combat !

Bref, autant dire que ma famille est devenue ultra-protectrice.

— Tu as bien dormi, Coralie ?

— Bah oui, j'ai...

Pin-pon Pin-pon !

La Terre tourne…

Et moi aussi !

Pour apprendre, j'ai appris !

Quelle angoisse… Je me lave les mains, je désinfecte mon ventre, je pince le gras, je pique, j'injecte le produit, je sens des picotements, une bouffée de chaleur et là, je vis par expérience la rotation de la Terre.

Je me retrouve allongée sur le canapé, les pieds en l'air !

Ah pour apprendre, j'ai appris !

Mais pourquoi personne ne m'a-t-il dit qu'une infirmière pouvait me montrer la première fois ?!

(Euh… note à moi-même…)

Chapitre 8 bis

AH, J'AI L'AIR MALIN maintenant. Tout le monde va dire que je suis une branquignole d'auteure de bas étage. Classe ! Cool ! Merci à tous mes relecteurs d'avoir laissé passé cette bourde. Je l'avais pourtant dit ! Note à... moi-même... Ça veut dire vous aussi ! Bref, dès le chapitre 8, je m'emmêle les pinceaux. La honte !

Donc oui, je me suis répétée dans mon petit sketch à deux balles. J'avais déjà raconté la Terre qui tourne et tout le toutim. Je sais ! En plus, maintenant, tout le monde va croire que je mens puisque je parle de ma cuisse et de mon fute sur les chevilles et après je parle de mon ventre.

Bref, adieu l'édition. Adieu le livre dans les rayonnages. Adieu carrière. Adieu la vie !

Mais je suis une battante, moi ! Moi Coralie, je suis une résiliente ! Alors je vais continuer d'écrire et espérer que ce petit passage ira aux oubliettes. Je vous parlais donc de ces dites injections mais avant, la première fois, il y a une autre étape à franchir.

Car ce fameux traitement coûte cher, très cher. Environ... *(cessez d'insister, on va me tomber dessus. En France, on ne parle pas d'argent)* donc... Tausend (1000) Euro pro Monat. Les Allemands sont peut-être plus ouverts. Qui donc a décemment 12000 pro Jahr pour ses médocs ?!

Alors, pour être pris en charge par la Sécu, il faut passer en ALD *(il faut avouer que la France est merveilleuse pour ça, dans certains pays, les gens vendent leur maison pour pouvoir se soigner... Je me verrais donc difficilement vivre ailleurs qu'en France et, en toute objectivité, ce serait mission impossible avec tous les soins et traitements !).* Alors ALD, Affection Longue Durée. Et là, tu te dis : « Ça y est, j'y suis jusqu'au cou. »

Plus vraiment le choix de concéder ou non que ça ne partira pas demain. Mais je l'ai déjà dit, j'avais décidé d'accepter *(rires sous cape)*. Donc j'ai signé les papiers pour passer en ALD *(frissons)*. Et le plus drôle, c'est que le médecin m'a dit :

— Tu vas passer à 100 %.

Alors par contre, je crois qu'il y a erreur sur la marchandise. Parce que, perso, depuis quelques mois, je me sens plutôt à un petit 20. À moins que… Je repasse à 100 % ? C'est ce que vous vouliez dire ? Je signe et je repasse à 100 % ? Mais je signe où ? Vite vite vite ! *(Cinquante fois vite ! Je voulais tous les écrire mais je me suis dit… non.)*. C'est mieux que le Loto et l'Euro-millions réunis !

Et finalement, c'était un peu ça la promesse, quand on y réfléchit. Je signais, j'obtenais la prise en charge à 100 % de la sécurité sociale, je pouvais donc avoir le traitement et s'il marchait sur moi, je retrouvais mes 100 % *(ou presque)*. De toute façon, à l'époque *(comme aujourd'hui)*, j'accueillais le moindre pourcent de plus comme le Messie !

Il a fallu quelques mois pour sentir les effets. Et arrivé à moins dix kilos *(quand je regarde les photos de l'époque, je me fais peur mais ça aurait plu aux producteurs. Enfin, n'anticipons pas)*, mon corps s'est dit « allez, on met les gaz. Anti-TNF, signons un pacte ! ».

Ils ont signé leur pacte et j'ai retrouvé pas mal de pourcentages. Waouh, quel pied ! Et ç'a duré un certain temps *(mais non, je ne vous en dirai pas plus, bande de coquins ! La patience, très chers, la patience !)*. J'avais moins mal, je dormais à nouveau, je revivais !

Donc forcément, je continuais mes injections de bon cœur et sans tourner de l'œil. Tantôt dans les cuisses, tantôt dans le ventre *(d'où ma confusion)*. Avec pour seule réaction, un petit durillon rouge les heures qui suivaient à l'endroit de l'injection… Un « effet secondaire » de petit joueur… J'avais vu pire !

Accessoirement, il fallait faire ultra gaffe au frigo *(enfin « ultra », nous, nous étions un peu des flippés sur les bords à la maison depuis une panne de courant en pleine nuit qui avait mis hors d'usage une piqûre – c'était un peu à celui qui prendrait son yaourt le plus rapidement possible! – mais faire gaffe quoi!)* car la piqûre doit toujours rester entre 2 et 8 °C et on ne doit pas briser la chaîne du froid. Le labo donnait même gentiment des caisses de transport spéciales pour les cas de voyages ou de déplacements (les injections se font à dates régulières et parfois, selon le traitement, très rapprochées). La classe, un labo qui donne!

Une petite routine s'installait en somme.

Avant chaque injection, je préparais le bloc avec la petite montée d'adrénaline. Je me croyais dans *Grey's Anatomy (je vous rappelle que j'avais passé un certain temps hypnotisée devant la TV)* juste avant une opération de haut vol et je me concentrais pendant le lavage chirurgical des mains.

— Doc', on vous attend pour ouvrir le cœur.

Et la lumière fut…

3×10^8 m/s

300 000 km/s

299 792 458 m/s plus précisément.

Faudra m'expliquer cette constante, car pour moi, elle a mis trois mois à me parvenir cette satanée lumière soi-disant si rapide !

Chapitre 9

Trois mois ! Trois mois à continuer d'avoir mal, de maigrir et d'être épuisée.

Je suis arrivée à l'été 2009 avec mes fameux dix kilos de moins *(et dire qu'il y a des filles qui se battent pour atteindre ce poids ridicule de 45 kilos. Hey petit conseil les girls, arrêtez ! C'est moche !)*. Donc je ressemblais à une planche à pain somalienne marathonienne *(je vous épargne les photos)* mais je commençais à aller mieux !

Ce traitement Brelen *(on ne pourra définitivement pas m'accuser de faire de la pub médicale… maintenant si les labos insistent pour me payer des vacances en Italie, on peut trouver un arrangement)* me faisait du bien ! Je sortais de ma torpeur et me disais que finalement tout n'était pas perdu.

Je reprenais goût à la vie !

Mes petites séances à la *Grey's Anatomy* hebdomadaires avaient fait de moi la reine de la piquouse. Fingers in the noze, calfouette sur les chaussettes.

Bref j'avais à nouveau envie de faire, d'entreprendre, de vivre tout simplement. L'énergie étant revenue, je respirais. Je n'étais pas exempte de douleurs mais c'était tolérable, gérable avec un peu d'organisation.

J'ai donc créé mon association et commencé à donner des cours de chant. Un vrai bonheur !

J'apprenais à mes élèves à serrer les fesses comme pour presser une jolie petite olive et plus le jus était conséquent, plus leur justesse s'améliorait… OK, ça fait peur dit comme ça mais c'était du sérieux ! *Tu as peur du ridicule, petite puce ? Fais du chant, ça te passera vite !*

Pif paf pouf. Chant. Expression scénique. Voix. SPECTACLE DE FIN D'ANNÉE.

Ah ! Là, plus personne pour contrecarrer mes projets ! Une année riche en émotions et en partage. Mais aussi riche en fatigue.

Je m'investissais à fond mais j'avais des limites. En milieu d'année, j'ai dû arrêter, la mort dans l'âme, la direction d'un chœur que j'avais repris. Et je devais être régulièrement accompagnée à mes cours, la conduite étant parfois impossible.

Dans cette dualité plaisir/limites, je frôlais le dédoublement de personnalité *(pour les syndromes d'Asperger, c'est une blague ! Note à moi-même, attention cocotte, tu vas en choquer plus d'un. Tous les gens ne sont pas allés en centre de rééducation et donc ne connaissent pas l'humour noir, mais toujours gentil, sur le handicap… Tu veux vraiment prendre le risque d'outrer Monique et Tartempion ? Bien vu. À réfléchir.)*. Donc, psychologiquement je disais, ce n'était pas simple.

Quand tu souffres, pas le temps de penser. Tu veux juste que ça cesse. Mais quand ça commence à aller mieux, ça cogite. Et là, la déprime te guette tel un vautour affamé de charogne. Le salaud ! Ou la salope. Au choix.

Après presque un an de vie commune avec la spondy, j'avais besoin d'aide. Pas celle, inestimable, de mes proches, celle d'une tierce personne. J'ai donc été suivie *(ça fait vachement récit d'espionnage russe, j'adore !)*. Je ne voyais ma psy qu'une fois par semaine, mais cette expression laisse à penser que les psychologues possèdent un sens supplémentaire capable de te suivre à la trace pour s'assurer que tu ne tombes pas. Un coup à devenir parano *(encore)* !

Ce pas est difficile à franchir. Je ne sais pas pourquoi mais le suivi psy a une mauvaise image, c'est encore tabou, montré du doigt. Open your mind, les gens ! Je pense que ça devrait être proposé à tous les malades chroniques. On n'en parle pas assez, et pourtant on connaît l'impact du moral, du cerveau, des émotions.

Comment se confesser à ses proches quand on culpabilise déjà de leur infliger la maladie et ce quotidien si particulier ? On les sent constamment envahis par le sentiment d'impuissance et on en rajouterait volontairement une couche en leur confiant nos sympathiques noirceurs de l'âme ? Ça me semble tout bonnement impossible.

Le meilleur recours est donc une personne neutre, extérieure à tout affect. Un psy !

J'ai donc fait un follow *(bien avant l'explosion de Twitter. #avant-gardiste)*. Et ça m'a fait un bien fou. Je ne vais pas vous révéler tout ce qui s'est dit car c'est confidentiel. Manquerait plus que je doive intenter un procès contre moi-même pour divulgation d'informations sensibles ! Mais je le conseille à tous.

Il faut prendre son temps. Je crois que j'aurais craché à la figure de quiconque me l'aurait proposé les premiers mois de la maladie, mais quand on entre dans la phase d'acceptation, le moment est propice. On est ouvert pour affronter les choses.

On peut parler de celle qui squatte illégalement sans être inquiétée *(même l'été, trêve hivernale, mon œil)*. On peut dégouliner de tristesse ou de colère sans craindre de blesser la personne en face *(quoique...)*. Un punching-ball psychologique, à défaut de pouvoir encore frapper de ses propres poings. Je ne vous raconte pas les cocards et les bleus à l'âme que doivent avoir les psys à force de se prendre tous ces uppercuts !

Mais ça soulage et ça permet de passer un nouveau cap. Parce que oui, la maladie, ce sont des caps à passer. Et comme dans *Mario Kart*, tu gagnes des petites coupes à chaque victoire. Faut trouver un petit coin dans son grenier pour les stocker et régulièrement venir fouiller dans ses neurones pour les admirer et se dire « Yeah, belle gosse, tu gères ! ». Ça c'est pour les jours de coup de mou *(jesuisnazejesuismaladejesersàrien)*. Efficacité prouvée ou remboursée.

Le cap qui revient souvent, c'est celui de Bonne Espérance. Parce que l'espoir, ça va ça vient *(c'est fait de tout petits riens)*. Et quand tu le perds l'espoir, tu as intérêt à vite le retrouver sinon le vautour vient te picorer les entrailles et te tordre les boyaux.

Avec la maladie chronique, j'ai toujours eu l'impression de vivre sur des montagnes russes émotionnelles. Le moral, les ressentis, varient en fonction des douleurs, de l'énergie. C'est dur de trouver une constante, même celle de la lumière semble discutable pour nous, c'est dire.

À l'aveugle

Après les auditions à l'aveugle, voici le choix à l'aveugle ! Ferez-vous retentir votre buzzer ? Vous retournerez-vous ? Quel suspense insoutenable…

Chapitre 10

NOUVELLE ÉMISSION. NOUVEAUX CASTINGS. Nouveaux choix.

Nom de code provisoire : H1N1.

Comment ça, c'est déjà pris ?

Parce que oui, l'année 2009, ç'a été ça aussi. Je n'étais malade que depuis une petite année quand cette grippe est entrée sur le marché. Panique générale. Mais surtout panique personnelle.

L'Brelen fonctionnait sur moi, c'était le point positif par excellence. Ce qui l'était moins, c'était sa caractéristique. Car si ce traitement était cool, il n'en était pas moins immunosuppresseur *(vous vous rappelez ? Pin-pon Pin-pon…)*. Alors cette grippe H1N1 a été une alerte à la bombe, surtout avec toute cette controverse concernant le vaccin. Mais heureusement j'allais être aidée par le corps médical, je n'étais pas seule…

— Bonjour Mademoiselle Caulier. Vous n'êtes pas sans avoir entendu parler de cette fameuse grippe. En tant qu'immunodéprimée, il va falloir faire un choix.

— Un choix ? C'est à dire ?

— Pour le vaccin, pardi ! Soit vous le faites pour vous protéger de la grippe et vous prenez le risque de mal le supporter. Soit vous ne prenez pas ce risque-là mais vous prenez celui d'attraper le virus.

— Et quelles sont les retombées dans chacun des cas ?

— Un petit séjour à l'hôpital.

— Mais de ce fait, vous, vous me conseillez quoi ?

— Ah, c'est à vous de choisir !

Je vous laisse quelques secondes pour imaginer ma détresse.

Vous n'avez pas une grande imagination, dites donc ! Libérez votre âme d'enfants, renouez avec votre moi intérieur, laissez-vous pénétrer par la force créative ! *Joke !*

Enfin, je ne vous fais pas de dessin, vous comprenez mon désarroi. Je devais choisir entre deux choix merdiques. Je trouve ça horrible.

J'ai fini par refuser ce vaccin-là et l'hiver s'est passé sans encombre. Mais cette incertitude était très difficile à vivre. Être confrontée à ce genre de pseudo-choix, j'avoue que je ne m'y attendais pas. Pour certains vaccins, c'est simple ! Je me fais le vaccin de la grippe saisonnière classique chaque année par exemple. Je sais aussi que certains vaccins me sont interdits *(ce qui est le cas uniquement si un traitement immunosuppresseur est en cours)*, les vaccins dits vivants car le corps immunodéprimé ne pourrait les contrer même si c'est une inoculation à faible dose *(contrairement, par opposition, aux vaccins morts qui ne présentent aucun danger vu qu'ils sont morts !)*... Alors adieu les rêves de voyages en Asie ou dans des contrées reculées d'Amérique du Sud. Le site Vaccinations-voyages de Pasteur Lille est devenu ma bible avant chaque choix de destination ! Pour tout ça, c'est facile, tout est expliqué noir sur blanc. Mais pour tout le reste... c'est du tâtonnement !

Quand on n'est pas malade, on a l'impression qu'en cas de pépin de santé, on est accompagné à chaque instant de chaque seconde : que nenni ! On te lâche souvent la main et on t'incite à traverser en dehors des passages piétons.

Au départ, c'est un peu violent mais finalement n'est-ce pas cela devenir acteur de sa propre santé ?

En écrivant ça, je repense au fameux « Tu sais te piquer ? Non ? Tu apprendras ! ». Et c'est vrai, j'ai appris. C'est en se jetant dans le bain que l'on devient autonome.

Sur le moment, on est en colère d'être « livré » à soi-même, de devoir choisir, décider. Mais après coup, on comprend. On comprend que grâce à cela, on a tout simplement grandi.

C'est une éducation, un apprentissage, la maladie chronique. Fini les anciens codes, les anciennes habitudes, les anciens réflexes. Il faut tout réapprendre et reconstruire.

Comme un enfant qui lâche la main de sa mère pour faire ses premiers pas, comme un stagiaire qui lâche la main de son maître de stage pour prendre ses premières responsabilités professionnelles, comme une femme qui lâche la main… Bon je crois que vous avez compris !

Un malade doit lâcher la main de son médecin et il a souvent besoin d'un coup de pouce de ce dernier pour y parvenir. Il faut lâcher les mains *(surtout que c'est plein de microbes les mains… Pin-pon Pin-pon* !).

Alors traverse et ferme les yeux, tu verras, c'est encore plus drôle !

Cherche, trouve. Ou pas…

— Il vous faudrait des séances de kinésithérapie.

Mon rhumato a parlé. Action, réaction !

« Un kiné ? », pas de problème. Il y en a des dizaines autour de chez moi…

Gloups. Ne JAMAIS parler trop vite.

Chapitre 11

AVEC UNE SPONDY, DES séances de kiné, c'est bien. Une fois que ça, c'est dit… c'est dit et puis c'est tout.

Mais dans les faits ?

Ah ça vous semble facile à vous, hein ? Vous vous moquez bien de moi !

« Pathétique à vouloir se rendre intéressante avec son bouquin ! Même ses séances de kiné deviennent une montée de l'Everest. Coralie, non, tu n'es pas une héroïne médicalo-power-rangers ! »

OK je prends *(mais vous là, oui oui vous, les termes « petite joueuse », vous auriez pu éviter. C'est vexant.)* Enfin, je comprends vos griefs. *(Vous êtes si innocents…)*

Mais ne me jugez pas trop vite s'il vous plaît, je vais tout vous expliquer. Écoutez, apprenez et retenez !

Kiné numéro 1 :

— Une spondylarthrite ? Ouh là ! Pas évident ça pour moi… Je ne voudrais pas réveiller de douleurs. Je vais vous mettre une petite poche chaude sur le dos et ce sera parfait !

Kiné numéro 2 :

— Oh allez, un petit effort. Je suis sûr que vous pouvez me lever cette jambe davantage. Regardez, je vais vous aider. Je pousse… CLAC !

Kiné numéro 3 :

— Une SPA ? Je fais pas moi… Au pire mettez du froid…

Kiné numéro 4 :

Je vais peut-être m'arrêter là car la liste est longue. Très longue.

Vous comprenez mieux maintenant ? Un peu plus d'indulgence ? Je sais bien que je ne suis pas une héroïne médicalo-power-rangers *(snif snif)* !

J'ai donc essayé des tas de kinés différents. Soit ce qu'ils me faisaient n'avait aucun bénéfice, soit ils faisaient pire que mieux : comment entrer chez son kiné en marchant et sortir en rampant pour trois semaines !

C'était l'horreur. Et au bout de nombreux essais infructueux, j'ai laissé tomber *(mais un jour la lumière fut – ou plutôt sera – mais ça, je n'ai pas encore le droit de vous en parler)*.

Alors *(pour l'instant de ce moment-là précis dans le passé)* pas de kiné. Je restais donc avec mes douleurs sacro-iliaques.

Je sens le flottement là !

« SACRO-ILIAQUES », saint terme de la spondy, lieu d'hébergement favori au départ de la maladie. Petit nid douillet enflammé *(la fameuse sacro-iliite)*. Un léger côté érotique au niveau de la fesse mais comme détruit à la pelleteuse. Douleurs dans la fesse, à droite, à gauche, à bascule comme on dit.

Si si, je vous jure qu'on en a tous. On s'en rend juste compte quand on a une spondy !

Alors jaloux ? Jalouse ? On ne connaît pas bien son petit corps ?

L'avantage de la maladie, c'est qu'on devient balaise en anatomie. J'ai appris à connaître mon corps, j'ai découvert une multitude d'articulations *(c'est simple, il y en a partout, c'est comme la mauvaise herbe)*.

Et pourtant, à cette époque, grosso modo fin 2009, j'étais loin de tout savoir *(mon corps me réservait encore de belles surprises, frayeurs et tutti quanti. Note à moi-même, es-tu certaine de la signification de cette expression ? Pouvaient pas parler français ces Italiens.)*. Mais comme d'habitude, pas de spoilers. Il ne manquerait plus que vous appreniez dès la première saison de *Grey's Anatomy* que le Docteur Mamour meurt à la onzième !

Donc pour revenir à nos moutons, pas facile de soigner ses sacros *(même si vous n'en avez pas conscience, petits veinards !)*. Enfin, ceux qui me comprennent comprendront.

Des séances de kiné, OK avec l'idée.

Chercher un kiné, OK avec l'action.
Trouver un kiné…
Une adresse à partager ?

Et toi, tu t'en vas…

Comme ça ?

« Tu dis que tu t'en vas
Mais je voudrais rester… »

Ne m'abandonne pas ! « Moi aimer Toi » ! Ne me laisse pas crier, au fin fond du TGV, « Mais t'es où ? »

Pas là ! Parce que tu t'en vas… Tu l'as dit : « Je m'en vais ».

(Je me sens un peu comme Michael Grégorio quand, en trois minutes, il interprète l'ensemble du répertoire de Christophe Maé !)

Chapitre 12

Nous voilà arrivés en février 2010. Bien loin de fredonner en chœur, cela faisait un an et quatre mois que j'étais malade. Soit 700 800 minutes. Là tout de suite, ça en bouche un coin !

Après avoir passé environ quatre mois à bidouiller dans les traitements *(soit 175 200 minutes)*, deux mois de déni *(soit 87 600 minutes)*, trois mois de colère *(soit 131 400 minutes)*, quatre de tristesse *(soit 175 200 minutes)* et trois sur le chemin de l'acceptation *(soit 131 400 minutes)*, après tout ça, j'en étais là !

Et toujours pas de kiné ! Mais le pire me guettait…

Alors que j'allais à toute allure vers lui dans le train à grande vitesse ultra-ponctuel qu'est le TER de la ligne Amiens-Paris, mon rhumato, en qui j'avais une confiance absolue, mon rhumato, pour qui, je l'avoue, j'avais même fait une petite chanson dans ma tête pour occuper gaiement les trajets *(ne cherchez pas, elle restera dans ma tête celle-là !)*, s'apprêtait à m'annoncer la fin tragique de nos échanges semestriels.

— Je ne suis plus tout jeune *(à son corps défendant, il ne l'était effectivement plus)*, je vais donc quitter ce service de Chinco *(je ne sais plus pour aller où exactement, un dispensaire ? Un autre service ? Ne soyez pas si pointilleux…)* et m'extraire de la recherche. Vous êtes, vous par contre *(et là aussi il avait raison)* encore très jeune. Vous pouvez me suivre bien évidemment mais je vous conseillerais plutôt de trouver un autre rhumatologue. Vous devez être au cœur des nouveautés.

Très noble de sa part, il faut l'avouer. Mais waouh la claque, au ralenti sur trois minutes ! J'allais devoir tout réexpliquer, redonner ma confiance, repartir à zéro. Ça ne m'enchantait pas du tout mais il avait raison *(il avait souvent raison en fait…)*, je devais être suivie par une équipe au top. Je n'avais que 22 ans et la vie serait longue *(soit... pas mal de minutes)* !

Avec une pathologie encore si méconnue comme la spondy, être en dehors de la Recherche, c'est parfois *(souvent)* avoir plusieurs trains de retard *(tiens tiens, des trains en retard !)*. Et qui veut louper la correspondance pour l'île sans douleurs ?

Pas moi en tout cas !

Alors avec Maman Glegoo à la rescousse, armées de magazines spé santé et structures de soins, nous avons cherché le bon aiguilleur. Et nous l'avons trouvé en gare de Répa Broiseam sous le pseudonyme de Banbre.

— Oui, bonjour, je souhaiterais un billet aller avec le Professeur Banbre, s'il vous plaît... En rupture pour ce départ-ci ? Pas de problème, je réserve pour le prochain voyage, je veux juste aller dans la bonne direction !

Et voilà, la nouvelle épopée commençait. Nouvel hôpital, nouveau médecin, nouvelles approches. Ah, il faut aimer les changements et l'imprévisibilité de la vie !

À ma première visite, j'ai d'ailleurs eu une petite surprise...

Le Professeur Banbre était parfait et toutes mes craintes se sont dissipées. *(Je serai bien ici !)* Nous continuions l'Brelen qui fonctionnait encore *(encore ? Mais... Chuuut !!! Pas tout de suite !)* et il me proposait d'intégrer une cohorte.

Bouche ouverte, filet de bave qui pend, yeux qui louchent... « Une cohorte ? Euh... C'est quoi ?! »

Après plusieurs minutes *(toujours ces satanées minutes qui passent et passent encore)*, j'ai compris qu'il s'agissait d'un groupe de patients dans le but de faire de la recherche sur des sujets donnés. Et dans le cas qui nous occupe, il s'agissait d'une étude familiale sur le côté génétique de Madame Spondy.

Alors ouais, j'ai carrément intégré une cohorte. Appelez-moi Cohort's Girl !

Le seul truc *(détail...)* que je ne savais pas est qu'ils avaient besoin de sang, de beaucoup de sang ! Ils m'ont pris 27 tubes ! Vous y croyez, vous ? Eh bien vous devriez parce que c'est vrai. Vous n'avez qu'à me le demander !

27 tubes avec des veines merdiques, toutes petites, toutes fines et qui roulent, un sang qui coagule à la vitesse du TGV *(quand les conditions climatiques sont optimales)*, bref pas la joie.

La charmante et délicate infirmière m'a aimablement piquée deux fois à chaque bras avec un sourire d'excuses attentionné. Accompagnée de paroles réconfortantes, je me laissai bercer par le regard bienveillant de cette femme de soins. Toujours emplie d'abnégation et de don de soi, elle m'a adorablement offert à boire et à manger pour me remettre de cette épreuve. Toute cette gentillesse, cette générosité, cette douceur… mais 27 tubes quand même !

N'ayant pas à l'origine un teint très halé, je suis ressortie plus blanche que le fameux linge de l'expression. Le visage javellisé !

MAIS… je faisais partie de la cohorte ! Cohort's Girl !

C'est bien joli, allez-vous me dire, mais pourquoi je vous dis tout ça, n'est-ce pas ? Si ce n'est le fait que je me raconte depuis plusieurs dizaines de pages et que j'ai occupé quelques-unes de vos précieuses minutes de vie ?

Eh bien, tout cela pour dire qu'il ne faut pas hésiter à se réorienter sur le réseau ferroviaire quand on est malade jusqu'à trouver la bonne place dans le bon wagon avec le bon conducteur.

La santé mérite quelques efforts, quelques aménagements. Et le spécialiste ne se trouve pas toujours au pied de votre porte, malheureusement. La maladie va vous bouffer des minutes, c'est certain mais c'est surtout nécessaire. Parole de scout !

Sifflement sur le quai. Départ imminent.

Banbre était mon nouveau conducteur de train, je venais d'entrer dans le wagon huppé des cohortes, patients de première classe, le rythme de croisière était validé, tout roulait comme sur des rails.

Bon, j'avais juste zappé, à marcher comme ça sans me tenir, que le freinage à la prochaine gare serait renversant. *Mais ça, c'est pour plus tard…*

Bouh…

Le voilà !

Le tant craint, le tant redouté… Le si angoissant, le si effrayant… Le ô combien banni, le ô combien fui…

Le chapitre 13 !

Et au chapitre 13, tu as la poisse. Ou bien de la moustache…

Chapitre 13

Un joli printemps a éclos en 2010. Les oiseaux chantaient et les enfants jouaient à l'air libre. Les couleurs du renouveau étincelaient et ravivaient l'élan de vie, si longtemps happé par la morosité de l'hiver. Les arbres bourgeonnaient avant de laisser place aux fleurs que les abeilles visitent pour préserver l'équilibre du monde tel qu'on le connaît. Un équilibre hautement fragile mais qui, cette année-là, ne semblait pas menacé outre mesure.

Quand, soudain, un fait marquant menaça l'humanité – dérèglement catastrophique des saisons et fin de notre chère Terre… Je perdais mes feuilles ! Nous étions en mai et JE – PERDAIS – MES – FEUILLES.

Je ne perdais pas quelques feuilles par-ci par-là, arrachées par la légère brise du printemps, non ! Je perdais des feuilles par paquets comme dans une violente bourrasque d'automne. Un vrai petit arbre décharné !

La cause a vite été trouvée. Ce traitement qui me faisait tant de bien était un petit sournois, il avait attendu un an avant de me défeuiller. Mais je n'allais pas l'arrêter et réactiver mes douleurs au tronc… Il était donc urgent de trouver une solution pour que ces trous clairsemés dans ma cime ne s'accentuent davantage.

Maman Glegoo est arrivée, en se pressant, et a trouvé le doc spécialiste capillaire à Paris. De la pointe de son épée, elle a ciblé la rue et nous nous y sommes rendues. Moment mémorable !

Aujourd'hui, je le remettrais gentiment à sa place, mais à l'époque…

— Vous avez une belle alopécie *(ça va, on a compris que tu étais docteur et que tu connaissais des mots que moi non)*. Je vais pouvoir faire quelque chose… Mais par contre, pouvez-vous m'expliquer comment vous pouvez être sûre que c'est à cause de votre traitement ?

— Je ne suis pas sûre à 100 % mais comme je n'ai jamais perdu mes cheveux et que je…

— Oui, vous n'êtes pas sûre, quoi. Dans ce cas-là, pas besoin de s'auto-diagnostiquer. Je ne vois pas pourquoi les anti-TNF vous feraient perdre vos cheveux. C'est impossible.

— Mais mon médecin m'a dit que c'était probable qu'il y ait un lien entre…

— C'est moi le spécialiste des cheveux, pas de lien.

Je voyais ma mère bouillir à côté de moi mais ne pas oser, à mon image, se lever et partir. Subir l'humiliation de ce médecin imbuvable, détrempé d'autosuffisance. Le coup de grâce à venir fut loin d'un simple coup d'épée dans l'eau…

— Bon, je vais vous donner un traitement. Avec ça, vous serez heureuse, vous allez certainement moins les perdre. Par contre, vous aurez une plus forte pilosité, visage compris. Vous risquez d'avoir un peu de moustache et de barbe, mais bon, il faut savoir ce qu'on veut.

— Euh oui, mais là par contre euh…

— Vous voulez arrêter de perdre vos cheveux, oui ou non ?

Et dire qu'on lui a laissé un chèque avec un beau dépassement d'honoraires ! Mais nous sommes parties sans lui serrer la main et sans lui dire merci. Rebelles !

Ce ne sera pas une surprise pour vous : je n'ai jamais commencé ce traitement. J'avais même déjà regardé sur le net la qualité incroyable des perruques faites en cheveux naturels. Je ne me voyais vraiment pas chaque matin m'armer de mon blaireau et siffloter en me rasant la barbe…

Le professeur Banbre m'a donc prescrit quelque chose de plus soft qui a permis de limiter la casse, sans moustache. Et, prête à tout comme beaucoup, je suis ensuite entrée dans l'univers ouaté et légèrement ubuesque d'une clinique des cheveux. Tout pour le cheveu, force de vie et d'affirmation !

J'en suis ressortie avec quinze produits pour le prix de quarante. Une fortune sur ma tête chaque soir et un planning très serré pour les divers soins à répartir sur la semaine. Des massages, dans un sens puis un autre, des lotions avant, pendant, après shampooing, etc. J'ai eu le sentiment que cela fonctionnait.

Pendant de nombreux mois, j'ai donc acheté mes produits hors de prix et perdais un peu moins mes cheveux tout en trouant mon porte-monnaie.

Mais j'ai vraiment arrêté de les perdre plus tard *(donc ça, ça reste entre nous)* quand j'ai dû arrêter l'Brelen.

— Alors, Monsieur le Docteur pédant *(tu as de la chance que je ne cite pas les noms... ou bien peut-être que si finalement... 50 000 et je te laisse en paix dans l'anonymat... Eh bah oui, il faut savoir ce qu'on veut, Doc !)*... Et donc dis-moi, comme ça, on ne peut pas perdre ses cheveux à cause des anti-TNF ? Oh c'est pas bien d'être aussi mauvais ! Dans ton cas, tu ne devrais pas diagnostiquer tout court !

Vole, petit oiseau !

Après avoir eu les cheveux dans le vent, ç'a été au tour de tout mon corps...

Je promenais mon chien de l'époque *(« Voice », original pour une chanteuse ! Mais indulgence, il était arrivé à la maison lorsque j'étais encore une innocente ado.)*.

Donc je le promenais quand ce dernier a repéré quelque chose...

Mais qui de moi ou de l'oiseau a volé ? À moins que je vous aie caché être un oiseau depuis le début...

Chapitre 14

Je ne suis pas un oiseau. Mais… Qui a dit que seuls les oiseaux pouvaient voler ? Il faut arrêter ce principe d'exclusivité qui gouverne le monde !

Donc mon chien avait repéré quelque chose. Et même si je n'étais pas encore autant ralentie qu'aujourd'hui *(enfin, je présume puisque c'est du futur. Quoique aujourd'hui est finalement plutôt du présent. Peut-être devrais-je dire demain. Note à moi-même, réfléchir sur les temps. Ou bien dire que j'ai opté pour la tradition maorie, passé-présent-futur, c'est un tout indissociable… pas mal comme excuse et comme ça, on me fiche la paix… Whakawhetai koe !)*, toujours est-il qu'à ce moment-là *(l'avant du maintenant du tout indissociable… pas sûre que ce soit plus facile…)*, la spondy m'avait déjà un peu ralentie.

Je n'ai donc pas couru derrière mon chien le poignet attaché à la laisse mais j'ai littéralement volé. D'après les témoins, mes jambes moulinaient dans les airs et mes pieds voguaient au-dessus du sol. Comme si un cartoon s'était matérialisé !

Ce petit personnage caricatural était sorti du petit écran pour venir se personnifier en moi et je n'allais pas tarder, à mon tour, à faire le chemin inverse et entrer dans la télé…

Cette année-là, j'ai en effet repris du poil de la bête *(sans vilain jeu de mots !)* et ai décidé de refaire des castings.

Coup de chance du tonnerre, me voilà sélectionnée pour passer l'audition d'une pub Activia *(mince, j'ai fait de la pub pour une marque… Note à moi-même : laisse-la. Avec la quantité faramineuse d'exemplaires vendus de ton bouquin, ils devront te donner un peu d'argent pour avoir placé leur produit. Pas bête, business woman, yeah !)*. Je suis donc arrivée sur place, la seule péquenot sans agent au CV riquiqui mais j'étais décidée à envoyer des sourires à la caméra. Profil droit, profil gauche, les mains.

— Saute de joie et fais comme si tu goûtais un yaourt. Et HUUUMMMM, c'est bon ! C'est délicieux ! Vas-y, donne tout !

J'ai tout donné, j'y suis allée à fond. Hum que c'est bon ce yaourt imaginaire !

Et là, pif paf pouf, Simon Lelouch *(et ouais, là aussi je fais de la pub mais cette fois, pour me la péter ! T'inquiète pas Simon, je ne te demanderai pas d'argent pour ce coup de pouce !)*, il m'a choisie !

Je me suis retrouvée dans une chambre d'ado en train de déguster, avec malice et pétillement, un *(ou plutôt quinze)* yaourt*(s)* Activia à la cerise. *(Depuis ce jour, je ne peux plus manger de yaourt à la cerise).*

Simon Lelouche me disait de faire le geste des mains qui glissent librement vers le bas pour symboliser la libération digestive promise par ce produit… au final l'idée a été abandonnée.

Ce qui n'a tout de même pas empêché amis et famille de bien se marrer à voir ma trombine à la télé me pâmant devant un dessert lacté facilitant un transit optimal. Et cette phrase culte de mon intervention : « Moi, j'aime quand il y a des gros morceaux de fruits ! »

L'expérience était géniale et comme je le disais dans la pub, « C'est top quoi ! ». Ce qui l'était beaucoup moins, top, c'est que j'y ai rencontré un mec. Et ce gars a fait quelques dégâts… Mais l'histoire est longue. Et si je lui laissais le chapitre suivant ? Non… il ne mérite pas un chapitre dédié ! Le faire intervenir après la facilitation du transit est une chose plutôt judicieuse finalement. Ça coule de source et tous les déchets se retrouvent au bon endroit ! C'est plus propre ainsi. Alors c'est parti pour l'histoire… *(Attention les filles, le conte de fées en prend un sérieux coup.)*

Un technicien de l'équipe me faisait de l'œil. Pas insensible non plus, on a décidé de se revoir et arriva ce qui devait arriver. Au bout de quelque temps et de rapprochements, impossible de lui cacher ce qui constituait déjà un pan important de mon existence, je lui ai donc révélé ma maladie.

Bon prince, cette dernière ne le gênait pas du tout. Et pour cause, elle ne se voyait pas ! Jusqu'au jour où… Étant conviée à chanter à l'Olympia aux concerts de Dorothée *(mais ça, c'est une histoire bien plus top que je vous raconterai après, pas de panique !)*, je me suis invitée chez lui pour avoir un pied-à-terre *(je n'étais pas encore revenue vivre à Paris)*. Et dans ma valise, en prévision de ces quelques jours qui s'annonçaient intenses, trônait ma canne de marche. Un soutien parfois fort précieux et indispensable. Et le bon prince l'a vue…

J'ai senti le choc : « Merde sa maladie est réelle et peut se voir… » Jusque-là, il m'avait juste vue faire mes étirements où il me disait ressembler à une danseuse *(mais dans quel putain de monde vivait-il ?!)*. La canne faisait tout de suite moins petit rat de l'Opéra ! Mais le bon prince parvint à se contenir et moi aussi *(incroyable !)*.

Puis j'ai invité un week-end Monseigneur à la campagne, dans ma province. *Gloups…*

Après quelques situations désagréables, des phrases bien déplacées et des actions limites *(pour lesquelles mon petit frère qui, dans les faits, est plutôt mon grand frère, l'a reçu comme il se doit… Faut pas trop s'y frotter quand il est question de sa sœur !)*, j'ai stipulé à Monseigneur que c'était terminé et qu'il repartait le lendemain matin.

Expédié par la voie royale, le goujat.

Mais, car il y a un mais, l'histoire ne fait que commencer. Je n'aimais pas ce garçon, je n'étais donc pas triste de cette séparation. Il est pourtant parvenu à me briser le cœur et à sérieusement entamer ma confiance en moi…

Avec la maladie, on a tendance à se dévaloriser, à se prendre pour un boulet pour les autres. Je n'étais qu'aux prémices de ce sentiment, il a fait en sorte de bien l'ancrer. Quelques jours plus tard, je recevais un mail de sa part. Je vous fais don de quelques bribes, voici pour vous des extraits *(en plus, c'est un poète !)*…

« Réveil facile, facilité par un stress qui pousse à l'éveil. Pas celui du boulot où l'on se dit : quelle journée m'attend ? Mais un réveil plus important, plus troublant. De ces journées qui prennent aux tripes, tellement les pensées s'entremêlent et mènent à des crispations physiques incontrôlables *(je me disais bien que tout ne fonctionnait pas raisonnablement dans les commandes, là-haut…)*. Puis Tracy nous accompagne sur le chemin de la gare. Des mots, ils sont là pour essayer de comprendre, mais ne font pas avancer les choses *(sortez les violons !)*.

Le rêve a du mal à se dissiper et reste encore jusqu'à Paris. Un trajet en train où la vitesse n'est pas assez rapide pour rattraper toutes les pensées diffuses et inconscientes qui s'échappent d'on ne sait où *(un cerveau au top de son activité !)*.

Impossible de rester chez soi dans ce fourmillement cérébral. Une balade à vélo paraît la solution *(bah ouais, logique !)*. Me voilà donc sur mon vélo, ayant trouvé la solution à tous les problèmes qui m'affectent *(heureux les simples d'esprits !)*.

Je me remets à penser plus posément cette fois-ci, il faut du temps et des événements pour comprendre les choses qu'on ne veut pas voir.

Je pense à cette fille *(MOI !)*, sa maladie l'aurait empêchée de faire cette randonnée avec moi *(tragique…)*. Il n'y a pas que le vélo que cette fille se voit refuser, il y a plein d'autres choses dont je ne me rendrai peut-être jamais compte *(pas simple d'être frustré, hein ?)*. »

Bon là, nous avons eu tout le baratin. Espérant m'endormir comme il faut en me saoulant de belles paroles, vides de sens et de fondements. La suite est merveilleuse…

« J'avais conscience que notre histoire ne pourrait pas durer *(alors pourquoi étais-tu avec moi ?)*, mais la fin me paraissait loin *(ah, c'est donc ça !)*. Par contre, je sentais bien ce qui allait nous séparer. Une maladie qui aurait profondément chamboulé mon rythme de vie *(pauvre bichon)*.

Dans mon idéal, je te voyais supporter la douleur pendant que moi je sortirais à gauche à droite, en me souciant de toi, mais pas tout le temps *(avez-vous lu la même chose que moi ? Fantastique, non ?)*. Égoïste, tu dis ? *(non, penses-tu !)* Je pencherais plutôt pour une forme d'aveuglement *(facile...)*.

Aveuglé par l'amour *(ahahah)* qui donne des ailes et balaie les vraies questions. Aveuglé par une non-connaissance de ta maladie, car ce n'est pas en si peu de temps que j'ai pu me confronter à ce que tu vis tous les jours.

J'ai cru bêtement qu'en rendant mon lit plus moelleux, tu comprendrais mon implication *(je vous l'avais dit, bon prince)*.

Je me suis rendu compte après que mon implication était de te montrer mes sentiments, mais en rien de comprendre ta maladie et d'y faire face tous les jours *(c'est sûr, je vais donc éviter de comprendre ta connerie et d'y faire face tous les jours !)*.

Je sais maintenant que je suis sorti du rêve *(hey Aladin, ça suffit, on a compris)*, que j'en aurais été incapable *(sans déc*?!). Et que, le temps passant, cette histoire nous aurait sans doute déchirés, encore plus qu'aujourd'hui.

Tu as eu un recul que je n'ai pas eu *(au moins un truc intelligent !)*. »

Je vous épargne les formules de politesse et les « pourrait-on, crois-tu, rester amis ? ».

Il faut savoir également que, de vive voix, il m'avait avoué ne pas assumer ma canne. Que s'il devait voir ses amis un jour où j'avais besoin de ma canne, il préférerait que je ne vienne pas. Je perdais en effet mon statut de trophée pour devenir la honteuse handicapée. Bouh ! Mais je comprends... Le trophée doit être beau, le trophée doit faire rêver. Le trophée ne doit pas être bancal, le trophée ne doit pas trôner sur trois pattes. Le trophée doit être LE trophée !

Pauvre naze, tu ne mérites même pas une médaille ! Oui bien si, je retire ce que j'ai dit. Ce mec mérite bien une médaille. Pas besoin de dessin pour la catégorie !

J'ai appris, longtemps après, qu'une amie avait échangé avec lui des messages incendiaires pour me venger, car cette histoire a laissé des traces, à mon corps défendant.

J'ai cru mourir de rire quand, des années plus tard, il m'a écrit un mail pour reprendre contact ! Le bon prince !

À la rigueur, j'aurais dû le revoir en prenant mon fauteuil roulant *(il arrivera plus tard dans l'histoire, je peux pas tout faire à la fois)*, pour lui enfoncer ma canne là où je pense. C'est peut-être efficace pour le transit…

Des millions de copains…

ALLEZ AVOUEZ ! RIEN qu'avec le titre, vous savez de quoi je parle…

Ceux qui prétendront le contraire seront à 99,99 % des hypocrites. Avouez-le ! Comme moi, vous connaissez, vous avez écouté, vous avez aimé Dorothée !

Alors tous en chœur… « Des millions de copains te tendent la main si tu as froid si tu as faim… »

Vous rechignez ? Pas assez branché pour vous ? Et si je vous dis que c'est sur la scène de l'Olympia ? Ah tout de suite, ça change tout !

Chapitre 15

« HEY ! ARRÊTE-TOI ! Regarde ! Ils sont là ! »

Ils étaient là en effet, prêts à m'accueillir pour une aventure hors du commun…

Nous étions début 2010, après ma pub et tout ce qui s'était ensuivi (*ne revenons pas là-dessus, je vais finir par avoir un procès pour diffamation aux fesses)*, j'avais toujours mes envies de scène et de tournages.

Je m'étais inscrite à un casting pour passer dans une émission télé d'une chaîne d'Île-de-France. Bon OK, ce n'est pas TF1 mais il faut bien commencer quelque part. Donc, je m'inscris, comme je disais, j'envoie mon petit enregistrement de chanson et là, paf, me voilà sélectionnée !

Je me rends, quelques jours plus tard, aux studios de la chaîne, IDF1, et je chante en direct live *(chocottes chocottes !)* une de mes chansons dans l'émission « Vous avez du talent » *(« Ah moi, ah bon, Ah merci ! »… Autre chanteuse, révisez vos classiques !)*. Le public vote pour moi et je reviens le lendemain avec une deuxième chanson. En un coup de vent, c'est le pied ! Et puis je dit : « Stop, retirez-moi des votes, je ne reviendrai pas demain. »

Couillue, non ? Bon OK, j'arrête de me vanter, mais en même temps, si vous ne m'envoyez pas de fleurs, il faut bien que je le fasse moi-même !

En réalité, je me suis toujours dit qu'il n'était pas bon de faire partie des meubles, alors partir avant d'être aussi insignifiante qu'une chaise me semble la meilleure option. Rester sur sa faim est toujours plus alléchant que repartir avec les dents du fond qui baignent, si vous voyez ce que je veux dire.

Donc je ne suis pas revenue une troisième fois. MAIS… car il y a un « mais » sinon le chapitre serait drôlement court et

Dorothée ne serait pas apparue, comme je vous l'avais promis implicitement *(les plus subtils auront pigé).*

Ce MAIS, c'est justement Dorothée et Jean-Luc Azoulay *(note à moi-même. Dois-je aussi changer leurs noms comme pour les médecins ? Pas de pub pour le médical... normal. Mais l'artistique... ils n'attendent que ça... je vous ferai un prix d'ami !).* Pendant ma seconde prestation, ils étaient présents dans les bureaux de la prod'. Jean-Luc a aimé la façon dont je passais à l'image et Dorothée ma chanson. Bref, petit échange à la fin qui m'avait donné la banane. Et puis, ça s'est arrêté là. Pour le moment...

Deux mois plus tard, je reçois un coup de fil.

— Allô, allô, Monsieur l'Ordinateur !

— Euh moi, c'est Mademoiselle Caulier, mais je vous écoute ?

C'était Jean-Paul *(non, Jean-Paul, ce n'est pas Jean-Luc. Faut suivre les cocos !)* de JLA Productions. Dorothée allait faire plusieurs concerts à l'Olympia et pour une chanson, il était prévu qu'il y ait plein de jeunes avec elle sur scène. Ces jeunes étaient ceux qui avaient fait le plus de participations à l'émission « Vous avez du talent ».

Euh... arrêt sur image. Je n'avais fait que deux participations et j'étais partie. *Il y a un bug Monsieur l'Ordinateur...*

Non en fait pas de malware, tout allait bien.

C'est vrai, je ne remplissais pas les critères MAIS *(c'est le chapitre des « mais ». Note à moi-même : changer le titre ?)* Dorothée désirait que je sois là !

Youplaboum pilipoumpilipoum *(cherchez pas l'artiste, c'est de ma création perso. Copyright.)* ! Me voici quelques semaines plus tard sur la scène de l'Olympia pour les répètes !

Quatre concerts ont suivi. La folie ! Une expérience humaine de dingue, gravée en moi à tout jamais. Fatigant *(bien que je n'aie pas eu à sortir ma canne, embarquée dans ma valise chez le bon prince du chapitre précédent. Vous n'avez pas déjà oublié ?)*, mais exaltant !

Je suis repartie des étoiles dans les yeux *(il s'agit bien évidemment d'une métaphore. Complètement niaise, je l'admets. Si vous avez d'autres propositions, mon numéro est le 06… LOL!).*

Et puis, ça s'est arrêté là. Pour le moment…

Car il y a encore un « MAIS »! *Décidément!*

Jean-Paul, encore au téléphone et quelques semaines plus tard, me proposait un casting pour un petit rôle *(apparition, mais pas une apparition à la* Joséphine ange gardien *qu'on se comprenne bien, juste un passage quoi)* dans une nouvelle série qui allait bientôt être tournée. « Les Mystères de l'Amour ».

Youplaboum pilipoumpilipoum©, OK!

Ce jour-là, j'ai passé le casting avec Ariane. Ariane! Du club Dorothée! Ma jeunesse me poursuivait! Et elle m'a kiffée. Faut le dire. Tant et si bien que je me suis retrouvée la semaine suivante devant Jean-Luc Azoulay et Sébastien Roch *(Cricri d'amour pour les intimes)* pour un autre casting et pas pour un petit rôle cette fois… la copine de Cricri d'amour! *Eh ouais carrément!*

Youplaboum pilipoumpilipoum©, ils m'ont dit banco!

J'ai appris une semaine plus tard *(grâce au technicien petit ami de la comédienne citée ci-après)* que le rôle avait déjà été partiellement accordé à une nana prénommée Angèle *(tiens, tiens, bizarre, le prénom de mon personnage…)*. Gloups! Je n'y suis pour rien, désolée Angèle, mais Angèle, c'est moi!

Premier dîner avec l'équipe. Je rencontre les idoles de mon enfance, Hélène, Patrick et tous les autres. Grand moment! Et puis la petite comédienne ultra-débutante, d'une pub au compteur que j'étais, a commencé à tourner.

Youplaboum pilipoumpilipoum©, je me suis éclatée!

La spondy me laissait partiellement tranquille, j'arrivais à gérer. Les douleurs étaient supportables. Mon secret était bien gardé. Ah oui! Car c'était secret. Personne n'était au courant de ma maladie.

Dans le milieu des tournages *(comme pour beaucoup de milieux finalement)*, le temps c'est de l'argent. Engager une comédienne qui potentiellement risque de s'absenter en cas de crise de sa maladie… Niet ! Suivante ! Il y en a des milliers qui attendent derrière.

Alors je n'ai rien dit. Pour tous, j'étais en pleine force de l'âge. Personne ne remarquait mes moments plus compliqués, j'étais en parfaite gestion *(pour le moment car là aussi, il y aura un « mais »)*. Cependant dans l'immédiat, pas de « mais ».

Le seul hic était qu'à ce moment-là, j'essayais un régime sans gluten et sans lactose entre autres, dont certains disaient qu'il faisait du bien dans ma pathologie *(pas d'effets miracles sur moi mais sur d'autres, ça semble parfois fonctionner. C'est donc propre à chacun.)*.

Mais je ne pouvais pas dire que je faisais ce régime associé à ce type de pathologies, au risque de me vendre ! Alors j'ai dit que j'étais intolérante au gluten et au lactose *(j'en profite pour m'excuser auprès des régisseurs qui ont toujours tout fait pour pallier parfaitement mon « allergie » !)*.

Le truc, c'est qu'un an plus tard, j'arrêtais ce régime qui ne m'apportait aucun bienfait. Et là, j'ai sorti le bobard le plus gros du monde : « J'ai fait une désensibilisation cet été. » Et c'est passé ! *(Merci aux régisseurs de n'avoir posé aucune question piège, décidément vous êtes parfaits !)*

Tout se passait donc parfaitement dans le meilleur des mondes. J'avais fait ma valise, avec mes chaussettes *(je vous laisse deviner les couleurs !)*, pris le train qui s'en va et dans les yeux d'une fille *(moi)* se lisait le bonheur. Je partais rejoindre Hélène et Nicolas au sommet de mon rêve, éblouie par les neiges de mon Himalaya.

Je vivais dans un songe de starlette mais *(encore lui !)* je n'allais pas tarder à retrouver les bas-fonds de l'enfer… *(Et je ne parle pas de cocaïne. Soyons clair, je suis clean ! Ce qui dans le milieu est une certaine fierté de résistance.)*

Oyé Oyé, que Lucifer rapplique !

Youplaboum pilipoumpilipoum©©©

Je crois que c'est la berlue…

— POUVEZ-VOUS ME LIRE la plaque d'immatriculation là-bas, sur la voiture rouge ?

— Euh… C'est que… il pleut… et euh… ça brille un peu, je ne suis pas certaine de ce que je vois…

Ça, c'était quelques années plus tôt, le jour de mon permis. L'instructeur me l'a donné en me faisant promettre d'aller voir au plus vite un ophtalmo. Sympa le mec !

Mais ce déficit oculaire ne m'était pas inconnu… Et j'ai d'ailleurs continué un bon bout de temps à ne pas discerner les visages avant que les personnes soient à moins d'un mètre de moi.

Je l'avoue, je ne portais pas mes lunettes. Par souci de coquetterie…

Bah oui, dans la comédie, ce qui compte c'est être jolie. Voir clair, c'est secondaire !

Chapitre 16

QUAND JE SUIS REVENUE vivre à Paris, j'ai cru voir un monde qui n'existait pas. Ou plutôt qui existait différemment ! « Je ne suis pas parisienne. Ça vous gêne, ça vous gêne… »

J'y ai vécu des joies immenses, des expériences inoubliables mais aussi de grands moments ubuesques. Jusqu'à ce que la maladie me donne un bon coup de pied aux fesses et m'expulse prestement de cet univers en mai 2012.

Mais n'allons pas trop vite, je vais vous raconter…

Pour l'heure, vous devez vous demander pourquoi je n'ai pas eu davantage de jugeote. Bah oui ! Quand on ne veut pas porter de lunettes mais ne pas se prendre les murs non plus, on met des lentilles, non ? Vous me prenez décidément pour une sans-cervelle ! Merci pour cette marque de confiance, de respect et de considération surtout. Si j'étais susceptible, j'arrêterais ce livre sur-le-champ ! Mais je tiens bon, je suis bonne pâte…

Bien sûr que j'ai essayé les lentilles ! Impossible de les supporter. J'ai bien tenté de les garder coûte que coûte, malheureusement l'œil gonflé et rougi n'était pas très tendance !

La faute à qui tout ça ? On se demande bien… Depuis l'arrivée de Madame Spondy, mes yeux étaient plus secs et fragiles… Eh oui, encore elle ! Il faut savoir que la spondylarthrite peut aussi toucher les yeux avec ce qu'on appelle les uvéites. En gros, c'est quand tu as l'impression d'avoir tout le sable des grandes plages du Nord dans un seul œil !

Donc j'ai continué à avoir la berlue, à ne pas reconnaître les visages et à plisser ridiculement les yeux afin de discerner le fort fort peu lointain *(Shrek est de retour !)*.

Mais revenons à nos moutons et laissons mes globes en orbite !

J'étais donc de retour à Paris. J'y avais déjà vécu pendant mes études mais je redécouvrais à présent la ville accompagnée de ma nouvelle amie *(que ce mot est galvaudé de nos jours...)*.

Tout me semblait bien plus compliqué. Et notamment le métro...

Aujourd'hui, quand je dois utiliser ce merveilleux transport en commun, je prends ma canne pour avoir une place assise. Alors que dans les faits, je suis la même malade avec ou sans, mais le regard est différent. Sans canne, je sens les regards sous-entendant « Observe cette jeune qui ne laisse pas sa place assise. Aucune éducation ! » Avec la canne, j'ai les regards curieux mais je me sens moins envahie d'une culpabilité justificatrice. Ah, se justifier... Dans une file d'attente, je suis un jour passée devant tout le monde avec ma carte de priorité *(on reviendra plus tard aux démarches du handicap... Chaque chose en son temps, faut prendre son p'tit ticket !)* car je n'étais vraiment pas en forme *(bien sûr en m'excusant 15 fois et en n'étant pas très à l'aise, aucune sensation grisante de remonter toute la queue sans attendre)*. Deux jeunes derrière moi se sont engagés dans un dialogue humiliant du style « D'où elle est handicapée celle-là ? Je ne vois pas pourquoi elle se permet de passer devant, elle a rien la nana ! ». Je leur ai demandé s'ils voulaient prendre ma maladie pour se rendre compte, ils m'ont ri au nez, même pas sous cape. Alors pour parer ça, je m'arme à présent de mon épée *(de cape et d'épée... OK...)*. Ma canne quoi !

À l'inverse, il y a aussi des gens très bien et attentifs. À un spectacle auquel j'assistais, j'avais remonté la file et expliqué ma situation au vigile. En moins de temps qu'il ne faut pour le dire, il avait tout organisé pour faciliter mon entrée et mon installation, sans que je ne lui en demande autant. Ces exemples sont encore meilleurs à retenir !

Mais la canne *(c'était l'objet)* ne règle pas tous les problèmes du métro *(c'était le lieu)*. Elle règle la question : pourquoi si peu de sièges pour s'asseoir ?, mais toutes les autres : pourquoi tant de marches pour descendre ? Pourquoi marcher si vite dans les dédales souterrains ? Pourquoi tant de marches pour remonter à la surface ? Mais pourquoi ?

À l'époque, il me fallait une réponse, une solution !

Je n'ai pas trouvé le « pourquoi » mais j'ai déniché le « comment ». Le comment échapper à tout ça. Je me suis acheté une voiture, une Trams !

Bien que tous les gens de mon village, lorsque je rentrais, pensent que je roulais en voiturette sans permis, j'étais bien avec mon pot de yaourt passe-partout ! Et surtout je m'épuisais beaucoup moins. D'autant que je venais d'investir dans un système dont je ne me départirais plus... la boîte automatique !

Conduire avec une spondy très active, ce n'est pas chose facile. L'embrayage est un jeu sadique pour les hanches qui hurlent au désespoir en moins de temps qu'il ne faut pour appuyer trois fois sur la pédale. Une histoire de quelques kilomètres grosso modo. La solution idéale est d'opter pour une automatique avec régulateur de vitesse. Le tout, c'est de se rappeler qu'accessoirement, on est quand même en train de conduire lorsque notre intervention est nécessaire. Mais comme je le disais, c'est accessoire !

Je me suis fait klaxonner des milliers de fois *(essayez de conduire une Trams à propulsion arrière sur de la neige en plein périph' bouché... Ah ! Je ne suis pas Alain Prost, moi !)*, je stationnais perpendiculairement au trottoir *(c'était le bon temps, c'était encore toléré...)*, et on me garait ma voiture quand j'allais en tournage *(la classe à Dallas... sauf quand le régisseur avait provisoirement garé ma voiture sur un passage clouté !)*.

Bref, j'étais au chaud, en sécurité et au repos dans mon mini-carrosse ! Je pouvais affronter les journées de travail sereinement... au début... *(j'y viens, j'y viens !)*

La première année de tournage s'est déroulée sans accrocs. Je campais mon personnage d'Angèle avec délice, l'équipe était chouette *(mon partenaire de jeu adorait manger du hareng ou de l'ail le midi, avant nos scènes d'amour !)* et j'échappais aux castings foireux où on te propose de te jeter de la terre plein la tronche en t'enterrant vivante, tout cela pour un court-métrage miteux non rémunéré *(histoire estampillée véridique. J'avais décliné !)*.

Car oui, loin du mythe, le milieu de la comédie n'est pas toujours très sain… *(mais plutôt sein… OK, je sors. Et pourtant, ce n'est pas faux !)*. Mon entourage, mon ancrage et même ma maladie *(elle n'a pas que des torts celle-là)* m'ont permis d'avoir le recul nécessaire pour éviter les écueils de ce milieu. Ceci dit, je n'ai pas échappé à quelques situations cocasses…

Nous voici en juin 2011. Je tournais depuis un an et l'équipe des *Mystères de l'Amour* était invitée au festival de Monte-Carlo. Grand moment ! Une expérience gravée dans ma mémoire mais aussi la découverte d'une machine à rêves destinée justement à faire rêver, mais seulement ceux qui y sont extérieurs. Le regard scrutateur des comédiennes entre elles *(miroir miroir, dis-moi qui est la plus belle !)*, la peur de marcher sur sa robe longue devant le parterre de journalistes, la cérémonie interminable des prix, ouf le dîner de gala du prince !

Nourriture, boisson, musique, parfait. Je me suis retrouvée à faire pipi en même temps que Lynette de *Desperate Housewives (alors que la veille, à la cantine en plein air, je mangeais à côté d'Hotch d'*Esprit criminel *!)*. Dingue !

Mais j'avais surtout repéré, non loin de moi au dîner, un homme d'une bonne soixantaine d'années entouré de deux blondes décolorées au décolleté vertigineux *(si elles n'avaient pas été deux, j'aurais presque pu proposer ma culotte, histoire de les aider à cacher quelque chose… mais je n'avais qu'une seule culotte sur moi sous ma robe !)*. Ces filles-là n'étaient pas présentes pour les beaux yeux de ce mec-là *(non non non, à ce stade, ça ne s'appelle plus des préjugés mais des certitudes !)*. Et cet homme me regardait trop souvent à mon goût.

Bref, le repas étant terminé, nous avons pris la direction de la boîte de nuit, réservée pour l'occasion. Dans un tour de magie suspect, voilà que le vieux bedonnant aux blondes s'était retrouvé assis à côté de moi et était en train de payer des bouteilles *(d'une taille dont je ne connaissais même pas l'existence)* à toute l'équipe !

Mes collègues me faisaient tous des sourires, satisfaits de leur nouveau mécène, et moi j'étais bloquée à devoir l'écouter. La tirade *(il serait pompeux de qualifier cela de dialogue car je suis restée la plupart du temps sans voix !)* qui suit n'a rien à voir avec la spondy mais comme elle vaut le détour, je ne pouvais vous en priver…

— Je suis agent immobilier à Monaco pour les biens de luxe. Je vais te laisser ma carte.

— Oh vous savez, je ne risque pas d'avoir besoin d'un bien de luxe à Monaco !

— On ne s'est peut-être pas bien compris tous les deux. Tu pourrais avoir besoin de ma carte pour autre chose… Je sais que tu es comédienne et les débuts de carrière sont parfois difficiles. Alors voici ma proposition… Si tu viens un week-end par mois à Monaco me rendre visite *(je précise qu'il était clair que ce n'était pas pour nous regarder dans le blanc des yeux !)*, nous logerons bien évidemment dans les meilleurs palaces de la ville, je te paie toute ta vie à Paris. Et tu n'auras plus qu'à te soucier de ta carrière… Alors ?

Alors quoi répondre et comment ne pas le gifler ? Je me suis retenue et bien navrante, cette histoire nous a rendus fort perplexes chez moi. Quel goujat ! Et surtout quelles pauvres filles, celles qui acceptent à tour de bras *(car s'il me proposait un week-end, c'est certainement que les trois autres étaient* déjà *pris !)*.

Après un été reposant *(loin de Monaco et des paillettes !)*, j'ai repris la route des tournages mais mon état déclinait.

Nous ne tournions plus à Paris mais dans les Yvelines. Je logeais chez ma tante et mon oncle et retournais le plus clair de mon temps chez mes parents me reposer. Je finissais les journées de tournage fatiguée, puis épuisée, puis exténuée. Les douleurs allaient crescendo. Je faisais tout ce que je pouvais pour maintenir le cap mais je voyais noircir mes yeux à chaque heure supplémentaire. Les mois passaient et j'appréhendais de plus en plus les jours de tournage, les scènes physiques à tourner, les moments de douleurs intenses.

J'ai eu, en janvier 2012, l'immense bonheur et honneur de faire la première partie des concerts d'Hélène à l'Olympia avec mon duo BeZoo. C'était merveilleux, magique, féerique et j'étais pourtant déjà bien fatiguée.

Les concerts qui ont suivi, début 2012, n'étaient plus un plaisir. Je souffrais de devoir rester debout et comptais les chansons qui me séparaient de la fin.

Les tournages me portaient à la nausée et je finissais mes journées la tête dans les toilettes, vomissant à cause de l'intensité cruelle des douleurs.

Il était temps de dire stop, la sonnette d'alarme étant tirée depuis un moment déjà. Je n'y arrivais plus. La spondy avait pris le dessus. Je devais renoncer à ce métier qui demandait à mon corps plus qu'il n'était capable de fournir.

J'ai annoncé ma maladie. Ce grand secret, ce grand tabou, je l'ai dit. Et après quelques épisodes d'adieu, je suis partie. Un bouquet de fleurs à la main et le cœur lourd.

Nous étions en mai 2012.

Il faut un thermes à tout ça !

C'EST CLAIR, NON ?

Les vrais littéraires connaissent l'orthographe !

Chapitre 17

Je me suis donc retrouvée chez mes parents à lutter pour aller mieux. Puis le médecin a décidé de m'envoyer faire ma première cure thermale. Aix-les-Bains. Coup de cœur pour la ville !

Mais une cure, ce n'est pas de tout repos *(excepté pour les gens qui se font payer ça par la Sécu, en couple ou entre amis, qui grimpent les marches quatre à quatre et qui prévoient leurs soins à 6 heures du matin pour aller randonner après toute la journée et danser à la guinguette le soir… Révoltant !)*. Moi, elle m'a rendue littéralement HS, cette cure.

Trois semaines de soins à base d'eau et de boue, de siestes à rallonge face aux miroitements du lac entouré de montagnes. Un bénéfice réel qui m'incitera à revenir quelques mois plus tard, en plein hiver… Mais pour l'heure, nous étions en été, sous le soleil et la chaleur !

Je suis ressortie de cette cure thermale revigorée, fatiguée certes mais apaisée au niveau des douleurs. J'allais mieux et pensais de nouveau à l'avenir. Les tournages étant trop difficiles physiquement, je devais trouver une autre voie.

Forte d'une première année de fac de lettres validée après mon bac, j'ai décidé de reprendre ce cursus.

Mais il m'était impossible d'écrire longtemps à la main ou de vivre une scolarité normale. J'ai fait une très belle rencontre avec la médecin de la fac. Elle m'a comprise, connaissait bien les difficultés d'une spondy active, a certifié mon besoin d'avoir mon ordi même en période d'examens, mon besoin de tiers-temps supplémentaire… Elle a d'ailleurs fait plus que ça. Elle a déverrouillé en moi une peur irascible du mot « handicapé ». J'ai compris avec elle que ce n'était pas une honte, ni une insulte. J'ai rempli mon dossier MDPH *(le retour des jargons en force! Yeah!)*, j'ai accepté mon nouveau statut *(on y reviendra dans un prochain chapitre)*.

Cette belle rencontre a malheureusement contrasté méchamment avec la suite. Je me suis pris des réflexions par des professeurs de fac dignes de personnes lobotomisées, du genre « Les vrais littéraires, ça écrit à la main ! », ou encore des échanges de ce genre :

— Je suis désolée, je dois garder mon ordinateur personnel car j'ai un handicap.

(Après m'avoir outrageusement détaillée des pieds à la tête.)

— Vous avez un handicap, vous ? Faudra me montrer les papiers.

C'est vrai qu'à 24 ans, je me proclamais handicapée pour le fun ! C'était aberrant.

Et pour couronner le tout, je n'y arrivais pas. L'emploi du temps, pourtant peu chargé, m'épuisait. Blessée par toutes ces réflexions, douloureuse et fatiguée par le rythme, je rejoignais mon appartement les larmes aux yeux. J'ai tenu trois semaines.

Je suis retournée voir la médecin de la fac pour lui expliquer mon arrêt et quand je lui ai raconté les réflexions auxquelles je m'étais cognée, elle n'a pas été surprise. Elle m'a tristement expliqué que ces difficultés étaient récurrentes, que beaucoup de professeurs ne jouaient pas le jeu et notamment dans les filières dites humanistes *(à mourir de rire!)*. J'avais apparemment eu la chance de ne pas avoir encore testé le tiers-temps en examen, temps supplémentaire de surveillance qui a tendance à excéder les correcteurs, mettant la pression aux élèves handis : « Tu as bientôt fini maintenant ? »

On peut se targuer sur le papier d'une scolarité pour tous, ce n'est que du vent. Les personnes handicapées, malades, ont difficilement leur place à l'école. Rien n'est adapté pour eux, comme cela devrait l'être ! Si le chômage des personnes handicapées est si élevé, il faut aussi regarder à la source. Combien d'handicapés sont sans diplôme, sans formation ? Le nombre est faramineux. Et pourquoi ? Parce que les handicapés ne sont pas intelligents ? Non, parce qu'on ne leur donne pas leur chance. *(On nous fait miroiter davantage d'inclusion et d'accessibilité... qui sait... peut-être qu'un jour, certaines promesses seront tenues !)*

Une histoire m'a été rapportée. La maman d'une ado spondy souhaitait amener sa fille en voiture au gymnase les jours de sport au collège. En effet, le gymnase se situait à vingt minutes à pied de l'école. La fatigabilité de la spondy étant là, cette ado ne pouvait pas faire le trajet à pied et participer un quart d'heure avec ses camarades à la leçon sportive. La maman a donc décidé de s'arranger pour l'accompagner en voiture et lui permettre de vivre quinze minutes comme tout le monde. Le proviseur a refusé en rétorquant que si elle pouvait faire un peu de sport, elle pouvait marcher et qu'elle n'avait qu'à revenir quand elle aurait un discours plus cohérent.

Tant que des gens comme ça existeront, tant que des gens comme ça décideront, rien n'avancera.

Ces sujets m'enflamment *(Dieu sait pourtant que j'ai déjà mon compte d'inflammation !)* car je ne supporte pas l'injustice.

Écœurée du système, percluse de douleurs, je quittai la fac pour entrer dans une période bien sombre où mon corps allait connaître de nombreux déboires. À cette période, la spondy est devenue ma vie.

C.R.I.S.E.

C'EST L'ACRONYME D'UNE CRISE puissance dix mille ! Crise Radicalement Insupportable Spécialement Élevée.

C'est violent !

Je reste dans le canapé. Pas là force de monter les escaliers pour retrouver mon lit. J'ai l'impression que mon squelette est en verre et que tous mes os vont se briser d'un instant à l'autre.

Même respirer me broie les côtes. Même parler m'épuise. Même… TOUT en fait ! Tout me fatigue, tout me fait mal.

Je végète devant la télé. Je découvre les téléfilms de la 6 l'après-midi. Pas si mal finalement. De toute façon, je n'ai la force de rien d'autre.

Tous les autres acronymes peuvent aller se rhabiller. Je viens de rencontrer le plus puissant de tous…

Chapitre 18

C'est à cette époque-là que j'ai commencé sérieusement à m'intéresser à l'obsolescence programmée. Bah oui ! Tout le monde en parle vaguement, mais je crois bien l'expérimenter de plein fouet depuis quelques années. Mes paramétrages initiaux ont dû être mal réglés et entraîner la C.R.I.S.E.

Croyez-y si vous voulez mais une fois que je vous aurai tout raconté par le menu détail, vous serez OK sur quelques pièces à changer !

Cette année-là *(pas celle de Cloclo)*, la spondy était partout en moi. Chacune de mes fibres criait à l'aide.

Je ne dormais que quelques heures par nuit, mon sommeil était ponctué de rêves de douleurs *(de tortures pour être plus précise !)* et lorsque je m'éveillais, cela correspondait toujours à l'endroit le plus douloureux dans la réalité *(on m'a raconté un jour que le cerveau fait cela pour nous empêcher de nous réveiller en faisant croire que ce n'est qu'un rêve et non la réalité, comme le fameux pipi au lit. Je ne sais pas si c'est vrai mais c'est rigolo !)*. Je n'avais aucune énergie, aucune vitalité. Les coups de fatigue brutaux, comme si on avait débranché la prise d'un coup sec, sont fréquents avec la spondy mais là, c'était pire que cela. Une énorme fatigue sans parvenir à dormir, une tension plus basse que basse, des cernes de trois kilomètres dans les valises. Bref, il fallait faire quelque chose.

On m'a donné de quoi me faire dormir *(ça aide parfois mais quand la douleur est trop forte, elle passe au-dessus quand même…)*. Le premier comprimé qu'on m'a prescrit, le Dempizol, m'a fait vivre une expérience… comment dire… haute en couleur ! J'ai complètement déliré ! Je voyais des choses qui n'existaient pas, je me rendais compte que ce n'était pas réel mais je ne parvenais pas à m'en défaire. Très angoissant, je dois dire. Ç'a duré une heure entière. Je n'en ai plus jamais repris, vous vous doutez bien !

Il n'y avait pas que le sommeil qui posait problème, mais aussi les douleurs. Mon bassin était comme dans un étau, mes épaules ne se levaient presque plus et mon dos était en feu. Mon dérouillage matinal *(car il faut se dérouiller le matin avec une spondy ! Le qualificatif « ankylosante » prend tout son sens au réveil, même si ce n'est pas pour ça qu'il a été choisi à la base !)* avait doublé voire triplé en termes de temps.

Monter ou descendre les escaliers *(pourquoi tant de haine ? Pourquoi tant d'escaliers dans le monde ?)* devenant souvent trop difficile, je passais plusieurs nuits dans le canapé *(c'est bien connu, si tu es cassé et fourbu de douleurs, dors dans un canapé ! Tu savais pas ? Eh bien maintenant tu sais !).*

Ah, l'importance d'une bonne literie *(plutôt ferme)* et d'un canapé relax *(tout confort)* ! Sinon, c'est la même horreur que lorsque tu arrives dans une chambre d'hôtel, que, premier réflexe, tu regardes le matelas et découvres qu'il est… tout mou ! Aaaaaahhhh ! Tu te demandes dans la seconde dans quel état tu te lèveras *(ou pas)* le lendemain. Faites comme moi, pour l'extérieur, achetez un sur-matelas !

Oh quelle année, cette année-là, c'est moi qui vous le dis ! J'ai rencontré un public qui ne me connaissait pas. Une bande à part.

Tout d'abord, canne, de son petit nom. Gracile et élancée tout en étant costaude et solide, canne est devenue mon amie régulière et, ensemble, nous avons écouté les violons. J'avais besoin d'une troisième jambe et canne m'a prêté la sienne ! Mon frère, quant à lui, m'a trouvé mon nom de scène : « Docteur Housette » *(ça nous disait vaguement quelque chose mais comme on n'était pas sûrs, on a gardé l'idée.)*

Puis Tens *(prononcez-le à l'américaine sinon il risque de se vexer, c'est un vrai rockeur).* Le Tens, c'est de l'électricité en boîte, tu vois ? Bon OK, il ressemble à une Game Boy mais ce n'en est pas une ! Je vous vois toujours tous regarder mon petit boîtier avec une envie folle de Tétris mais ça ne marche pas ! Le Tens, c'est de la neurostimulation électrique transcutanée.

(Quoi, vous ne comprenez pas ? Vous n'avez pas fait médecine ? Pfff... donc c'est une boiboite avec des fifils reliés à des papatchs. Tu mets les papatchs où tu as bobo et ça fait du bien. C'est mieux ?)

De quelques heures par jour, je suis passée à des journées entières, puis à la nuit pour parvenir à dormir un peu. J'ai dû m'en sevrer à un moment car à trop le laisser, eh bien, on le laisse trop, quoi *(c'est comme pour la ceinture lombaire, un peu mais pas trop !)*. Et ce n'est pas la seule chose dont j'ai dû me sevrer mais vous verrez ça plus tard... Toujours est-il que le Tens, ça décoiffe ! D'autant plus quand un petit patch s'amuse à se décoller sur les bords et t'envoie sans crier gare *(ou sans crier « décollement », ce qui serait plus logique)* un petit coup de jus sympathique ! Avec lui, j'ai plutôt écouté les guitares tirer sur les violons. Le rockeur de la bande, je vous l'avais dit !

Je me suis aussi bourrée de médocs *(c'est bien connu dans le monde de la zik, tous des camés)*, mais nous nous repencherons sur la question ultérieurement. Ce sujet est actuellement en cure de désintox jusqu'au chapitre prochain.

Face à cette noirceur douloureuse, j'ai tout de même trouvé du réconfort et pas des moindres ! Je vous raconte ça parce que si on reste dans le négatif, la C.R.I.S.E. va prendre ses aises et en plus de toucher notre physique, elle va s'attaquer insidieusement à nos pensées. Ça marche comme ça, la C.R.I.S.E. cherche toujours à mettre son empreinte partout. Mais si on lui laisse trop de pouvoir sur notre mental et que l'on commence à déprimer d'avoir mal, alors on aura encore plus mal. C'est un cercle vicieux dont il est difficile de sortir. Il est donc primordial, même dans les plus durs moments, de trouver des choses qui nous rattachent au positif.

Je vous embarque donc au Noël 2012. Mon frère, Baptiste, m'a offert un billet pour l'imaginaire. Il m'a offert un meuble merveilleux, une écritoire. Il ne savait pas qu'ainsi il m'offrait mon futur exutoire.

En pleine période de crise, je profitais des rares moments de répit pour écrire. Non plus seulement des textes de chansons comme je l'avais toujours fait mais aussi des choses plus longues. Des nouvelles d'abord, des romans ensuite. Quelques manuscrits trônent patiemment dans mes tiroirs depuis plusieurs années, espérant un jour voir la lumière des librairies et partir à la rencontre d'yeux dévoreurs de mots ! Pendant ces moments d'écriture *(je tape ou je dicte selon les jours et ma forme)*, j'oubliais. Ma condition, ma maladie. Je voyageais et je m'évadais.

À l'instant où j'appose ces mots, je suis d'ailleurs sur mon écritoire. J'y suis si bien ! *(Note à moi-même. Il faudrait cependant penser à trouver une meilleure chaise, j'ai ma sacro qui me tire dans la fesse.)* Trouver du positif, encore et toujours, déconnecter le cerveau, ce sont des astuces pour vivre mieux la maladie. Je n'ai rien inventé mais je vous le dis quand même !

Bien évidemment, j'ai gardé le meilleur pour la fin… Car mon plus grand réconfort, lors de cette année 62… euh 2012, avait quatre pattes ! Car si dans ce livre, SPA ne désigne pas le refuge pour animaux, c'est bien un chat qui m'aidait à me sentir moins seule pendant ces longues journées. Le soutien de l'animal dans la maladie est incommensurable *(et ouais carrément !)*.

Lilou *(c'est le nom de mon chat et oui, c'est un mâle. Je ne sais pas pourquoi ça choque tout le monde à la fin !)* a été *(et est toujours, Dieu m'en préserve)* un pilier essentiel.

Quand je l'ai eu en 2010, je l'aimais déjà de tout mon cœur mais je ne me doutais pas qu'il allait devenir quelques années plus tard une présence indispensable, un soutien inestimable. Au cœur de la tempête, ce temps de chien, un temps de crise SPA, mon chat est devenu mon refuge. Il m'a adoptée malgré mes caractéristiques peu reluisantes et a fait de moi, la plus heureuse des maîtres borgnes. Confident de choix *(essayez avant de critiquer !)*, il m'a aidée à traverser ces longues heures clouée au lit et est devenu mon compagnon de chenil !

Dans toutes les maladies chroniques, un animal devrait être envisagé, on sous-estime trop tout le bien que cette relation apporte aux personnes qui se retrouvent, bien malgré elles, en marge de la société. C'est un lien très fort. Un vétérinaire me racontait un jour qu'il n'était pas rare de voir des animaux « mimer » leur maître *(par exemple, j'ai vu que vous aviez besoin d'un exemple là, un chien diabétique avec un maître diabétique également. Ça paraît dingue et pourtant…).* Mon chat a toujours été très fragile, il avait, jeune, des problèmes de déboîtement du genou *(que je remettais moi-même. Docteur ET véto! Ah!)* et a ensuite développé des allergies sévères avec asthme nécessitant un traitement journalier. La chienne que j'ai eue plus tard a développé, quant à elle, des problèmes articulaires aux hanches malgré une lignée parfaite. Toujours sceptique?

Bon, je vais cesser de parler de mes animaux car je vois d'ici vos sourires narquois se moquant de la mémère qui parle de ses bêtes. Je vais arrêter avant que vous ne vous décrochiez la mâchoire. Surtout pour les spondys lisant ce livre, car la mâchoire, ouille ouille ouille *(aïe, ouille ouille ouille).*

Pour l'anecdote de la mâchoire *(outre les calvaires chez le dentiste, nécessitant de prendre des pauses « fermeture de mâchoires » régulièrement pendant le soin)*, il y a l'épreuve du sandwich! Eh oui, un sandwich peut devenir une épreuve avec une spondy. C'est dur de croquer la baguette, c'est long de mâcher du pain, en milieu de parcours, on a le sentiment que le mécanisme a besoin d'huile pour continuer le mouvement. C'est grippé! J'en vois certains sourire d'ici… Vous aussi vous avez plus d'une fois remis la fin du sandwich à demain?!

Alors conseil avisé, en C.R.I.S.E., évitez les sandwichs car ce conseil vrai hier, aujourd'hui rien n'a changé!

Sauve qui peut !

MA C.R.I.S.E. A DURÉ huit mois. HUIT MOIS ! Due à mon traitement qui s'est fait la malle. Une fuite en belle et due forme. Un « échappement », comme on dit dans notre tribu.

Steve McQueen n'a qu'à bien se tenir, mon évasion, elle envoie du lourd !

Chapitre 19

« VA FALLOIR EN ESSAYER un autre », m'ont-ils dit. OK ! Je ne suis pas compliquée, j'ai obéi.

Mais quand même ! J'en voulais vachement à l'Brelen. On partageait notre vie, peinards, on avait pris nos habitudes et, sans prévenir, il m'a lâchée. La rupture sauvage, même pas un petit mot d'excuses ! Quel goujat *(décidément, il y en a des goujats dans ce livre)* ! Quand je vais le retrouver celui-là *(car oui, on se retrouvera… plus tard)*, ça va chauffer pour son matricule ! Il mériterait la pendaison pour désertion.

Enfin, nous aborderons les châtiments adéquats ultérieurement et revenons plutôt au présent du passé.

« Va falloir en essayer un autre », m'avaient-ils donc dit. OK, comme je l'ai déjà formulé, je ne suis pas compliquée, j'ai obéi. Mais…

— Euh… c'est normal mes jambes qui gonflent comme ça ? Et cette hausse de mes transaminases *(encore un terme de notre dialecte)* ?

— Visiblement le Ramihu ne fonctionne pas bien sur vous, votre corps le rejette. Va falloir en essayer un autre.

— Euh… c'est pas mal sur les douleurs mais le petit problème c'est que je me cognerais bien la tête contre les murs avec toutes ces migraines de malade…

— Effets secondaires trop conséquents au Niposim… Va falloir en essayer un autre.

Ah, les fameux effets secondaires… Je les adore ! Quand un médicament te détraque autre chose… tiens, ma peau devient comme du papyrus, tiens un champignon dans la bouche, tiens des plaies dans le nez, tiens l'estomac qui saigne… Ah, les effets secondaires !

Enfin, c'était bien gentil mais avec tout ça, mes douleurs étaient toujours là, toujours aussi intenses, toujours aussi invivables. Je me bourrais d'antidouleurs à la pelle et cet hiver-là, j'ai fait ma première expérience de droguée.

Ma médecin du centre antidouleur souhaitait que je diminue progressivement mes doses car je ne pouvais pas continuer ainsi. Je l'ai déjà dit, je ne suis pas compliquée, j'ai obéi. Oh que oui, j'ai obéi ! Une expérience folle : je me suis littéralement retrouvée en manque d'antidouleurs. Je transpirais comme un bœuf *(note à moi-même. Je ne suis pas sûre que les bœufs transpirent beaucoup finalement…)*, mes muscles tressautaient et étaient complètement tendus comme une vachette prête à bondir *(note à moi-même. Une vachette peut-elle bondir ?)* et pour finir, je me réveillais la nuit les mâchoires tellement serrées que la douleur était transperçante comme un taureau qui t'encorne *(note à moi-même. La meilleure des trois images. Pas mal.)*.

Bref, j'étais en manque de ma dose ! Je ne m'attendais absolument pas à ça. Comme si j'avais pris de la drogue et que l'on me sevrait.

Oui, c'était bien un véritable sevrage *(j'en ai connu d'autres au fil des années d'ailleurs)* avec aussi vomissements, vertiges, rêves réalistes et ultra-agités, le tout ponctué d'un épuisement profond.

Cette expérience me fait sourire jaune pour une raison que je vous expliquerai plus tard. Pas la peine de bouillir *(je vois déjà poindre l'écume sur vos babines de bovins !)*, plus tard ici, à cet instant-là, veut dire dans quelques lignes !

Mais avant tout, j'avais toujours mal. Traitement de fond inefficace, antidouleurs en baisse, pas la panacée quoi. Et quand on a mal, on est prêt à tout !

J'en ai vu des mecs bizarres qui se disaient guérisseurs, magnétiseurs et tout le toutim. Je crois pourtant en la médecine douce. Je vois encore aujourd'hui un acupuncteur, une ostéopathe, je pratique la sophrologie et l'autohypnose pour la gestion des douleurs. Je crois en tout cela, au bienfait que cela apporte et à la complémentarité avec la médecine traditionnelle occidentale, à la force et à l'impact de l'esprit sur notre corps et nos ressentis. Je crois profondément en tout cela. Quand c'est bien fait.

Le gros problème, c'est cette triste concentration de charlatans. Un magnétiseur m'a dit un jour, avec le plus grand sérieux, que si j'arrêtais de manger des tomates, tout serait à nouveau OK. Ces gens-là desservent les vrais professionnels, ceux qui ne se disent pas faiseurs de miracles, ceux qui sont là pour apporter quelques clefs vers le mieux-être. À bas les charlatans ! Tous dans l'arène, nous, bovins enragés, allons vous faire valser !

Mais bon, avant de faire valser qui que ce soit, encore fallait-il aller mieux. J'ai donc revu ma médecin du centre antidouleur *(qui est aujourd'hui partie dans un autre hôpital trèèès loin. Sniiiiffff ! J'anticipe le deuil que j'ai vécu quelques années plus tard, ce sera moins violent de le préparer !)*. J'avais toujours mal *(note à moi-même. Que c'est redondant…)*, et ma peau me brûlait, comme à vif, de plus en plus. Sur les bras, le torse, le dos, ma peau me faisait horriblement mal et d'autant plus quand mes articulations se déchaînaient aussi. Le moindre contact me faisait bondir comme des milliers d'aiguilles *(j'ai encore des phases comme ça aujourd'hui mais avec le traitement que j'évoque ci-dessous, cela est moins fréquent)*.

À cette époque, on ne savait pas bien pourquoi ces douleurs neuropathiques *(jargon)* existaient dans certains cas de spondylarthrite *(je n'étais pas un cas unique et isolé !)* mais on avait compris que des antiépileptiques pouvaient soulager. J'ai donc pris du Tinronneu *(toujours pas de pub médicale)* et yes ! Ça m'a fait un bien fou.

Aujourd'hui *(c'est définitivement peine perdue avec la chronologie…)*, on en sait un peu plus sur ces douleurs, car on aurait découvert que dans certains types de spondy, il y aurait *(conditionnel oblige car rien n'est encore attesté à fond les ballons)* une atteinte des petites terminaisons nerveuses de la peau. Recevant trop d'informations pour un trop petit nombre de gestionnaires, cela créerait ces fameuses douleurs.

Toujours est-il que le Tinronneu me faisait du bien et c'était tout ce qui comptait.

MAIS ! Car il y a toujours un « mais », ce médicament me faisait du bien sur les douleurs de peau et non sur mes douleurs articulaires. J'ai donc osé parler à ma médecin antidouleur d'une petite proposition d'un ami :

— Tu sais Coralie, pour les douleurs, beaucoup de gens fument le cannabis…

Au début, j'ai été outrée ! Moi ? Fumer ? De l'herbe ? JAMAIS !

MAIS ! Car il y a toujours un « mais », j'avais mal. J'en ai donc parlé, timidement, à cette médecin. Et là surprise, oh surprise ! Elle n'a pas été choquée le moins du monde. Beaucoup de ses patients en passaient effectivement par là. Truc de dingue !

Elle m'a parlé des médicaments à base de cannabis, m'informant qu'ils perdaient 50 % de leur action en passant par l'estomac et que, qui disait médicament, disait encore atteinte sur le foie. La démarche d'admission était longue pour peut-être peu de résultats. J'ai donc opté pour la fumette !

Moi qui n'avais jamais fumé ne serait-ce qu'une cigarette, ç'a été drôlement comique les premières fois. Un vrai sketch ! Toux de débutante, rire niais, roulage de manchot *(et encore, j'avais un pote qui roulait super bien avec un seul bras !)*. Bref, arrêtons de me ridiculiser !

Ce qui m'embêtait le plus, c'était d'être dans l'illégalité alors que je ne faisais qu'améliorer mon quotidien. Pour diminuer mes souffrances, je devais passer du côté obscur et je n'aimais pas ça du tout *(je suis très petite fille sage qui respecte les règles !)*. Mais c'était le prix à payer.

Très parano, j'appelais ça par nom de code. Je nommais la chose des fleurs et quand j'avais besoin d'acheter, je commandais un bouquet !

Et cette fumette florale *(vade retro satanas)* m'a fait un bien fou ! Quelle détente, quel antidouleur. Je ne fumais que tous les quatre, cinq jours environ, donc peu, et cela suffisait à me procurer un véritable mieux-être. Même mon point se calmait.

Ah oui… Vous ne connaissez pas mon point… Mon point se situe au milieu de mon dos, sur la colonne vertébrale. Depuis le début de la maladie, c'est une zone très précise et très douloureuse. Quand il se réveille, la douleur est si intense que la nausée me prend immédiatement. Alors, pour tout le monde chez moi, c'est devenu le « Point », connu comme le loup blanc. Le Point est son nom et donne lieu à des conversations ubuesques :

— Tu as ton point aujourd'hui, toi ? soupçonne mon frère.

— Oui je le sens en effet, dixit moi.

— J'entends quoi ? Tu as ton point ? demande ma mère.

— Oui… toujours moi.

— Ah mince, fais chier le point, surenchérit mon père.

Bref, tout le monde sait qui est le Point ! Même vous maintenant !

Le cannabis *(que je ne fume plus aujourd'hui suite à une mauvaise livraison qui m'a écœurée !)* est un véritable plus en usage thérapeutique. Attention, je ne prône pas le fait de fumer, absolument pas. Et encore moins la fumette récréative. Je ne parle ici que de faibles doses à usage thérapeutique, le tout en discussion avec ses médecins. Ce sont deux notions totalement différentes. Parce que oui, c'est une drogue.

Ceci dit, les morphiniques et les opiacés qui m'ont plongée dans un état de manque ne le sont-ils pas ? Et pourtant ça ne gêne personne qu'on en prescrive autant… Alors attention les oreilles, je vais pousser ma gueulante !

À tous ceux qui me disent que la douleur ne justifie pas cette légalisation thérapeutique, j'aimerais demander s'ils ont déjà eu si mal qu'ils étaient prêts à accepter n'importe quoi pour souffrir un peu moins juste quelques heures ? Ont-ils déjà eu envie de prendre une partie de leur corps et de l'exploser contre un mur en espérant que cela briserait la douleur ? À tous ceux qui répondront par la négative, je leur dirai qu'ils ne peuvent pas dire que la douleur ne justifie pas la légalisation thérapeutique du cannabis, car ils ne connaissent pas cette douleur-là.

Voilà, j'ai fini ! Ça fait du bien, ça aussi !

Mais les gens manquent souvent d'ouverture d'esprit, le Français est conservateur. Je me souviens d'un colloque sur la spondy, il y a quelques années. J'avais osé poser la question sur les injections de matière fécale, dont l'efficacité avait été démontrée dans de nombreuses études à l'étranger. La salle, pourtant composée de malades et de proches de malades, avait explosé de rire ! Se moquant ouvertement de ma question, vite éludée par les médecins eux-mêmes, présents ce jour-là.

Aujourd'hui, on en entend parler de plus en plus. Il faut du temps pour que les choses bougent. Mais les récentes découvertes sur l'implication des intestins et du microbiote intestinal dans la spondylarthrite *(moins de diversité microbienne et bactérienne et plus de perméabilité)* ont rendu plus attractive ma question sur la boîte à caca.

Il ne faut jamais perdre espoir, les mentalités évoluent. Lentement lorsque l'on est en attente, mais elles évoluent tout de même. Alors... tous en selles !!!

Vie fast-food…

Parfois, je rêve que ma vie ressemble au drive d'un fast-food.

— Bonjour, Madame ! Alors pour aujourd'hui, ce sera avec ou sans supplément maladie ?

Sans supplément maladie ! Le rêve ! Je pourrais grimper, sauter, virevolter, mais ce n'est qu'une illusion. La vie est injuste. Quoique c'est peut-être moi qui suis ingrate… car ma vie ressemble DÉJÀ à un drive de fast-food !

— Bonjour, Madame ! Alors aujourd'hui, pour la sauce douleur, ce sera quoi ? Le dos, les épaules ou les hanches ? On a même une promo sur les sacros !

« Ainsi, toujours poussés vers de nouveaux rivages… »

Chapitre 20

Cette fameuse année, j'ai eu droit à une promo d'enfer. En plein février, ils m'ont offert trois burgers pour le prix d'un avec, en sus, un beau cadeau mystère. Le menu pour enfant n'est que de la rigolade à côté, j'avais en prime la surprise en hors-série !

J'avais décidé de retourner en cure thermale. En plein hiver. Six mois après celle de l'été qui m'avait fait beaucoup de bien.

J'ai donc débarqué à Aix-les-Bains, retrouvé mes petits partenaires qui dansaient la gigue sur un pied l'après-midi mais qui, le matin, « peinaient » à mettre un pied devant l'autre, les bains d'eau thermale, les cataplasmes de boue et j'en passe. J'ai savouré les retrouvailles avec cette ville que je chéris, entre lac et montagne, empreinte de tant de douceur et de nature.

> « *O temps ! suspends ton vol, et vous, heures propices !*
> *Suspendez votre cours :*
> *Laissez-nous savourer les rapides délices*
> *Des plus beaux de nos jours !* »

Mais Lamartine, pas plus que moi, n'a été écouté. Les plus beaux des jours que j'avais connus en été avaient laissé place à ceux de l'hiver, non moins beaux mais bien plus rudes. La neige s'était invitée, tel l'emballage opaque d'un happy meal magique et secret, et, avec la même rapidité de l'enfant qui déchire tout pour découvrir son jouet, elle a dévoilé sa surprise. Et j'ai rapidement fait partie de ces malheureux qui implorent ici-bas que le temps prenne « avec leurs jours les soins qui les dévorent ».

« Oubliez les heureux. »

Ils n'ont pas besoin d'aide ! Mais moi, j'en avais. Besoin. Car quelque chose clochait…

Une douleur insupportable me tenaillait la poitrine, chaque mouvement de mes côtes me faisait haleter et je peinais à respirer. Tant et si bien que je ne prenais plus que de toutes petites inspirations sous-claviculaires. En hyperventilation, je défaillais et eu quelques malaises à mon actif. Ma grand-mère, qui était avec moi, n'en menait pas large. Et moi non plus ! À chaque respiration, j'avais le sentiment que mon cœur se décrochait ! Mon cœur !

Il ne m'en fallait pas davantage. Un truc cardiaque, j'avais sûrement un truc cardiaque ! *(Note à moi-même et vous-même aussi, il est important de noter que cette douleur est tout de même impressionnante. Je n'ai pas fait ma Marseillaise ! Note à tous les Marseillais (es), je vous aime quand même !)*

Ni une ni deux, j'ai trouvé un cardiologue, il m'a reçue en urgence, m'a fait une écho, m'a auscultée. Rien de cardiaque. Ouf !

— Vous avez une spondylarthrite, Mademoiselle, c'est cela ?

— Oui tout à fait...

— Vous venez donc juste d'avoir votre première crise au niveau du sternum.

Ah, parce que ça existe ?! Pour un happy meal à la noix, on me l'avait caché ? Bon que ce soit clair, nous allons dire que j'ai passé l'âge des surprises ! Surtout comme celle-ci...

J'avais donc ma première poussée au niveau de la cage thoracique, certainement en relation avec le changement de pression atmosphérique dû à l'arrivée de la neige. Je ne sentais pas mon cœur mais mon sternum. Ah l'anatomie...

J'ai retenu la leçon, je sais à présent que le temps joue considérablement sur mes douleurs et notamment sur la zone respiratoire. Nous sommes beaucoup de patients spondys à le ressentir mais il y a peu de recherches là-dessus pour découvrir pourquoi et comment.

Je sais que vous n'en tireriez pas de médicaments à commercialiser mais, s'il vous plaît, laboratoires chéris, « Hâtons-nous, jouissons ! L'homme n'a point de port, le temps n'a point de rive ; Il coule, et nous passons ! », trouvons les réponses à nos questions !!!

Ouverture des frontières...

Tout le monde parle d'ouverture des frontières mais moi je les trouve vachement fermées !

Alors OK, notre tribu a un dialecte particulier, nos us et coutumes sont légèrement différents et on annule une fois sur deux mais quand même !

Venez découvrir notre monde ! Un pass gratuit pour l'achat de deux.

C'est comme Disney World mais en mode psychédélique. On prend plein de cachets, on se fait des piqûres et on ne dort pas la nuit. Ouh ça fait mal !

Nous allumons le calumet de la paix *(de vrais drogués décidément ces spondys...)* et agitons le drapeau blanc.

Amis, famille, revenez !

— Ouais mais t'es marrante toi, nous on ne passe pas notre temps à glander devant la télé !

Chapitre 21

Piétine-
la
puisqu'elle
est
à
terre !

Y'en a qui aime ça… piétiner ceux qui sont à terre…

En mai 2013, j'allais un peu mieux. Ma C.R.I.S.E. de huit mois commençait à s'apaiser et j'allais pouvoir sortir légèrement le bout de mon nez.

J'ai l'immense chance d'avoir une famille proche et quelques amis très compréhensifs, présents et à l'écoute. Mais malgré cela, j'ai vite été confrontée au vide social.

Pendant ces longs mois de C.R.I.S.E., les visites s'étaient faites rares, de plus en plus, jusqu'à disparaître, pour une grande partie de mon « entourage ». Mon carnet d'adresses ayant fondu comme neige au soleil *(non non plus de neige, s'il vous plaît !!!)*, j'ai découvert l'isolement. Cruel !

Mais j'avais encore naïvement l'espoir que de bonnes explications pourraient tout arranger. Je ne suis pas rancunière… Enfin, jusqu'à un certain point. Après la soirée dont je vais vous parler, je suis devenue Rancunière Girl !

Donc, lors d'une belle journée de printemps 2013, des « amis d'enfance et d'adolescence » organisaient une soirée. Dans mes souvenirs, il me semble que c'était l'anniversaire d'une des filles mais la suite des événements a occulté certains détails.

Un peu ragaillardie, je me suis dit que c'était l'occasion de sortir de chez moi, juste le temps de l'apéro. Juste deux petites heures. Juste cent vingt minutes. Juste le temps de me faire piétiner.

J'ai retrouvé ces « amis » et après plusieurs minutes de « comme si de rien », j'ai voulu comprendre. Comprendre pourquoi je ne les avais pas vus depuis des mois. Comprendre pourquoi ils n'étaient jamais passés, ne serait-ce que cinq minutes. Comprendre pourquoi des « amis » abandonnent si vite la partie. Comprendre.

J'y suis allée avec tact, je n'ai pas été dans l'attaque. Je voulais juste des réponses pour pardonner. Les retours m'ont fouettée au visage, lacérée jusque dans la chair…

— Mais Coralie, t'es marrante toi, faudrait qu'on arrête notre emploi du temps pour toi ?

— Bien évidemment que je ne demande pas ça ! Mais qu'est-ce que quinze minutes par mois par exemple ?

— Pour toi, rien forcément !

— Bah oui, nous, on ne passe pas notre journée à glander dans le canapé, nous, on a des vies !

— Vous vous rendez compte de ce que vous me dîtes ? Je ne *glande* pas, je suis *malade* !

— Il n'empêche que tu te la coules douce toute la journée et nous, on trime et tu voudrais encore qu'on te réserve notre planning !

Ils étaient sûrs de leur bon droit, ils m'envoyaient des uppercuts avec un sourire carnassier. Des personnes que je connaissais depuis des années me laminaient sans scrupule.

— Alors tu disais que tu avais un nouveau traitement ? Ça se passe comment ? *(Un sympa, tiens !)*

— Pas top, j'ai pas mal été malade avec. Des vomissements de fou !

— Waouh pas glamour du tout ça… Merde, je n'aurais pas envie de voir ça ! Le mythe est cassé, c'est bon ! AhAhAh ! *(ou pas…)*

« Le mythe est cassé » ? Je ne suis pas un mythe, je suis ton amie ! Mais les termes avaient été bien choisis. Je n'étais plus leur pote fun, comédienne qui plus est et aimant s'amuser toute la nuit. Venir boire un thé avec moi dans le canapé les faisait chier, je ne les intéressais pas comme ça. *(« Je n'ai pas d'autre ami comme toi. Non, non, non ! »)*

Ils ne se doutaient pas que, quelques années plus tard, j'allais être au summum de la mode ! Dernier cri des tendances danoises se répandant sur le monde. Naturellement, j'étais dans le vent. Ma vie entière était *Hygge* ! *(Note à vous : prononcez « hugueu ».)*

Mais sur le moment, hygge/pas hygge, je m'en fichais totalement. Le Danemark était à des milliers de kilomètres et moi, je venais de perdre des « amis ».

Je n'étais pas armée, je n'étais pas préparée, je n'ai rien répondu de plus. Je suis partie et j'ai pleuré dans ma voiture.

Je ne les ai plus jamais revus et personne ne s'en est soucié. Personne ne m'a écrit ou appelée… jusqu'au jour où…

Je revenais sur le devant de la scène avec ma chanson sur la spondy *(ça vient après, dans quelques années !)*, et là, miracle, un d'eux m'écrit sur Facebook pour me féliciter et me poser des questions sur les médias que je vais faire. La blague ! Soit le mec est con, soit… il est con !

Si tu te reconnais en lisant ce livre *(car peut-être le liront-il en espérant s'y retrouver à un moment de ma vie)*, toi et tes amis de cette soirée de printemps 2013, je vous salue. Vous m'avez bien piétinée mais je me suis relevée plus forte. Un peu balafrée mais juste ce qu'il faut pour m'apprendre à affronter les abrutis comme vous. Les suivants n'ont pas eu droit à la même clémence !

Tschüss !

Fermeture des frontières…

Tout le monde parle de fermeture des frontières mais moi je les trouve vachement ouvertes !

Parce que oui, nous sommes accueillants, oui nous faisons tout notre possible pour que la maladie ne soit plus un tabou, mais quand même !

Je reviens sur ma déposition, après cette horrible soirée, le drapeau blanc est en berne. Nous n'ouvrons pas nos bras à tout le monde. Et je deviens intransigeante.

Toi qui te plains pour un rhume… dehors !

Toi qui souffles d'avoir du travail… dehors !

Toi qui râles d'avoir eu si facilement des enfants trop « vivants » dehors !

Toi qui t'énerves pour une séance de sport ratée… dehors !

Toi qui… dehors !

Ah ! On se sent mieux tout de suite !

Chapitre 22

Je suis en effet devenue allergique à la plainte. Je déteste la plainte. Je crois même que c'est pathologique chez moi ! Comme ma révolte contre l'incompréhension. En tant que malade invisible *(Yeah, I am Casper. We will see later !)*, nous sommes perpétuellement face à l'incompréhension et à des paroles… incompréhensibles ! Voici quelques perles auxquelles j'ai été confrontée. Je ne résiste pas à l'envie de partager *(même si j'imagine que certains d'entre vous pourraient me les raconter également, on est tous passés par là !)*.

Perle n° 1 : Discussion hautement fréquente et aléatoire.

— En ce moment, je suis en crise. Je dors quelques heures par nuit depuis deux semaines. Je suis KO !

— Oh t'inquiète, ça doit être la période, je dors pas super non plus en ce moment. Quelle vie, hein ! Par contre, je savoure à fond ma période de transition avant de reprendre le boulot. Pas d'horaires, les activités que je veux, bref le pied ! Tu dois vachement aimer ce rythme toi aussi ! C'est cool, hein ?

Bah à vrai dire si je pouvais bosser comme tout le monde…

Perle n° 2 : Une femme enceinte [mais quel bonheur] qui se plaint [bouhhh] qu'elle ne peut plus manger tout ce qu'elle voudrait pendant sa grossesse. Une tierce personne masculine et moi-même.

— Elle est quand même bonne la pizza végétarienne… *[elle]*

— Et nous, on n'est pas malade ! Ahah ! On mange aussi celle à la viande ! *[lui]*

— Oh c'est pas vraiment une maladie ! Quoique… presque en fait si, c'est clair ! La loose ! *[elle]*

— Bah si tu veux, on échange ! *[moi]* »

Silence gêné… Abonnement connerie supplément bêtise !

Perle n° 3 : Une ancienne collègue comédienne qui me revoit après plusieurs mois.

— Eh bien, tu vois, ça a quelques avantages d'être malade ! Tu as vachement maigri et ça te va bien d'être plus mince ! C'est cool !

What ?! Le fou rire ne me quitte plus !!!

Perle n° 4 :

Quand dans un même appel, un pote guitariste me dit que c'est ultra-difficile avec sa foulure au poignet car il faut beaucoup de patience pour que ça guérisse et qu'il ne pourra jouer à nouveau que dans quatre semaines, mais que par contre, moi, ça doit être hyper-reposant de pouvoir me ressourcer en Centre balnéo bien-être *(alors que je suis depuis des semaines en centre de rééducation, c'est pour bientôt dans le livre)* !

Léger conflit de point de vue !

Je pourrais continuer ainsi longtemps mais le but n'est pas là. Certaines personnes auteures de ces perles sont encore mes amis et j'espère qu'elles le resteront après ça d'ailleurs ! Mais je voulais juste souligner le nombre de fois où nous sommes soumis à des paroles qui blessent ou qui énervent. Ou bien ces gens qui ne cessent de répéter qu'ils sont à l'écoute mais qui passent trop de temps à le dire pour l'être vraiment. Certaines personnes veulent parler d'elles, coûte que coûte.

Évidemment, tout le monde a ses problèmes mais il faut parfois faire preuve d'un peu de tact.

Je suis consciente qu'il faut s'extraire de tout ça, prendre du recul. Chose que je fais très souvent mais parfois, dans une période plus difficile et un état de faiblesse, ces mots mettent tout de même en colère.

Comme ces fameuses publicités déjà évoquées pour les rhumes *(décidément, elles me martyrisent !)*… « Prenez

Rhumstop et redevenez enfin vous-même. » « La vie continue », ouf, nous voilà soulagés !

La colère est inévitable et l'incompréhension renforce souvent ce sentiment. Il faut essayer au maximum de ne pas être atteint mais ce n'est pas toujours facile…

La spondy peut devenir la représentation incarnée du jeu du silence *(j'en connais une qui adore ce jeu… Passons !)*.

Avec la maladie, on passe en effet son temps à prendre sur soi. Face à ces rhumes terribles, ces paroles… Même une personne ayant une spondy plus légère m'a dit une fois :

— Tu vois, moi, ce qui est vraiment difficile, c'est le côté aléatoire. Il y a des jours, je peux tout faire, par exemple une longue balade à vélo ou partir en trek au bout du monde. Mais parfois, je ne peux pas et c'est super dur à vivre. Toi au moins c'est plus facile, tu sais que tu ne peux jamais. Psychologiquement, c'est moins dur pour toi du coup. Tu comprends ?

Euuuh non… pas bien !

Alors oui, on passe beaucoup de temps à se forcer à se taire pour ne pas faire de vagues, pour ne pas être la relou de service. On se mord la langue ou l'intérieur des joues mais finalement c'est à soi qu'on fait le plus de mal. Car oui, ça fait mal de se mordre les joues ! Et y'a un paquet de terminaisons nerveuses sur la langue ! Essayez pour voir !

Donc un jour, j'ai décidé de mettre les gens face à leur bêtise. Je suis allée à Cambrai, ai acheté une boîte de bêtises et… bon OK, je sors. Désolée papa, j'ai voulu essayer ton humour mais définitivement, ça ne marche pas ! Donc je disais… face à leur bêtise *(de Cambrai… OK, OK, ça va !)*.

Je ne suis pas méchante, ni virulente *(même si certains parfois mériteraient un bon crochet dans la tronche… Ma main en souffre rien que d'y penser !)* mais j'explique aux gens pourquoi de tels propos sont difficiles à entendre *(la personne en question plus haut a d'ailleurs été très intelligente et a compris qu'elle était allée trop loin, ce différend est totalement mort et enterré aujourd'hui)*.

Ça me soulage de parler, certains interlocuteurs comprennent *(d'autres non, mais c'est le jeu ma pauvre Lucette)*, et c'est un pas vers l'harmonie.

Je suis, soit dit en passant, plutôt fière de la fréquente solidarité entre personnes handicapées et malades *(pas tous, mais c'est le jeu ma pauvre Lucette)* car nous sommes tous dans le même bateau. Si nous ne nous entraidons pas afin d'amener toujours plus haut notre message de tolérance et de bien-vivre ensemble, nous n'atteindrons jamais la Lune. Tout juste le rebord de la fenêtre !

Club Vacances…

Après ces huit mois de C.R.I.S.E., je ne suis pas belle à voir. Alors au centre antidouleur *(c'est quand même fou le nombre d'endroits qui existent et qu'on ne soupçonne même pas avant d'en avoir besoin mais qui deviennent ensuite la routine !)*, on me dit :

— Il faut reconditionner tout ça, la souplesse articulaire, les muscles, le cardio… Il faudrait entrer en centre de rééducation.

Après plusieurs visites, j'ai trouvé celui qu'il me fallait.

Le jour J, j'ai mal au ventre comme une rentrée des classes dans une nouvelle école à 10 ans.

Tout le monde est gentil. Je suis nourrie, logée *(pas blanchie, faut pas exagérer non plus)* et il y a de super infrastructures. Pour peu, on se croirait au Club Vacances ! *(Ah ?!)*

Mais dès le premier soir, j'oublie cette comparaison bidon et naïve. *(Eh bien non !)*

J'ai fait mes bilans. Ça fait tellement mal ! Ça va être dur, ça va être long.

Je rentrais pour trois semaines. J'y suis restée quatre mois. Seulement pour le premier round…

Chapitre 23

MAIS AVANT DE PARLER des quatre mois, revenons au commencement du début, à savoir le premier jour.

Je ne plaisante pas quand je dis que j'étais stressée d'y entrer, j'avais la boule au ventre et une peur folle. La raison ? Ces fameux huit mois, coupée du monde. C'est incroyable comme l'aisance sociale s'oublie vite.

Après ces quelques mois sans rencontres, sans échanges, j'avais peur de ne plus réussir à discuter simplement avec des inconnus. Les gens m'angoissaient car j'imaginais ne plus être capable de faire du lien, tout bêtement. Ça peut sembler absurde, je le conçois, mais c'était réel.

Alors soit, je n'ai jamais été celle qui se fait des potes à chaque coin de bar, la timidité a toujours été une de mes caractéristiques mais là, c'était bien plus que ça. Je pensais juste ne plus savoir faire. Du tout.

Heureusement pour moi, je me suis vite rendu compte que mes craintes étaient vaines. Non seulement je savais encore, j'osais encore mais en plus le contexte m'y aidait fortement.

Je suis arrivée là-bas début septembre 2013 et j'y ai découvert une ambiance incroyable, que je n'ai d'ailleurs jamais retrouvée lors de mes autres séjours *(du futur, vous l'aviez compris)*. Des tas de jeunes et de moins jeunes, tous dans la galère mais aussi tous munis d'une folle envie de passer le temps, hors des soins, en se marrant !

Quand il faisait beau, on sortait les tables sur la terrasse pour prendre le goûter *(parce qu'à 17 heures, c'est goûter !)* en plein air, un côté des tables au soleil pour les bronzeurs autorisés et un autre à l'ombre pour les grands brûlés, les cicatrices et les traitements photosensibilisants. Un bain d'air frais après une journée sous les néons et l'air conditionné !

On se retrouvait aussi le soir après le « repas ». Je précise que les guillemets sont nécessaires car qui dit centre de rééduc', dit hospitalisation, donc dit plateau de bouffe d'hôpital et dans mon centre, pour ça, ils sont champions !

Petite digression gustative pour le plaisir des sens... Je reçois un jour la visite d'une amie. Le plateau arrive, c'est quiche-salade. Et cette amie s'extasie devant ma salade :

— Oh ! Ils mettent même du vinaigre balsamique !

— Non non... le noir là que tu vois, c'est juste du pourri !

Vous comprenez à présent l'intérêt des guillemets et l'immense utilité du placard et du mini-frigo de la chambre. Trois t-shirts, deux pantalons et pleiiiiiiiin de nourriture ! Survie oblige !

Bref, digression terminée. Je parlais de l'ambiance.

Le soir, à 20 heures, c'était café général, discussion et rigolade. Enfin café pour la majorité mais certains aimaient transgresser les règles. Dans notre petit groupe, deux loustics s'amusaient à dissimuler dans le faux plafond de leur salle de bains une bouteille de vodka. Tant et si bien qu'ils se faisaient leur petit apéro tous les soirs ! Avec une cachette pareille, ils ne se sont jamais fait prendre. Heureusement pour eux qu'il n'y avait pas de test d'haleine !

— Monsieur, votre haleine... vous avez bu ?

— Oh non non, ce sont les antidouleurs qui me barbouillent l'estomac, je sens l'acétone...

Mais ils n'ont pas eu besoin de cette excuse bidon, pas plus que ceux qui fumaient quelques fleurs sur le balcon le soir *(et que je rejoignais aimablement, de temps en temps, pour leur tenir compagnie !)*.

On se retrouvait donc tous pour passer la soirée. Et là adios le Club Vacances, bienvenida Loft Story ! Car il y a une chose à savoir, tout ce qui se passe au centre reste au centre. Règle d'or dans ce vase clos où d'aucuns oublient parfois leur vie à l'extérieur.

J'ai donc passé beaucoup de temps à observer avec un acolyte, tous les deux avec notre canne à cette époque, assis sur un banc *(avec parfois, en poussant le bouchon, un gobelet de soupe à la tomate du distributeur)*, les émulations de ce vase clos. On se surnommait Lucien et Lucienne, les vamps commères du CRF (centre de rééducation fonctionnelle) !

J'ai été témoin de coups de foudre. C'est beau... sauf quand les deux sont mariés avec des enfants et que l'amant participe au goûter d'anniversaire apporté par le mari au centre... Bouh ! Le plus drôle dans ces histoires, c'est qu'ils se croient toujours ultra-discrets alors que tout le monde est au courant. Il paraît même qu'un lavabo a déjà rendu l'âme à cause d'un couple trop passionné. Car oui, un centre de rééducation a ses mythes et ses légendes !

J'ai fait les frais de cet enfermement et des montées d'hormones. J'ai malgré moi été confrontée à des situations cocasses. Je dis malgré moi car je n'étais pas... Enfin je croyais ne pas être... mais bon grâce à ça, j'ai découvert la clef du succès. Je n'ai jamais été autant draguée dans la vie. Mais j'hésite à vous offrir cette clef. Je ne sais pas trop si vous la méritez... Ah là là là là... Dilemme ! Comme dans les jeux de télé-réalité, encore une fois...

Allez, je sacrifie ma fierté et j'offre la clef. Les filles, pour recevoir des déclarations d'amour enflammées *(je vois d'ici votre œil briller !)*, pour être sollicitée à ne plus savoir qu'en faire, une solution... Préparez-vous à la révélation du siècle... La clef du succès en drague est... un jogging et pas de maquillage. Ah ! Je vous en bouche un coin ! Mais c'est véridique, j'étais en jogging à longueur de journée et je ne me maquillais pas et pourtant...

J'ai eu droit à quelques déclarations d'amour. Je vous explique !

Au centre, les gens entrent et sortent des chambres des uns et des autres tout le temps. Moi, ma chambre *(celle où il y a toujours des piles de livres à lire sur le bureau. Ce qui avait fait rire les soignants à mon premier séjour et puis finalement, maintenant, ils lisent les quatrièmes de couverture pour prendre des idées de bouquins !), c'est sacré (tant et si bien que, naïvement, le premier jour, j'avais fermé ma porte à clef ! Quelques minutes plus tard, on tambourinait à ma porte en me disant que ce n'était pas l'hôtel ici.*

Je ne savais pas, moi !), c'est mon refuge *(d'où les petites douceurs sur ma table de lit… un aide-soignant aimait beaucoup mes petites violettes la dernière fois d'ailleurs !)*. Donc ma chambre, personne n'y entre *(les autres patients, s'entend)* et tout le monde le sait.

Mais un soir *(pour situer l'atmosphère, nous étions proche de Noël et j'avais enroulé une guirlande au pied du lit ! On investit tous nos chambres à notre façon !)* où j'étais trop KO pour descendre prendre un café, on a frappé à ma porte. Un des mecs du groupe est entré et m'a exposé maladroitement qu'il ressentait des choses pour moi *(il devait compter sur la magie de Noël… sacrés téléfilms !)*. Moi, déjà en pyjama, je l'ai regardé avec des yeux de merlan frit…

— Bah euh… non… je suis vraiment désolée… Tu es un mec super mais…

Vous connaissez la suite !

Mais celle-ci de déclaration, elle était soft !

Un jour, avec deux potes du centre, nous avons monté un stratagème de discussion *(aux apparences anodines)* afin de faire croire *(de manière détournée)* à un autre *(qui se révélait particulièrement collant avec moi)* que je retournais avec mon ex *(fausse info)*. Ç'avait été assez radical tant dans la réaction instantanée que sur le long terme. Comme prévu, notre discussion avait attiré son attention et l'air de rien, il tendait l'oreille *(nous parlions bas mais assez fort pour qu'il entende bien évidemment)*. Sitôt l'info divulguée, il déclara : « Bon je vais aller me coucher moi, je suis fatigué. »

Ce n'est peut-être pas gentil mais c'est efficace ! J'aimerais vous y voir, vous, quand vous passez la journée avec les mêmes personnes et qu'à peine rentrée dans la chambre, ledit personnage vous envoie déjà cinq messages sur Facebook ! L'intervention n'était pas juste tyrannique pour le plaisir (*pardonnez-moi, j'ai péché par fourberie mais tel était mon devoir !)*.

MAIS ! La plus dingue des déclarations arrive !

Dans ce fameux groupe, il y avait un homme d'une bonne quarantaine d'années, marié, deux filles adolescentes. Homme avec qui j'avais dû échanger en plusieurs semaines trois ou quatre mots à tout casser. Et pourtant, la veille de sa sortie, il a demandé à me parler à part. (*Ouh là là, « à part », mon coco, on va se calmer !)* Donc je m'étais juste écartée du groupe.

Et là, le mec m'a parlé ni plus ni moins de coup de foudre, d'amour fulgurant et grandissant, débordant même. J'ai vite recadré en lui expliquant qu'il ne pouvait pas dire ça, que ce dont il parlait n'existait pas, que sa famille l'attendait et qu'il n'y avait rien d'autre.

Je m'apprêtais à faire demi-tour quand le bonhomme a éclaté en sanglots. Panique générale, gyrophare dans ma tête, Alerte Alerte Alerte ! (*Ne le prends surtout pas dans tes bras, Coralie. Il va se faire des films.)* Alors je lui ai mis deux tapes sur l'épaule comme on récompense bravement un bon cheval et je suis repartie légèrement décontenancée par l'absurdité de la situation. J'étais toujours en jogging, pas maquillée !

Mais bien heureusement, il n'y a pas que des histoires de déclarations d'amour foireuses, il y a aussi l'amitié.

Au centre, j'ai fait de belles rencontres. Notamment trois personnes que je continue à voir régulièrement. Dans ce petit groupe d'amis, il y a Fred. Fred qui s'est fait renverser par une voiture à l'âge de 3 ans et qui a une IMC. Fred qui est touchant, sensible et grâce à qui on a de belles leçons de vie, Fred qui pourtant, à 45 ans, n'avait pas encore eu d'amis dans sa vie à cause des à priori des gens, à cause de leur peur de la différence, du handicap. Je rêve que ces barrières soient abolies et que les valides s'aperçoivent de tout ce qu'ils ont perdu pendant ces années de séparation.

Et puis le centre, c'est aussi les soignants *(je ne parle pas de ceux qui oublient avec grand bruit que la nuit, les patients dorment. Accessoirement ! Non, non, parler d'un bout à l'autre du couloir à haute voix, à 4 heures du matin, n'est pas une bonne idée. Exploser de rire non plus !).* Je parle plutôt des aides-soignants qui, quand j'avais l'estomac en vrac par les médocs et que je passais mon temps à vomir, me gardaient en réserve des bananes et des yaourts nature.

Et puis, mon infirmier préféré qui m'a tannée tous les soirs pour que je prenne de la soupe. Je la refusais systématiquement car les douleurs me coupaient vite la faim et je ne voulais pas remplir mon estomac uniquement du bouillon de la veille ! Mais il insistait, c'était devenu un jeu. Mon dernier soir… il m'en a apporté un saladier plein en stipulant que j'avais bien intérêt à tout manger ! Ah, il m'en a fait voir avec cette soupe.

Mais moi aussi, je leur ai fait, malgré moi, une petite frayeur. *(Elle ne pouvait pas être pire que celle qu'ils m'avaient faite le premier soir, quand à 2 heures du matin, une ombre se pencha dans l'obscurité au-dessus de moi… Pourquoi personne ne m'avait-il prévenue de la ronde de nuit ?!)*

Je reviens à ma frayeur…

Le centre a deux ailes, une publique et une privée. J'étais côté privé mais parfois le soir, on se faisait un film côté public. Je ne rentrais jamais tard *(une fois, après un film d'horreur, je rentrai penaude, traversant les couloirs à demi éclairés. Oui bon OK pas penaude simplement… j'avais la frousse quoi. Ce que vous pouvez être tatillons !)*.

Mais un soir, un film plus long, pas fait gaffe à l'heure et paf, je n'étais pas dans ma chambre pour le check point. Alerte générale ! Tout le monde m'a cherchée apparemment *(moi je matais tranquille mon film)*, sans succès. Et moi toujours les yeux rivés sur l'écran en demi-somnolence *(comme l'ensemble de mes congénères d'ailleurs)*, innocente et ignorante du grabuge dont j'étais la cause. Quand patatras, une infirmière du public a déboulé dans la salle, essoufflée et en colère :

— Est-ce qu'il y a une Coralie Caulier ici ?

— Euh… oui… c'est moi !

— Tout le monde vous cherche de l'autre côté, c'est la panique ! Dépêchez-vous de rentrer !

Je n'ai pas vu la fin du film.

Bilantu Bilanta Bilantons !

« On va faire un p'tit bilan de chaque articulation, ça ira vite, on en a si peu, des articulations ! » AHAHAHAHAH !!!!!!!!!

Chapitre 24

Ls bilans ! Vaste mot, vastes significations, vastes tortures qui se cachent derrière.

Quand on entre en centre de rééducation, on passe par mille bilans. Les bilans d'entrée avec des tests articulaires *(chaque articulation douloureuse… donc la totale pour moi !)*, des tests musculaires *(et re-ouille, car c'était déjà ouille pour les tests articulaires mais je ne l'avais pas dit pour ne pas trop me plaindre ! Et là mes muscles avaient bien fondu…)*, des tests d'effort, des tests cardio *(105 au repos, c'est beaucoup vous dites ?!)*, des tests de préhension, et j'en passe. Bien sûr, ils prennent un peu de sang, ils adorent les tests sanguins dans la médecine, c'est bien connu. Et puis, si tu fais une petite pause pendant le séjour *(une fenêtre thérapeutique dans le jargon)*, tu fais des bilans intermédiaires avant ET après la pause *(même si elle ne dure que dix jours)*. Et forcément… bilans de sortie ! Donc ouille, reouille et rerereouille au minimum !

Les spondys qui êtes en train de me lire, vous êtes habitués aux bilans et aux tests de savants.

Pour ma part, il y a d'un côté les officiels, ceux que nous font faire nos rhumatos. Le BASDAI, le BASFI, le SF12 *(entre parenthèses, comme l'indique les parenthèses d'ailleurs, ces tests sont importants pour votre suivi avec votre spécialiste, donc à faire régulièrement ! Fin de la parenthèse)*.

Et de l'autre côté, mes tests personnels. Quèsaco ?

Eh bien, par exemple, il y a le test de la bague pour voir à quel degré mes doigts ont gonflé ou non. Mon préféré, c'est le test du rétro. Quand je monte dans ma voiture *(toujours automatique, Alléluia !)*, comme tout le monde, je règle mon rétro intérieur. Et pour tout le monde, c'est OK pour tout le trajet. Mais pas pour moi. Quand les douleurs pointent leur nez, que la fatigue s'intensifie, je courbe l'échine et me transforme en Quasimodo. Et comme mon dos s'affaisse, je ne vois plus dans mon rétroviseur ! Quand je vois, je suis en forme mais si je ne vois plus, c'est le signal d'un état qui se dégrade. Je vois, je ne vois plus, je vois, je vois moyen, je vois, je ne vois plus. Ça, c'est du test concret !

Avoir de bons résultats aux tests, ça se mérite. Alors au centre, ça bosse dur ! Au programme :

– des séances de kinésithérapie avec des étirements, des assouplissements, du renforcement, de l'équilibre, de la respiration, de la proprioception… ;

– des séances d'APA (activité physique adaptée) pour du reconditionnement cardio et musculaire en douceur et adapté à la pathologie ;

– des séances d'ergothérapie pour travailler les membres supérieurs, la préhension fine, l'endurance, la précision, les bonnes postures… ;

– des séances de psychomotricité pour se réapproprier son schéma corporel que l'état douloureux met souvent à mal *(vous aussi vous vous repérez mal dans l'espace corporellement ? Vous vous cognez toujours partout ? Vous laissez tout tomber ? Et j'en passe ? Moi, on m'appelle Bleus girl !)* ;

– des séances de balnéothérapie avec de l'eau bien chaude pour renforcer en douceur et détendre. Mais il y a aussi le Réval, le bassin avec du courant et là c'est autre chose, tu bois quelquefois la tasse avant de prendre le coup ! *(en espérant surtout que personne n'ait fait pipi dedans…)* ;

– des séances d'isocinétisme, machine de torture à première vue mais qui permet de remuscler sans impact sur les articulations ;

– des séances de relaxation *(quand vous avez la chance de ne pas tomber sur un groupe exclusivement masculin qui, au bout de cinq minutes, fait un concert d'une symphonie de ronflements !)*. Voilà en gros, vous savez tout ! Mais j'ai également fait des activités plus ludiques comme la marche nordique ou du molki. Faut bien rigoler aussi un peu ! Les mercredis après-midi étaient dédiés à des activités en groupe, rééducation et plaisir. C'était vraiment une belle initiative. Toujours est-il qu'un séjour au centre de rééducation est fatigant, voire épuisant, et bien souvent fort douloureux. La spondylarthrite est une maladie vicieuse. Je m'explique… Les douleurs ne donnent généralement qu'une seule envie, se blottir en boule dans le canapé sans bouger d'un iota. Mais dans le cadre de la spondy, l'immobilité renforce l'inflammation. Il est donc primordial de se forcer à bouger *(et bien souvent, on sent vite que ça soulage et que ça décomprime les articulations)* mais il ne faut pas bouger au-delà de ses limites car sinon, là aussi, les douleurs se renforcent. Bref, c'est le serpent qui se mord la queue ! Il est très difficile de trouver cette mince ligne rouge qui symbolise la limite à ne pas dépasser, d'autant que cette limite évolue sans cesse en fonction de l'état du jour. Parfois, on sent qu'il ne faut surtout pas aller plus loin mais parfois on ne s'en aperçoit qu'une fois qu'il est trop tard. Et combien il est difficile quand, fourbu de douleurs et écrasé sous le poids de la fatigue extrême, il faut trouver le courage de se lever pour faire quelques mouvements bienfaisants.

Au centre, il faut trouver ce courage pour se lever tous les matins *(et tôt en plus ! Il faut savoir que les nuits étant perturbées par les douleurs, les spondys ont besoin de BEAUCOUUUUP de sommeil !!!)*.

Ce n'est jamais très facile pour moi d'être là-bas mais le premier séjour détient la palme. Retour en 2013…

Quand je suis arrivée au centre cette année-là, j'étais mal en point *(je sais, je vous l'ai déjà dit, mais je remets en situation !)*. Nous avancions, avec les soignants, à tâtons pour ne pas faire encore pire.

Pour vous donner une idée, la première fois que j'ai été mise sur le tapis de marche, j'ai tenu quatre minutes à 0,8 km/h avant de tourner de l'œil à cause de la douleur. Je me suis retrouvée sur une table de kiné à être ventilée, en moins de temps qu'il ne faut pour le dire ! J'aime les arrivées en fanfare ! Et qui dit fanfare, dit cirque.

J'avais en effet l'impression d'être un chien de cirque dans la piscine avec ma prof d'APA *(qui se moquait bien de moi d'ailleurs... merci Audrey, heureusement pour toi que tu es sympa !).* Je marchais dans l'eau sur un petit ballon *(autant dire que je passais plus de temps à boire, encore une fois, la tasse... et peut-être le pipi des autres...)*, je devais aussi faire un 8 avec mon bassin mais je restais raide comme un piquet *(et, d'après les rires, le rendu devait être drôle !).* Ou bien encore elle me demandait de me propulser dans l'eau, sur le dos, avec la force de mes jambes *(comment dire ?! Je me propulsais de quelques centimètres grâce à ma « force » minileénne !).*

Tous s'escrimaient à me dire de me tenir droite mais les douleurs me poussaient souvent vers ces attitudes dites vicieuses, à savoir les positions antalgiques. Pourquoi vicieuses ? Elles représentent un bien pour un mal. Si sur le moment, ça soulage, à plus long terme, elles déforment. Et c'est ainsi que je me retrouvais voûtée, le haut du dos bien rond, les épaules enroulées et la tête projetée en avant. Pas facile de corriger ça et encore aujourd'hui, bien que j'y travaille à chaque instant, j'ai toujours ce problème de posture. « Redresse-toi » fait partie des phrases que je me scande régulièrement mais que je ne parviens pas toujours à faire !

Bref, ce n'était vraiment pas simple, mais je me suis accrochée. Et progressivement, mon temps de marche s'est allongé, j'ai arrêté de tourner de l'œil et de boire vous savez quoi. Je n'ai pas récupéré ce que j'étais avant la maladie mais j'arrive à maintenir un petit seuil grâce à ça. Maintenir ce seuil permet de mieux traverser les crises et de ne surtout pas descendre trop trop bas comme cette fameuse année. Cela demande du courage et beaucoup de discipline. Car de retour chez soi, il n'y a plus personne pour vous pousser aux fesses.

Allô maman…

BOBO.

Chapitre 25

C'EST VRAI QUE LE centre de rééduc', c'est de l'humain avant tout. On est comme dans une bulle, protégé. Et ce qui est drôle, c'est que bien souvent, la sortie fait peur. Comme si le retour à la vie réelle était une épreuve, être lâché dans le grand bain sans protection.

Alors oui, le centre de rééduc', c'est de l'humain avant tout. Et des blagues potaches surtout... Si les blagues sur le handicap sont courantes, elles ne sont jamais méchantes. Il y avait par exemple Yves, toujours bougon, qui avait tendance à se lever du pied gauche. Mais comme il avait été amputé de cette jambe-là, il commençait à avoir le front plat. Nous nous escrimions à le lui dire mais rien à faire, chaque matin c'était pareil !

Il y a de bonnes parties de rigolade au centre mais pas que. Vous avez déjà vu tous les vacanciers d'un Club Vacances bien s'entendre ? Ou pire, les candidats d'une télé-réalité tous sur la même longueur d'onde ?! Bah là, c'est pareil !

Je suis tombée sur des groupes vraiment pas cool. Ceux-là me prenaient pour une pimbêche car je ne quittais que très peu ma chambre. J'en ai lu des bouquins cette année-là !

Et puis il y a aussi les vrais vrais cons... Comme ceux qui viennent pour un ligament croisé mais qui se plaignent, devant un mec en fauteuil roulant, que le doc a repoussé leur reprise de la course à pied d'une semaine. Que la vie est injuste ! Il y a aussi les gens qui disent des choses négatives devant moi sur le handicap en pensant que je serai dans leur camp vu que je parais « normale ».

Pour certains, au centre, j'y suis pour le plaisir vu que rien ne se voit *(les tracas de l'invisibilité !)* et on me sort des trucs comme « bah quand on est bien comme toi, on peut faire... », « Ouais mais toi, c'est rien ! », « TOI, t'es handicapée ? C'est quoi ? T'as un peu mal au dos c'est ça ? » ou encore « Ah ouais ? Bah je vois pas pourquoi ça te fatigue d'être ici, toi ! ». Le problème de l'invisibilité, on le retrouve partout malheureusement, avec toutes les réflexions qui vont avec. Mais attention, visible ou invisible, le combat est toujours difficile, et la visibilité d'un handicap apporte tout autant, si ce n'est plus, de difficultés dans le rapport aux autres. Ah, le centre de rééducation, c'est un vivier de sensations, positives comme négatives. Je me rappelle avoir eu une montée d'émotions suivie d'une chute de tension *(véridique !)* face à un homme qui avait une sclérose en plaques et qui me racontait son histoire, ses peines et ses souffrances. Difficile de ne pas se prendre en plein cœur les histoires des autres. J'ai mis du temps à ne plus me sentir oppressée par ce que vivaient les autres patients, je m'impliquais avec trop d'empathie, mais que voulez-vous, on ne se refait pas !

Et puis j'ai eu mes propres petits moments difficiles à passer au centre *(sortez les mouchoirs, Ginette, c'est maintenant que les violons jouent !)*. Mes coups de blues, mes ras-le-bol, mes « j'en peux plus, je veux rentrer à la maison ».

Un soir, alors que la coupe était pleine, j'ai craqué. Je regardais *Grey's Anatomy*, un épisode ultra-triste où Christina et Owen parlent bébé sans être raccords. Je me sentais fatiguée, triste, seule et ce dialogue faisait écho en moi. Ce foutu dialogue a fait déborder la coupe…

Ce soir-là, j'ai pleuré toute seule dans ma chambre d'hospi, longtemps. J'ai fini par me planter devant une feuille de coloriage *(la nouvelle mode pour les adultes et pratique pour travailler l'ergothérapie pour nous, spondys !)*, et j'ai colorié jusqu'à ce que la douleur dans mes mains m'en empêche. Entre deux gorgées de soda pour me requinquer, j'avais réussi à stopper les larmes.

La maternité est un sujet délicat avec une maladie inflammatoire à part génétique. Je n'ai pas d'avis sur la question car chacun doit faire comme il le sent, je n'ai donc aucun jugement. Personnellement, je ne suis pas certaine d'être en mesure de prendre le risque de transmettre ce que je porte à un enfant, au-delà des considérations pratiques de la difficulté de vivre une grossesse avec une spondy et l'arrêt des traitements obligatoire mais aussi de l'énergie nécessaire pour l'élever ensuite.

Chaque médecin, chaque malade, chaque valide a toujours un avis sur la question mais cela reste personnel. Des couples décident que oui, des couples décident que non, je respecte tout le monde !

Toujours est-il que ce soir-là, j'étais triste.

Et au moment où j'écris ces lignes, je suis contente de vous avoir avec moi, car sinon, je me sentirais drôlement seule face à cette tristesse. Mais vous êtes là, vous, futurs lecteurs que je ne connais pas encore *(mais ça, dans ce livre, ce n'est pas un problème. On fait ce qu'on veut du temps et de sa cohérence !)*. Alors d'avance merci de me soutenir et de me porter comme vous le faites pour me permettre de me dévoiler ainsi. Ça fait du bien de tout expulser !

On se retient souvent quand on est malade, par peur de déranger, de lasser ou de passer pour le geignard, mais parfois, laisser libre cours à ses ressentis, ses émotions, même les plus noires, ça soulage. Essayez pour voir, libérez-vous un peu…

Cherche, trouve. Enfin…

Ah, l'entraide, ça marche… J'ai trouvé mon kiné. Je n'y croyais plus ! Celui-là, je l'ai, je ne le lâche plus.

Le plus drôle, c'est qu'il m'a dit le plus naturellement du monde :

— Une spondylarthrite ? OK. On va y aller en douceur et faire en sorte d'améliorer tout ça. Ce que je propose, c'est trois séances par semaine. La première, je mobilise les jambes en passif et tu bosses les bras en actif. La deuxième, on fait l'inverse. Et la troisième, kiné respiratoire. Est-ce que ça te conviendrait ?

Pincez-moi, faut que je me réveille ! Un peu que ça me convient.

J'ai l'impression d'avoir rencontré le dalaï-lama, la reine d'Angleterre, Gandhi et Louis Pasteur, tout ça réuni.

J'ai trouvé le trésor de la chasse !

Chapitre 26

POURQUOI JE DIS ENTRAIDE ? Mais pardi, parce que l'entraide, c'est la vie ! Je vais vous expliquer comment ça marche…

Ce kiné, je ne l'ai pas trouvé toute seule. J'ai cherché, et comme vous le savez déjà, j'en ai aussi essayé, mais sans résultat. Et voilà qu'à ma sortie tant redoutée du centre, ils m'ont dit :

— À présent, pour maintenir les progrès, il va falloir faire des séances de kiné.

J'adore ! *(Facile à dire les gars mais moi je fais comment ?)*

J'ai donc appelé, un peu paniquée, mon super médecin traitant. Il faut dire que Balbou *(toujours un nom erroné pour éviter la publicité médicale, je tiens à mon intégrité !)* est mon médecin depuis toujours. Ça en jette ça, le « toujours ». Je suis donc intègre ET fidèle. Que de qualités belles, fortes et… Bon j'arrête, sinon vous allez penser que je suis aussi pleine de vanité ! Alors que… si peu ! *(Parole de scout ! Scout, entraide, vous voyez le lien ? Ça bouillonne dans ma tête !)*. Bref !

Balbou est venu à ma rescousse et m'a dirigée vers un kiné récemment installé près de chez moi. Il a fait mieux ! Il a appelé ce kiné afin que j'aie une place rapido presto ! Si ce n'est pas merveilleux…

Je suis donc sortie du centre un peu plus rassurée. J'ai quitté ma chambre 124 *(la meilleure et la plus grande, celle qui donne sur le parc, et que je n'ai eu le bonheur de retrouver que trois ans plus tard [faille spatio-temporelle activée]. Entre les deux, je tirais mal à la loterie et me retrouvais dans d'autres chambres. Une fois même à côté de la salle de repos des aide-soins et infirmiers… J'en ai encore des cernes !)*. J'ai rembarqué mes quinze valises *(en quatre mois, j'avais eu le temps de m'installer comme chez moi !)*. Et j'ai retrouvé ma maison, mon lit, mon chat ! J'ai rencontré

Auxence Llotwi, ce kiné qui est toujours le mien et, enfin, j'ai été totalement rassurée. Il était au point sur la spondy, il savait comment s'y prendre. Depuis ce jour, on forme une équipe de choc pour maintenir les progrès, en faire de nouveaux, rattraper les rechutes dues aux crises... Il me mobilise les jambes et les bras en passif, je renforce mes jambes, mes bras et mon dos en actif, il me pose même des K-tape *(comme les sportifs... pour qui on ne se prendrait pas, hein ?)* et on fait de la kiné respiratoire. Et là, il devient un tortionnaire ! J'ai des preuves... Parole de scout !

Un jour, lors d'une séance respi *(il est, malgré l'histoire tragique qui va suivre sur mon bourreau, ultra-important d'entretenir les articulations de la cage thoracique pour éviter l'enraidissement)*, après quelques manipulations, je lui ai dit :

— Au fait, tu me fais une séance moins dure que la semaine dernière car ç'a été vraiment hard après. J'ai eu mal pendant plusieurs jours...

— Ahah ! Non, désolé... Les négociations, ça se passe avant qu'on ne commence. Trop tard !

— Non sérieux, sois sympa !

— Bah attends, c'est bien de nettoyer. C'est comme quand tu amènes ta voiture sur l'autoroute et que tu la mets à 80 en troisième pour décrasser le moteur...

(Déjà, j'adore être comparée à une bagnole !)

— OK on est d'accord, mais ça, tu ne le fais pas toutes les semaines ! Si ?

— Touché !

Ce jour-là, la séance a été supportable !

Mais il ne s'est pas gêné pour se moquer de moi, me comparant à Nicolas Sarkozy. Je vous explique... Dans les exercices de respiration, mon côté gauche a plus de mal que le droit. Il y a donc toujours un décalage que j'essaie de combler avec efforts et contractions musculaires. De ce fait, inévitablement, à l'expiration, j'ai besoin de soulager les tensions et inconsciemment, je bouge frénétiquement l'épaule gauche pour la relâcher avant la prochaine inspiration... Ce qui n'est pas sans rappeler le tic légendaire de cet ancien président. Ce n'est pas gentil, Auxence, de me faire exploser de rire en plein effort ! Je plaisante, je plaisante, mais c'est tout de même une réalité. Les séances de kiné, ça fait inévitablement mal, mais il faut que ce soit assez en douceur pour que ça ne fasse pas TROP mal. Là réside toute la subtilité de la chose.

Alors aujourd'hui, je me la joue, je me la pète parce que je l'ai trouvé mon kiné, mais il faut garder à l'esprit que c'est un véritable parcours du combattant. Il devrait y avoir de quoi localiser les kinés aptes à prendre en charge les spondys… J'en ai déjà parlé à droite à gauche… Mais on m'a répondu que cela s'apparentait à de la publicité. Et c'est interdit… Snif !

Snif parce que c'est si important, la kinésithérapie, dans le cadre d'une spondy.

Le mouvement, en douceur, est primordial. D'ailleurs, chez moi, une pièce est dédiée à ce mouvement. Table de massage pour les étirements *(et les massages parfois !)*, tapis de marche, vélo semi-allongé et autres équipements de rééducation. Quand je ne vais pas à la torture chez Auxence, je me l'inflige moi-même à la maison ! Enfin, progressivement et avec un travail de longue haleine, j'ai réussi à m'entourer d'une bonne équipe de soignants. Investis, informés, ouverts, disponibles et à l'écoute. Cela peut paraître juste normal mais dans les faits, c'est loin de l'être. J'ai un super rhumato, un médecin traitant au top, un kiné parfait, une bonne podologue, un centre anti-douleur, un centre de rééduc', une ostéo au poil. Ah oui, je ne vous ai pas encore parlé de l'ostéopathie…

Bon, encore une fois, il faut trouver le bon praticien. Et pour moi, ç'a encore été de l'entraide. Audrey *(vous savez, la prof d'APA du centre de rééduc' qui me faisait faire le chien de cirque dans la piscine…)* m'a filé le contact d'une ostéo, Mme Stereng, qui est aussi toujours la mienne *(quand tu galères autant à trouver les bonnes personnes, la fidélité devient définitivement une seconde nature !)*. Quel bienfait ces séances !!! Ça remet d'aplomb un homme !

J'avais donc *(j'ai donc… vous comprenez quoi, c'est juste une histoire de temps et de conjugaison)*, j'avais donc enfin une super équipe autour de moi et de mon suivi. C'est un sacré soulagement. Même si ce soutien médical au top n'empêche pas tout. Et notamment le sentiment d'impuissance que ressentent nos proches. C'est fréquent, c'est humain et compréhensible. Les proches se sentent impuissants face à nos douleurs, avec ce sentiment pénible de ne pas pouvoir aider. Je reçois régulièrement des témoignages d'aidants *(le nom leur va si bien : même s'ils n'ont pas l'impression d'aider, ils aident tellement…)*, et dans leurs témoignages, ils m'avouent se sentir impuissants. Je leur réponds que leur seule présence est un cadeau précieux, que leur aide pour les petits gestes du quotidien est inestimable et que le simple fait de regarder la télé en silence avec leur proche malade dans les moments les plus douloureux éloigne la solitude dans laquelle nos maux nous enferment. Les aidants sont la pierre angulaire d'une maladie bien vécue. Je le répète toujours autour de moi mais, malgré tout, je ne peux, à mon grand désespoir, effacer la culpabilité que ressentent mes parents, ni l'impact perceptible sur mon frère et son existence. La maladie n'est pas une histoire solitaire, on embarque ses proches avec soi et on ne peut rien y faire. Mais parfois leur peine, leur douleur, même bien dissimulées, viennent, à notre tour, nous culpabiliser de leur infliger cela.

Les aidants sont des gens merveilleux et les miens sont exceptionnels. Parole de scout !

Handi what ?

— Vous savez, dans votre situation, il serait important de faire certaines démarches. Auprès de la MDPH (un acronyme de notre tribu, je vous laisse chercher). Pour, par exemple, une demande de RQTH *(ahah !)* ou une carte d'invalidité ou de stationnement. Il faut estimer votre propre handicap. Ah ! Le mot est lancé ! C'était donc ça tous ces « H » qui traînaient. HANDICAP.

Il me fait flipper celui-là. Avec toutes ses consonnes. Pas sûre d'être cap de jouer à ça.

Une tribu encore plus grande, avec encore d'autres dialectes, d'autres codes. J'ai pas lu les règles du jeu…

Mais est-ce que j'ai le choix ?

— Vous avez toujours le choix, mais je vous conseille… OK, j'ai compris. ACCEPTATION ! Décidément, ce mot a intérêt à être ton pote quand tu tombes malade ou handicapé.

Je déglutis *(difficilement et pendant quelques mois)* et puis : « Allons-y… » Je dois remplir les trente formulaires, là ?

— Vous avez toujours le choix, mais je vous conseille…

OK, j'ai compris.

Chapitre 27

Il n'est en effet pas aisé d'accepter de faire les démarches, de se dire « OK, à présent, je suis handicapée », mais c'est nécessaire avec une spondy dite sévère ou grave. Nous avons la chance de vivre dans un pays où nous pouvons être soutenus, il faut donc prendre la main tendue. Et si c'est si difficile que ça, c'est que le handicap a encore bien mauvaise presse. Être malade est presque une honte pour beaucoup de patients *(j'avoue d'ailleurs être passée par là et m'y trouver encore dans certaines situations)* car nous vivons dans une société où il faut être au top, réactif et à fond. Tant que le mot « handicapé » sera perçu comme une insulte, ça ne changera malheureusement pas ! Je ne suis d'ailleurs pas d'accord *(mais je respecte chaque avis, attention, je ne veux pas d'embrouilles surtout… malade et flippette !)* avec les gens qui aimeraient changer le mot « handicapé » car ils ne veulent pas de ce mot-là. Mais c'est justement ça le problème ! Je suis Handicapée ! Le mot handicap est juste un mot. Il faut arrêter de lui attribuer une valeur diabolique.

Un jour, un mec sur Facebook *(spondy lui aussi)* a commenté un de mes posts sur le handicap en écrivant : « Considéré comme handicapé ? Se laisser abattre alors que le moral est la clef de l'acceptation de la douleur… Reste pas assis, va voir un psy ! ». La claque ! J'ai eu beau lui dire que handicapé n'était pas un mot dégradant et que le percevoir comme tel était justement le début de la non-acceptation et le gros problème de notre société. Que tous les malades n'avaient pas la chance de pouvoir rester debout et que ce n'était pas qu'une question de moral ou de mental, il a conservé son avis *(et c'est son choix. Si je le cautionne, c'est une autre histoire !)*.

Tout ça pour dire que ce mot n'est pas un gros mot, il reflète un état de fait. Je suis handicapée. Il faudrait supprimer toutes les connotations négatives rattachées à ce mot et lui rendre son sens premier plutôt que de chercher mille subterfuges et dérivés ubuesques *(oh que je parle bien !)* pour tourner autour du pot ! On ne fait pas de la poésie, là !

Alors les articles bien pensants qui nous informent comment parler d'un handicapé sans faire de gaffe, moi, ça me monte au nez ! C'est un débat stérile *(là je sens que je vais m'en mettre à dos... Sauve qui peut !)* parce que le prochain mot choisi deviendra à son tour une étiquette et le même problème reviendra.

Ou alors on va succomber à la mode du moment et former une expression de quinze mots juste pour dire « handicapé ». Et là, on va insinuer qu'il faut prendre des pincettes pour désigner les personnes en situation de handicap, ne surtout pas utiliser ce mot qui commence par un « h », le mot tabou. Ou comment encore accentuer le fossé entre les valides et les invalides.

Qui en tant que malade ou handicapé ne s'est pas entendu dire par un valide qu'il avait peur de dire une connerie, le mot de travers, qu'il marchait sur des œufs pour bien choisir son vocabulaire ? Alors si on complexifie le schmilblick encore un peu pour de la terminologie de préférence affective, je ne vous raconte pas ! Autant rompre le dialogue sur-le-champ !

Parce que c'est vrai, il faut le dire, le rapport valides-invalides n'est pas toujours très simple...

Vous connaissez le truc : « T'as une tache, pistache ! » ? Bah là, ce serait plutôt, « T'es une tache, pistache ! ». Quand tu te balades avec la canne, tu as toujours l'impression d'avoir une tache sur toi car tout le monde te regarde avec insistance. Ils n'ont jamais vu de personne handi ou quoi ? C'est à se demander...

Ou à l'inverse, ce que j'adore *(façon de parler !)*, c'est quand tu te gares sur une place de stationnement handicapé et que tu sors de la voiture en marchant. LE CHOC ! Tu te tapes les regards courroucés du genre « La petite conne de 30 piges qui abuse du système quoi... ». Mais les gars, grande nouvelle, tous les handis ne sont pas en fauteuil roulant ! Et BIM, RE-CHOC !

Faut dire que les valides ont leur part de responsabilité dans tout ça. À la maison de santé où je suis suivie par mon kiné et mon médecin traitant, je pète un plomb à chaque fois. Il y a six places handicap.

Extrait d'un dialogue entendu dans la salle d'attente :

— C'est pas pratique ce parking, il n'est pas grand.

— La faute à toutes ces places pour handicapés, il y en a bien trop !

— Je suis bien d'accord ! Y'en a pas tant que ça quand même des handicapés qui viennent ici !

Non, c'est certain, dans une maison médicale, je ne vois pas trop pourquoi ils viendraient !!!

Enfin, tout ça pour dire qu'une partie de ces gens-là truandent... Soit ils sont honnêtes dans leur connerie, se garent sur la place bleue et vont à leur rendez-vous. Soit ils vont au bout de leur malhonnêteté et de leur fourberie *(tout en descendant de voiture en escarpins... On fait comme on peut pour tenter d'être drôle... ou de ne pas l'être)* et osent mettre des flyers bleus sur leur pare-brise pour faire croire qu'ils ont la carte. Ceux-là, ils sont très très forts...

Pour répondre à leur bêtise par une autre bêtise *(jouissive au plus haut point)*, j'avais ma petite technique. J'avais imprimé sur des feuilles autocollantes des macarons du style « La bêtise n'est pas un handicap, gare-toi ailleurs » ou « Si tu prends ma place, prends mon handicap ». Et je m'amusais à coller ça sur leur voiture. Oh comme il est agréable de ressortir de son rendez-vous et de devoir gratter le pare-brise pour pouvoir repartir ! AhAhAhah *(imaginez un rire de sorcière bien diabolique)* !

Quand les secrétaires *(qui avaient repéré mon petit manège)* ont reçu plusieurs plaintes, elles m'ont demandé insidieusement si je n'étais pas au courant de cette affaire. Sur le coup, j'ai nié *(flippette, je vous ai dit !)* et finalement j'ai avoué *(mais un chouille courageuse quand même !)*. Mon kiné, très amusé, m'a dit de faire gaffe avec un argument assez convaincant : « Un jour, tu vas finir par te prendre une baffe ! » Et vous le savez… flippette… J'ai donc mis un peu le holà ! Juste un peu !

C'est vrai que le handicap, c'est particulier. Tout comme avec la maladie, on ressent une perte de confiance en soi. Je me suis vite sentie inférieure avec la sensation d'être un boulet pour les autres. C'est un ressenti sans fondement, je le reconnais. Mais il est tenace. Toujours l'impression d'être *en dessous* des autres, d'être *en deçà*. C'est étrange et bien inconfortable, je dirais… Comme si avec la maladie, le handicap, était arrivée une chute de ses capacités, de sa propre valeur.

Et ce sentiment est tristement accentué par les autres *(pas par tous heureusement mais ça suffit à instiller ces idées débiles et à les imprimer dans le cerveau… Et le cerveau, vous le connaissez, il fait toujours des choses qu'on ne comprend pas. Il accueille ces foutues idées et leur offre le gîte et le couvert. Au frais de la princesse bien évidemment.).* Car il existe bien des gens qui aiment se sentir supérieurs et avec la maladie, c'est l'occasion rêvée !

J'avais, dans mon entourage, une nana qui surkiffait ça. Elle passait son temps à me dire « Waouh, c'était génial ! Mais bon, toi tu n'aurais pas pu le faire ma pauvre… bien trop physique pour toi mais vraiment c'est une expérience de fou ! ». Bon une fois, ça va. Deux fois, pourquoi pas. Trois fois, holà. Vingt fois, ferme-la ! *(J'ai l'impression d'être Jeff Tuche !)*

Ce sentiment d'infériorité vient avec l'inévitable régression que te fait vivre la maladie…

Malgré la voiture automatique, la conduite longue distance *(même moyenne distance si je veux pouvoir profiter vraiment du lieu où je me rends)* est devenue compliquée alors je dois parfois me faire amener en voiture, comme lorsque j'avais 16 ans et que je voulais sortir avec les copains ! J'ai dû revenir vivre chez mes parents *(nous avons même changé de maison pour avoir une bâtisse vivable de plain-pied… C'est vrai, les gens ne pensent jamais qu'un jour ils seront peut-être handicapés, malades ou juste vieux !)* car continuer à vivre seule était devenu épuisant tant physiquement *(même les petites tâches du quotidien, c'est impossible sans s'épuiser pour trois jours)* que mentalement *(essayez de passer la journée bloqué au lit par les douleurs et n'avoir personne avec qui communiquer le soir venu. C'est loooong, très long, trop long!).*

Je me suis aussi mise à boire la soupe à la paille *(véridique!)* faute de quoi je finissais la main tétanisée sur la cuillère. Et puis, pendant de longs mois de C.R.I.S.E., c'est ma mère qui me lavait les cheveux; mes épaules, trop douloureuses, peinaient à faire atteindre mes mains à mon cuir chevelu *(entre parenthèses, d'où la parenthèse d'ailleurs, ma mère a même appris à cette époque à me décoapter la hanche pour me soulager... Si ça, ce n'est pas de la dévotion maternelle. Hein Môman ? Mais revenons plutôt à l'infantilisation forcée!).*

Oui, le sentiment de régression est présent. Et certaines personnes s'amusent à enfoncer le clou. J'adore l'astronomie et je fais partie d'un club d'observation. Mon père doit m'y amener car il faut conduire et m'aider avec le télescope. C'est forcément le soir, donc je suis KO avant même de partir! C'est une activité difficile à pratiquer physiquement *(même si on ne croirait pas!)*, cela nécessite des torsions qui me sont parfois impossibles. L'été, il faut veiller tard pour que le jour tombe et que les étoiles apparaissent enfin et l'hiver, le froid et l'humidité se chargent de saboter le moment! Alors je ne regarde pas vers le ciel et l'univers autant de fois que j'aimerais le faire. Mais j'ai tout de même retenu une leçon essentielle... Nous sommes là si peu de temps, un grain de sable... Mais je divague... Vous auriez pu me dire que j'étais en train de partir dans une digression qui n'intéresserait personne. Je sens que si je trouve éditeur, il va me dire « Ça, on taille! ».

Tout ça pour dire que, à 30 balais, mon papa doit m'amener à mes activités!

Un jour, une personne a dit à mon père, devant moi: « Oh, tu dois te faire chier à l'amener à chaque fois ? » Et oh, je suis là! #infantilisée.com! Mon père n'a pas trop apprécié ces propos!

Elle a réattaqué une fois, seule avec moi, en me disant: « Mais ton père, il doit venir à chaque fois quoi. Tu ne pourrais pas faire un truc plus près de chez toi et te débrouiller? » #jinsisteencoreetencore

Pour finir, cette personne avait lancé, l'air de rien, « Mais ton matériel, tu n'arrives pas à le porter toute seule ? » #questcequetunaspascompris

Bref, il y a des gens comme ça. Est-ce fait sciemment ou pas ? Je n'en sais rien. Toujours est-il que toi, tu te prends ça dans la tronche régulièrement et c'est comme les clous, ça fait mal.

Alors je me suis dit que les valides ne voyaient peut-être pas l'intérêt profond des invalides et qu'il fallait leur ouvrir les yeux… Lors d'un week-end en famille au Futuroscope, nous avons pu appréhender concrètement cet intérêt. Les files d'attente dépassaient l'heure et demie pour la plupart des animations mais nous, avec le fauteuil roulant, nous passions en trois minutes et demie.

Alors, alléluia, j'ai eu l'idée d'une application.

Louetonhandicapé.com.

Les valides profiteraient d'un coupe-file gratuit, les invalides rompraient leur solitude et des amitiés inattendues pourraient voir le jour. C'est le tiercé gagnant, non ? Pas convaincu ? Mes proches non plus… Ils m'ont fait remarquer que niveau éthique… C'était pas jojo !!!

Ah on rigole, on rigole et en même temps, pourquoi pas ? C'est la vie !

« Faut rigoler ! C'est un spectacle comique, on rigole ! »

Assurance annulation…

JE NE CONNAISSAIS PAS le verbe « annuler » avant. J'avais envie, je prévoyais, je faisais.

Maintenant, j'ai envie *(quand je suis assez en forme pour !)*, je prévois *(quand j'ai assez d'énergie pour !)* et j'annule *(une fois sur deux !)*. Fini les concerts prévus trois mois à l'avance, fini les vacances avec hôtel non annulable, fini les « Je te promets, je serai là ! ».

C'est plutôt « Peut-être », « Je te redis », « Ça dépendra » ou bien « Au pire, je passerai pour l'apéro ! ».

Tout ça pour dire que l'assurance annulation n'est pas un luxe. C'est simple, je les prends toutes ! Bon sur ce, je vous dis à dans quinze jours. Promis, je serai là ! Quoique…

Chapitre 28

Ah, l'imprévu ! Quid de l'imprévu ? Vous savez, ce petit grain de sable dans le rouage que tout le monde *(ou presque)* redoute.

L'imprévu est un point central de la spondy. Et vous êtes bien obligé de vous y faire. Un peu comme un ami relou. Au début, on s'éloigne mais il revient à la charge, alors on s'habitue. Et si quelqu'un plus tard dit : « Spécial ton pote ! », vous répondez « Ah bon ? ».

Comme Woody avec Buzz l'Éclair. Au départ, il vous saoule avec son infini et l'au-delà mais comme vous comprenez vite que la maladie le préférera toujours à vous, vous vous dites que le plus sage serait de s'accrocher à un de ses pieds et de voler avec lui. La spondy vous oblige à croquer dans la pomme *(que de références bibliques... W.D.)* ! Donc l'imprévu est là et vous fait perdre beaucoup de gens, beaucoup « d'amis ». L'imprévu *(comprendre ici les douleurs, la fatigue... mais j'espère qu'à ce stade du livre, vous aviez compris par vous-même !)* vous oblige à annuler une fois sur deux, à partir plus tôt, à ne plus faire la fête comme avant. Une ou deux fois ça passe et puis la troisième on arrête de vous inviter parce que « de toute façon soit elle ne viendra pas, soit elle annulera au dernier moment ». Comme si ça vous éclatait, vous, de rester au lit plutôt que de vous amuser !

Alors votre vie sociale devient un grand vide. Vous avez déjà essayé de crier au fond du Grand Canyon ? Moi non plus. Mais l'écho qui en ressort doit correspondre à ça, à l'immense résonance de vide du répertoire de mon téléphone à cette époque-là ! Mais entre les phases de silence total, un bus de touristes *(non, pas forcément asiatiques, fini les clichés !)* arrive et ils se mettent tous à hurler dans le canyon. Ça fait une sacrée cacophonie. Un peu comme la fameuse histoire de ma soirée avec mes « amis d'enfance », vous vous rappelez ? *(Ne me dites pas non, ça va m'énerver)* Donc vous vous rappelez bien !

Une autre nana a crié fort un jour dans le canyon. J'étais partie en vacances avec deux copines, parfaitement au courant de mon état et de mes limites. Tout le monde était à priori OK avec ça. Je dis bien à priori...

Une des deux filles n'avait pas bien réalisé ce que mes limites représentaient et franchement, ça la gonflait. Elle ne se cachait pas pour le montrer et au bout du deuxième jour, elle a fait ses vacances toute seule. Ce qu'elle voulait visiter, voir, bref son délire perso, et elle nous a offert, pendant les quelques minutes par jour où on la côtoyait, une tronche de trois mètres de long. Si je n'étais pas bien élevée, je dirais que c'était une connasse. Mais je suis bien élevée alors je ne dirai pas que c'était une connasse. Heureusement que la deuxième amie *(qui est toujours une grande amie d'ailleurs)* était là, nous avons pu profiter d'un séjour agréable. Mais si j'avais été seule avec la première... J'aurais béni, encore une fois, l'assurance annulation ! Par chance, tout le monde ne crie pas dans le canyon et il arrive même parfois que des touristes viennent avec de super intentions positives et tout et tout. Mais ça, c'est l'objet d'un prochain chapitre alors ne me faites pas perdre le fil !

Ah la SPA... Mais non pas le refuge animalier ! Ni le bain à bulles, voyons ! Mais vous suivez ou quoi ?! Rassurez-moi, vous avez conscience que vous êtes en train de lire au moins ? Et non, ce n'est pas le dernier 50 nuances de blouses *(même si je veux bien un succès identique... mais je crois que pour cela mes écrits manquent de chaînes, de menottes, de seins insidieusement dévoilés et de phrases insipides et hautement profondes...)*. SPA, spondylarthrite ankylosante !

Donc la spondy *(c'est mieux ?)*, c'est plein de petits imprévus, des retombées non anticipées...

Il y a quelques années, j'ai voulu essayer l'apnée. J'étais en manque de sport et je suis admirative de cette magnifique discipline. Je suis donc allée à la piscine pour un cours d'initiation de trente minutes. C'était plutôt cool, j'ai expliqué au mec mes problèmes, on a fait soft de chez soft et à la fin, il m'a proposé de mettre des palmes pour tenter un peu le dynamique. Je me suis dit « Pourquoi pas après tout, on va y aller mollo ».

Donc j'ai mis les palmes et fait les mouvements pendant dix minutes, grand maximum. Je suis repartie et dans la voiture, j'ai senti mon talon me chatouiller. Pas bon signe... Deux heures plus tard, mon talon avait doublé de volume, il était dur comme du bois et il m'était impossible de le poser par terre. Verdict : talalgie ! Une inflammation au niveau du talon qui a tout de même duré un mois et demi. C'est mon record ! Les talalgies sont fréquentes avec la spondy et celle-ci était coriace. J'ai tout essayé, la glace, le chaud, l'argile verte, les électrodes, les ultrasons... Seule la patience a fonctionné. On m'a appris récemment que le mot « patient » venait du mot latin *patiens*, « celui ou celle qui souffre », dérivé du verbe *patior*, « souffrir ». Être un patient, c'est vivre la douleur avec les sonorités de la patience. J'aime cette concordance des mots !

Être patient avec une spondy, c'est accepter de se réveiller chaque matin comme si la nuit n'avait pas existé. Ça me manque beaucoup de ne plus jamais me réveiller en pleine forme, de sentir mon corps requinqué par une bonne nuit de sommeil. Je me réveille toujours le corps lourd, ankylosé et déjà épuisé ! J'adorerais un matin sauter du lit et me dire « Waouh j'ai mon énergie à 300 % ce matin, Yeah ! ». Mais non !

C'est comme quand tu vas à une conférence par exemple et qu'après deux heures de statique, tu te dis qu'il va falloir à nouveau dérouiller la machine. Et c'est reparti pour la marche de Robocop. Même des choses apparemment anodines peuvent devenir compliquées, et l'organisation doit être constante. J'ai trouvé des techniques pour certaines situations. Et une en particulier... le rendez-vous bisannuel chez le rhumato ! Parce que ça aussi, ça n'y paraît rien, mais que nenni ! Ça se prépare un rendez-vous. Pour ne rien oublier, j'ai mon arme secrète qui amuse toujours mes soignants... J'arrive avec ma flopée de post-it !

J'y note ce que j'ai à dire sur les six derniers mois, les questions que je veux poser et les ordonnances à renouveler. Bref, c'est une préparation minutieuse *(pas la peine de se moquer! Je ne suis pas psychorigide!)*. Ça me permet surtout de ne pas me dire en sortant du rendez-vous: « Mince, j'ai oublié de lui parler de... » Bon je fais ma maligne *(pour changer direz-vous... et vous auriez raison!)* avec mon organisation, mais l'imprévu reste l'imprévu et je n'ai pas de recette miracle pour l'éviter.

En fait, la SPA, c'est un peu de la physique quantique. C'est comme pour le chat *(ah! On y revient au refuge animalier finalement!)* de Schrödinger. Un chat est enfermé dans une boîte avec un dispositif potentiellement mortel. Tant qu'on n'a pas ouvert cette boîte, le chat peut être mort ou vivant. Les deux scénarios sont possibles, en même temps. Pour la spondy, c'est pareil. Le lendemain *(comprendre la boîte)* peut être positif ou négatif, avec ou sans douleurs. Les deux scénarios sont possibles, en même temps et on ne pourra le savoir qu'au moment de l'expérience. C'est-à-dire quand on ouvrira la boîte *(le fameux lendemain quoi! Hey, je n'ai jamais dit que la physique quantique était facile!)*.

Tout ça pour dire qu'il faut vivre l'instant présent car le futur, même proche, offre tant de probabilités différentes qu'on ne peut rien prévoir.

Ces faits sont exacerbés dans le cadre d'une spondy mais finalement n'est-ce pas le cas pour tout le monde? On l'oublie juste, tout simplement.

La spondy m'a offert ce cadeau, me rappeler cette notion essentielle... Personne ne sait ce dont sera fait demain, voire l'heure suivante si on pousse le bouchon avec Maurice, alors vivons, bordel!

Évasion, le retour…

J'AI ENCORE FAIT UN échappement. Pas de pot !

Le corps humain est incroyable, et le mien aime particulièrement me compliquer la vie. Il a un côté british. Il fait tout à l'envers. Il se bat contre lui-même au lieu de se protéger et quand je lui file un traitement pour arrêter ça, il se bat contre ce traitement au lieu de l'accueillir gentiment. — Hey salut toi ! Bienvenue chez moi ! Je te laisse agir et après on se fait un afterwork ? Ce n'est pas compliqué quand même !

Mon système est défaillant, je demande l'immunité.

Chapitre 29

J'avais en effet encore fait un échappement et je sentais que mon traitement ne faisait plus son boulot. Même si les douleurs n'étaient jamais vraiment parties, leur intensité avait baissé, me laissant ainsi un peu plus de repos. Les sentir reprendre du poil de la bête était douloureux tant physiquement que moralement. Les rechutes sont toujours de mauvais moments à passer. Quand tu as très mal, tu ne penses plus. Tout ton esprit est centré sur une seule chose, aller mieux. Mais quand tu commences à aller mal, ou même à l'inverse quand tu commences à aller mieux mais que les douleurs sont encore invalidantes, ton esprit s'éveille, il en a l'énergie, et c'est à cet instant précis que c'est le plus insupportable. Cette sensation d'être enfermée dans un corps qui ne répond pas à tes envies avec un esprit qui, un peu moins embrumé par les douleurs, ressent à nouveau ces dites envies. Pas simple… ni à vivre, ni à expliquer ! *(J'ai été claire là ou pas ? Pas trop… Je m'en doutais…)*

Bref, tout ça pour dire que mon corps venait contrecarrer les effets de mon traitement. Mais mon rhumato a décidé d'attendre un peu avant de changer. Faut dire que j'avais déjà testé quatre anti-TNF sur cinq. Le dernier traitement était un peu la solution de la dernière chance. Ça me faisait super peur de me dire qu'après je serais sans filet *(heureusement, la science évolue, mais à ce moment précis de l'histoire, la science n'avait pas encore évolué sur ce point. Alors n'en disons pas plus, je ne voudrais pas qu'un scientifique qui remonterait le temps puisse voler la découverte d'un autre tout ça parce que je l'aurais écrite trop tôt… Vous voyez le drame que cela engendrerait !).*

On s'est donc concentrés sur la périphérie. Qu'y a-t-il autour des médicaments ?

Je vous ai déjà parlé des séances de kiné, d'ostéopathie. J'ai également fait de l'acupuncture par exemple. Il faut essayer et voir ce qui marche sur soi.

On m'a moulé des orthèses pour les mains en cas de grosses poussées. Ça me soulage tellement ! Car pas facile d'avoir mal aux mains, elles servent tout le temps. D'ailleurs, étant donné leur sensibilité *(j'ai par exemple écrit [tapé à l'ordinateur] l'autre jour quelques chapitres d'affilée... GROSSE erreur ! Ma main droite n'a pas apprécié et était, le lendemain, gonflée et non opérationnelle)*, donc étant donné leur sensibilité, je pensais qu'il pourrait être intéressant que je devienne ambidextre ! Il va falloir que j'y travaille consciencieusement. Ou il suffirait que j'aie la jugeote d'utiliser systématiquement la dictée vocale installée sur mon ordinateur, malgré les légères imprécisions de cette fonction ! Je porte une minerve quand ma nuque est si douloureuse que cela me comprime jusque dans l'oreille, le crâne, la mâchoire et que j'en ai la nausée. Ces jours-là, mes cervicales sont tellement affaiblies que je peine à porter ma tête de 3 000 kilos !

Ah j'ai aussi mon coussin d'assise ! Acquis suite à une énorme poussée au niveau du coccyx/sacrum pendant un séjour au centre de rééducation. Allez, je me lance... le ridicule ne tue pas... enfin je crois... pendant cette forte inflammation, il m'arrivait même, à bout de solution pour me soulager, de plaquer le bas de mon dos *(pour rester soft)* contre les baies vitrées de ma chambre d'hôpital afin de ressentir la fraîcheur et endormir la douleur insupportable ! Trois... deux... un... Eh bien non, je ne suis pas morte ! Le ridicule ne tue pas, c'est prouvé ! Et pour pousser le bouchon encore plus loin, je vais vous livrer mon astuce *(quand j'ai trop mal au bassin et que je suis épuisée)* pour pivoter allongée de côté dans mon lit. J'attrape mon pantalon au niveau des fesses et je tire vers le haut ce qui permet de ne donner qu'une petite impulsion au niveau du bassin pour bien se positionner. C'est beaucoup plus facile ! Le seul risque ? Mourir de honte ? Non, j'ai déjà démontré que le ridicule ne tuait pas. Donc le seul risque ? Craquer la couture arrière de son pantalon ! Donc, plus sérieusement, après cette poussée qui m'empêchait de m'asseoir, j'ai acheté un coussin d'assise, c'est magique. Depuis, je ne le quitte plus ! Et je peux ainsi rester beaucoup plus longtemps assise *(le « longtemps » est bien évidemment relatif)*. Alors soit, ce n'est pas glamour, on a l'impression que je me trimballe avec une petite mallette partout mais comme je viens de prouver que le ridicule ne tuait pas, je m'en contrefiche !

Mais c'est vrai que ce n'est jamais simple pour les gens de comprendre qu'il nous est difficile de rester assis, même si on ne fait rien. Pour beaucoup de personnes être assis est synonyme de repos… Pas toujours pour nous spondy ! Tout comme il est improbable pour beaucoup d'imaginer qu'avec la spondy, l'habillement devient un casse-tête. C'est une complexité bien méconnue et pourtant hautement problématique. Les pantalons taille basse qui appuient sur les hanches et les sacro-iliaques ? Impossible ! Les capuches qui apportent une pression sur la colonne ? Impossible ! Les matières synthétiques qui viennent enflammer la peau ? Impossible !

J'ai donc créé ma propre mode. Adieu matières type voilage, bonjour coton ! Acclamations pour les pantalons taille haute haute haute. Bye bye les capuches qui pèsent une tonne sur la colonne ou les bustiers qui la compriment, tschüss les chaussettes avec élastique qui cisaillent la peau asséchée par les traitements *(avant de les trouver ces chaussettes-là, il m'est arrivé des tas de fois de couper à plusieurs endroits les élastiques des chaussettes, ce qui faisait un style certain. Aujourd'hui, plus de problème… il a été tellement difficile de trouver des chaussettes sans élastique que ma mère est retournée en acheter… Je dois avoir un stock pour vingt ans !)*.

Ah oui, adios les soutiens-gorge *(faut bien qu'il y ait du positif quand même ! Viva la liberta !)*. Bref ça n'y paraît pas mais s'habiller est devenu une tâche à part entière. Et attendez que je vous parle du problème des chaussures. !

Les talons qui bousillent les chevilles et les genoux ? Oubliés ! Mais pas que… il faut des semelles en gomme, avec un bon amorti, assez large pour que les semelles orthopédiques entrent correctement et patati et patata ! Et avec tout ça, il faut rester féminine. Sur ce coup-là, les mecs, je vous envie ! *(Pourtant Dieu sait comme j'aime les robes. Mais les robes, c'est fatigant. Serrer les jambes, les croiser… Oui, c'est fatigant, les robes !)*

En parlant de féminité, penchons-nous un peu sur les sacs à main… Fini les sacs de pépettes posés négligemment sur l'épaule *(ouille ouille ouille)*. À présent, c'est sac à main ultraléger ou à dos obligé ! Et attention, pas n'importe lequel… Il faut par exemple qu'il tombe au bon endroit dans le dos, la position des bretelles est un véritable casse-tête et le poids du sac représente un critère de choix. Pas simple, hein ? Peu de gens s'aperçoivent de cette difficulté. C'est pour cela que j'ai été fortement et agréablement surprise quand deux jeunes étudiantes en design textile m'ont contactée avec l'envie de réaliser un produit adapté aux spécificités de la spondy. Waouh ! On a beaucoup discuté, elles ont aussi réalisé un questionnaire pour avoir les avis de nombreux spondys et elles avancent sur leur projet qui devrait d'ici peu prendre vie. En tout cas, je suis toujours ravie d'être contactée par des jeunes qui s'intéressent à la question comme ces deux filles-là, mais aussi des étudiants infirmiers, en école de commerce… Ils ont été plusieurs à prendre contact avec moi. Et je prends chaque fois beaucoup de plaisir à échanger avec eux et à faire circuler mes messages.

Bon, toujours est-il qu'à l'instant présent du passé de ce livre, j'étais encore dans ce moment végétatif dicté par l'effet apathique des douleurs. Une chose a bouleversé ma vie… L'arrivée du Messie. L'arrivée du Divin. L'arrivée de Flixnet !

Ça le fait…

Nouveau traitement, nouveau mode d'administration. Je quitte l'injection maison et rejoins la cour des grands, the summum of the summum… Les salles de perfusion !

— Salut, tu viens pour une spondy toi aussi ?

— Oui. Combien de mg ?

— 300 et toi ? Des discussions hautement passionnantes entre immunodéprimés. Eh oui, ça aussi c'est un terme de notre tribu. Ça envoie du lourd, c'est la classe internationale. Imaginez les visiteurs avec leur pass gratuit pour deux achetés.

— Vous êtes capricorne, bélier, poisson ?

— Non, moi je suis immunodéprimé.

— Oh désolé. Vous voyez un psy ? Ah ah ! Ça aussi c'était gratuit !

Chapitre 30

L'ATTENTE N'AURA RIEN ARRANGÉ, je devais changer de traitement et passer sous le dernier anti-TNF de l'époque, le Decamiré. Et celui-ci ne se faisait pas chez soi en injection mais à l'hôpital toutes les six semaines en perfusion *(le laps de temps varie selon les patients)*.

J'ai rencontré les internes en médecine qui disent alopécie pour perte de cheveux, céphalées pour maux de tête et scapula pour omoplate. Ils sont trop drôles ceux-là !

J'ai fait aussi la rencontre de patients qui pour dire qu'ils ont mal au dos disent qu'ils ont mal « là ». Cela donne lieu à des dialogues assez ubuesques reflétant l'énorme fossé entre le discours des uns et des autres.

— Bonjour, où avez-vous mal aujourd'hui ?

— Euh, j'ai mal là *(il faut imaginer le vaste geste venant approximativement désigner le bas du dos)*.

— D'accord... Vous avez donc plutôt mal au niveau des lombaires ?

— Bah... j'ai mal là quoi.

Pas simple, l'échange !

Un jour, la patiente du siège d'à côté *(on est généralement deux par chambre pour la demi-journée. C'est la loterie... soit on tombe bien, soit... on tombe très mal ! Mais non pas de jugement... neutralité et bienveillance... mais parfois... bon allez j'arrête... !)*, donc cette patiente m'a demandé où me touchait la spondy. Je lui ai stipulé que j'avais une forme axiale et périphérique. Elle m'a interrogée sur le sens du terme axial et quand je lui ai expliqué qu'il s'agissait du dos et du bassin, elle m'a répondu « Ah OK ! Donc moi, j'ai une forme axiale ! ». Elle semblait fière de ce nouveau mot. Tant et si bien qu'elle a ressenti le besoin urgent de le replacer. Ça tombait bien, l'interne arrivait…

— Bonjour Madame, où avez-vous mal aujourd'hui ?

— Bah moi, j'ai mal axial.

Je me suis mordu la joue pour ne pas sourire. Pas par moquerie mais je trouvais ça vraiment mignon et touchant !

Dans les chambres doubles, on croise tous types de personnes. Celles qui ADORENT parler, celles plus modérées, celles qui ne quittent pas leurs écouteurs de peur de devoir lâcher ne serait-ce qu'un mot. Je ne suis pas toujours une grande bavarde, surtout quand la fatigue me guette *(ou quand je suis plongée dans un bouquin passionnant !)* mais j'ai eu quelques discussions agréables lors de mes passages. La seule configuration que je ne supportais pas *(mais ça ne va pas vous étonner… à moins que vous ayez déjà oublié les précédents chapitres !)*, c'est quand je tombais sur une personne qui se plaignait de sa condition tout au long de sa perfusion. Retenue par la mienne, je ne pouvais l'étriper !

Globalement, ce traitement par perfusion se passait sans anicroche. Il y avait même des moments cocasses. Notamment au moment de me piquer !

J'ai des veines qui roulent et qui coulent mal. Il y avait une infirmière du service qui se sentait toujours supérieure aux autres qu'elle considérait comme des petites bleues et qui se répandait en conseils. Étrangement *(ma réputation de veines relous me précédait)*, elle ne me piquait jamais… Mais un jour, manque d'effectifs, obligée de le faire. Et là… catastrophe ! Après quelques essais infructueux, je me retrouve avec du sang qui gicle sur mes fringues et une aiguille ressortie *(donc à repiquer !)*. La blague pour la reine de la piquouse !

Enfin, ce traitement me faisait du bien et c'était le principal.

On m'avait aussi ajouté d'autres cachets. Le Texatrethomé, avec lequel il a fallu jongler pour trouver le bon dosage sans effets secondaires. Excepté l'inévitable chute de cheveux qu'on a réussi à contrecarrer avec deux autres traitements efficaces. Je prenais aussi des comprimés pour l'estomac *(qui prend cher comme disent les jeunes… ou comme disaient les jeunes, vous dites ? C'est le coup de la trentaine que je viens de passer !).* Plus le Tinronneu, plus les antidouleurs, ça faisait beaucoup pour mon petit cerveau. Alors *(allez Coralie, tu l'as dis toi-même, le ridicule ne tue pas)*, j'ai acheté un accessoire de mamie à la boutique paramédicale... J'ai acheté un... semainier ! Yeah ! Ça, c'est du lourd. Et j'assume !

Ce que j'assumais beaucoup moins au bout d'une bonne année, c'était de ressentir les effets du Decamiré diminuer. Je flairais l'échappement et ça me paniquait.

Au bord de l'apoplexie, mon rhumato m'a réanimée en m'expliquant que la science avait avancé *(vous voyez, je vous avais prévenus tout à l'heure. Ou hier. Ou avant-hier. Bref, quand vous avez lu le chapitre précédent quoi ! Vous n'allez pas chipoter !).* Une nouvelle famille de médicaments venait de faire son apparition sur le marché accrédité pour les SPA. Il ne s'agissait plus d'anti-TNF mais d'anti-interleukine 17 A. Jouant donc, comme son nom l'indique, non plus sur les TNF mais sur les interleukines 17 A. Ceci dit, le principe restait le même. Je n'étais donc pas encore au bout des solutions... de l'air !!!

Mais mon rhumato préférait retarder le passage à cette dernière solution, au cas où. Il m'a donc proposé de continuer le Decamiré et de reprendre en plus un second anti-TNF que je connaissais bien, l'Brelen. Détonant ! En quelques semaines de double traitement, j'étais sonnée, KO, au fond du trou. L'apport de toutes ces substances chimiques avait réussi à mettre mon corps à plat. Et une ritournelle flottait dans ma tête...

Lundi, des médocs
Mardi, des médocs
Mercredi, des médocs

Vous devinez la suite ? !

Jeudi, des médocs
Vendredi, des médocs

Je vais avoir la clémence de ne pas vous infliger toute la semaine. Parce que…

Samedi, des médocs
Dimanche, des médocs aussi !

Allez, j'arrête ! Sauf que… la semaine suivante, c'était…

Lundi, des médocs
Mardi, des médocs
Mercredi…

O Casper

Le p'tit fantôme
Le héros des enfants
Toujours souriant avec ses amis
Vous oublierez tous vos ennuis
O Casper, le p'tit fantôme
Il a envie de jouer
Et de s'amuser, si vous êtes tous là
Alors il vous montrera
Oui Casper a des amis
Qui avec lui font les fous
Mais il rêve toujours d'en connaître d'autres
Dans ce cas, pourquoi pas, l'un de vous

Chapitre 31

Plus livide que Casper, j'ai donc commencé le dernier traitement de fond sur le marché. L'anti-interleukine 17 A, le Tyxsenco. En continuant tout le reste, excepté les anti-TNF. À l'heure où j'écris ces lignes, je suis toujours sous ce traitement que j'ai entamé il y a maintenant un peu plus d'un an. Il soulage ma forme axiale mais semble depuis peu moins efficace sur mes douleurs périphériques. L'hiver humide dans lequel nous sommes plongés ne m'a pas épargnée. J'ai l'impression que les anti-TNF *(avant échappement bien sûr)* marchaient mieux sur mes douleurs périphériques mais moins sur mon dos et mon bassin. Quel méli-mélo !

Mais la science avance, alors l'espoir est toujours là !

D'ailleurs de l'espoir, chez moi, on en a à revendre. Avant de commencer le Tyxsenco, j'ai dû faire une pause dans mes traitements afin de repartir sur un terrain neutre. Plus le commencement de ce nouveau traitement approchait, plus j'avais le vertige car j'avais peur de tomber de haut. Je mettais tellement d'espoir dedans !

Et pour prouver que l'on est complètement toquées, à ma première piqûre de Tyxsenco, avec ma mère, on a embrassé la piqûre *(pas l'aiguille, je vous rassure, on est toquées mais pas à ce point !)* pour qu'elle me porte bonheur !

Vous savez, un peu comme le riz à qui on dit des mots doux et qui s'épanouit, contrairement au riz qu'on insulte et qui pourrit. J'encourageais mon traitement en rêvant que celui-là serait LE bon !

J'ai fantasmé, comme beaucoup, devant des discours d'autres malades qui affirmaient ne plus avoir aucun symptôme grâce à tel ou tel traitement. Mais tout le monde n'a pas cette chance... Snif ! Ce n'est qu'un fantasme.

Fantasme… fantôme… il n'y a qu'un pas. Alors je le franchis sans plus de transition !

Qui dit fantôme, dit invisibilité. Comme cette fameuse spondy dont on parle depuis quelque temps ensemble. Il y a des situations où c'est tout bonnement incompréhensible pour les valides !

Qui peut imaginer qu'il nous est parfois si douloureux et épuisant d'être simplement assis sur un canapé à discuter ? Que la mâchoire est si ankylosée que parler devient un supplice ? *(Je finis régulièrement par parler sans articuler et là mes proches se paient un décodeur ou disent :* « Sors de ce corps Patrick ! » *Il se reconnaîtra… S'il me lit bien sûr… J'attends ton coup de fil !)*

Et je ne peux pas blâmer ceux qui ne comprennent pas car comment réussir cet exploit sans le vivre ?

Prenons la position allongée, quand être sur le côté endolorit les hanches, sur le dos les lombaires et sur le ventre les chevilles… Quésaco ? Oui, quand les chevilles sont douloureuses. J'ai trouvé la parade, je descends jusqu'au bout du lit afin de laisser pendre mes pieds dans le vide et ainsi être dans une position neutre pour mes chevilles ! Ah, on acquiert une certaine technique anatomique avec le temps ! Ceci dit, des gens ne se rendent pas vraiment compte de tout cela et la situation dans laquelle nous plonge l'invisibilité de cette maladie est éreintante.

Mais rappelez-vous…

O Casper, le p'tit fantôme
Le héros des enfants
Toujours souriant avec ses amis
Vous oublierez tous vos ennuis

Pas de souci, puisque Casper va nous faire oublier tous nos ennuis ! Vous ne connaissez pas personnellement Casper ? Moi, je peux me vanter que oui. J'ai un secret à vous confier. Vous n'en parlerez à personne, OK ? J'ai découvert… le secret… de l'invisibilité ! Voilà, c'est dit ! Rhabille-toi, Harry !

O Casper, le p'tit fantôme
Il a envie de jouer
Et de s'amuser, si vous êtes tous là
Alors il vous montrera

Enfin, il vous montrera… j'aimerais qu'il m'explique comment il va nous montrer en étant invisible ! Car quand je vous parle d'invisibilité moi, c'est d'une invisibilité totale. La transparence que j'ai découverte. Ah, ça vous titille, hein ?!

Alors… La recette de l'invisibilité est… simple *(au risque de vous décevoir… encore !)*. Il suffit donc de mettre son cul dans un fauteuil roulant et paf, tu disparais ! Les gens oublient que tu es un être humain capable de raisonner, penser et même tout simplement parler ! Lors de nombreuses sorties familiales avec le fauteuil *(patience, je vous raconte l'arrivée du fauteuil dans ma vie juste après. C'est fou avec cette société d'immédiateté, il faut tout tout de suite, maintenant, avant même. Patience !)*, nous avons été confrontés à des situations drôlesques ! Du type ; « ELLE est transférable ? », « ELLE peut marcher un peu ? », « ELLE ceci… », « ELLE cela… » mais jamais de « tu » ou de « vous ». C'est dingue ! Et donc comment je suis devenue invisible.

Je ne voulais pas du fauteuil roulant mais cela devenait problématique car je ne visitais plus rien, les temps de marche étant trop longs. En vacances, je passais plus de temps dans les chambres d'hôtel pour récupérer du peu de déambulations faites. Bref, les moments n'étaient pas pleinement vécus.

L'idée n'était pas d'avoir un fauteuil et d'en abuser car il est primordial d'entretenir ses muscles, mais de l'utiliser quand je sentais que j'étais au bout de mes capacités et ainsi poursuivre les activités que j'étais en train de faire.

Un jour, dans une réserve naturelle, je sentais justement que j'étais au bout alors qu'on devait encore parcourir l'ensemble du parc pour aller dormir avec les loups… *(Je ne pouvais pas louper ça !)* J'ai donc accepté le prêt d'un fauteuil roulant par le parc. Et mon frangin, pour dédramatiser la situation, s'est mis à me pousser en mode rallye à fond la caisse ! On a ri comme pas possible et la pilule est passée. Je venais de m'apercevoir du bienfait que cela pouvait m'apporter, du retour dans ma vie de milliers de choses que je ne pouvais plus faire.

J'ai donc accepté le fauteuil roulant. Je l'utilise principalement en vacances ou lors de visites de musées, de parcs, Je marche toujours autant que je le peux et seulement après, je m'assieds. *(Imaginez alors les regards alentour... Le plus drôle reste dans la configuration inverse lorsque je suis dans le fauteuil et que je me lève ! Miracle !)*

Aujourd'hui, je ne retiens que l'aspect positif. J'ai dépassé le regard de l'autre, ma fierté mal placée et je savoure le bénéfice que cela me procure !

Ça donne juste plus de boulot à mes proches, qui doivent me pousser. Mes épaules, mes coudes et mes mains ne me donnent pas la possibilité de m'auto-pousser alors je les mets au travail !

J'ai bien essayé une fois le système de roues propulsées mais... comment dire... Mon essai dans les couloirs du centre de rééducation en a fait flipper plus d'un ! C'est simple, je fonçais partout et sur tout le monde. Attention, j'arrive ! Donc pour le moment, il est plus sage de rester ainsi.

Et puis, on a déjà assez de péripéties comme ça. Par exemple, la fois où, partis en voyage, nous avions oublié que les roues d'un fauteuil se gonflent et donc... se dégonflent ! Le branle-bas de combat !

En même temps, personne ne nous avait prévenus que nous devions passer notre diplôme de mécano fauteuil. Il y a plus de réglages que sur une voiture ! Bon OK, j'exagère... mais presque ! Malgré vos moqueries incessantes, je ne pouvais vous quitter autrement que par...

Oui Casper a des amis
Qui avec lui font les fous
Mais il rêve toujours d'en connaître d'autres
Dans ce cas, pourquoi pas, l'un de vous !

Fourchette, couteau, cuillère…

J'OPTE POUR LA CUILLÈRE et sa théorie !

Qui aurait pu deviner le potentiel de cette cuillère élaboratrice d'une théorie si vraie, parlante et vérifiée dans les observations ? De la théorie à la pratique, sans fausse note. L'exemple même d'une victoire scientifique.

Vous comprenez ?

Ce n'est pourtant pas compliqué ! Je vous explique :

Quand on est valide, on se lève le matin avec une quantité de cuillères quasi infinie. Eh oui !

Quand on est malade, on se lève le matin avec 16 cuillères en main *(c'est imagé bien sûr, car le matin avec une spondy, on ne parvient pas à tenir 16 cuillères dans une main)*. Chaque activité te coûte des cuillères. Alors tu as intérêt à savoir compter car si tu les grilles toutes avant midi, tu n'as plus qu'à attendre le lendemain matin pour réussir à sortir de ton canapé !

Je ne te raconte pas si tu as une envie pressante !

Chapitre 32

Ah, l'énergie ! Vaste débat, vaste sujet. Mais pourquoi est-on toujours aussi fatigué avec une spondy ? Les fréquentes insomnies n'y sont pas pour rien *(les douleurs se réveillent davantage la nuit, comme les fantômes et notre ami Casper !)*. Mais pas uniquement. Des études sont à l'œuvre et ont déjà prouvé que la fatigue est un symptôme à part entière de la maladie *(en dehors de celle induite par les douleurs, l'insomnie ou les traitements)*, une histoire de problème de carburant. Nous pouvons peut-être espérer qu'un jour les chercheurs comprendront profondément l'origine de cet épuisement constant et qu'ils parviendront à l'éradiquer *(un peu comme pour les rats dans Paris… on garde espoir !)*. Mais pour l'heure, la fatigue est bel et bien là et on doit apprendre à jongler avec nos petites cuillères *(décidément avec cette maladie, je me transforme vraiment en chien de cirque ! Chapitre 26 pour les Alzheimers…)*. Toujours est-il que l'énergie manque cruellement, ce qui m'oblige bien souvent à ne rien faire. Ça me fait penser à une situation cocasse, tiens… Mon frère s'est acheté pour le sport une montre Larpo *(pour ne pas faire de pub)* qui vibre et lui dit « Il est temps de vous lever » quand il est resté trop longtemps inactif. Imaginez si je portais cette même montre, elle deviendrait folle ! En temps de crise, elle se mettrait à hurler « LÈVE-TOI ! LÈVE-TOI ! LÈVE-TOI ! »

Parce que oui, moi, les mouvements, c'est tout doux. Un jour, alors que je marchais, tranquillement, sur le tapis de marche, mon père est arrivé et m'a dit *(fier de sa trouvaille)* : « C'est le ralenti du mouvement, là ? ». J'avoue, j'ai ri aussi ! Mais que c'est ingrat la famille… Après mon père, mon frère qui s'est amusé *(que dis-je, qui s'est bidonné !)* à inventer la danse de la spondy ! Je vous laisse conceptualiser le tableau d'un corps rigide qui se met à danser comme Robocop le ferait, en minimisant chaque mouvement au strict minimum, millimètre par millimètre. N'essayez pas, je ne ferai pas de vidéo ! *(Mais lui peut-être… Vengeance !!!)*

Alors on essaie de faire des activités qui à priori n'auront pas d'incidence sur la fatigue et les douleurs. J'ai un jour tenté d'être high-tech ! Et j'ai fait l'acquisition de lunettes de réalité augmentée. Comment oser dire que j'en ai eu la nuque bloquée pendant des semaines ? À la sortie de Grande Patiente *(alerte rouge ! alerte rouge ! faille spatio-temporelle !)*… Euh oui, exact… donc une chanson dont je vous parlerai plus tard, quand elle sera née… Bref, à la sortie de cette chanson dont je ne peux pas encore vous communiquer l'existence, j'ai créé une page Facebook dont je ne peux pas encore non plus vous communiquer l'existence, j'ai répondu aux personnes, à leurs messages, à leurs questions et, en quelques semaines, je me retrouvai avec des épitrochléites carabinées aux deux coudes. Après avoir testé le chaud, le froid, l'argile, les infiltrations, les ultrasons, les ondes de choc *(ouille ouille ouille !)*, plus rien à faire, et je me retrouve, à l'heure où j'écris ces lignes, trois ans plus tard, avec les coudes toujours bourrés d'inflammation. *(Si vous comprenez quelque chose à ma frise chronologique, appelez-moi pour m'expliquer !)*

Je suis constamment remplie d'envies. J'ai toujours plus d'envies que ce que je peux réellement faire. J'ai fait des tas d'achats d'activités manuelles (puzzle, mosaïque…) laissées à l'abandon, à demi terminées avec la ferme promesse intérieure qu'un jour, je les finirai. J'en ai la profonde envie, même si l'épuisement me pousse plus souvent au repos forcé. Faudrait-il donc, lorsqu'une envie se pointe, que je me pose la question raisonnable « Ai-je assez d'énergie pour ça ? » ? Mais finalement ne serait-ce pas un peu baisser les bras ? Devenir fataliste ? Alors tant pis, j'assouvis cette envie, j'essaie et souvent, oui, je laisse de côté. Mais je n'abandonne pas !

« Essayer », tel est le maître-mot. Comme les limites sont fines, il est toujours difficile de les cerner, de savoir si telle ou telle chose engendrera des douleurs, de la fatigue ou rien du tout. Les limites, en plus, fluctuent et quand on croit connaître son corps et ses réactions, il s'amuse à nous la mettre à l'envers. Il abaisse lesdites limites et, pour une activité auparavant anodine, on se retrouve clouée au lit. Le jeu du chat et de la souris, le jeu du cache-cache aussi… C'est drôlement fun, la spondy ! Quand je disais qu'on régressait ! *(Chapitre 27…)*. Tout le monde est fatigué, mais ce n'est pas un drame. Il faudrait donc plutôt parler d'épuisement pour que ce soit plus compréhensible. La profonde fatigue empêche d'agir, tout autant que les douleurs, elle vide de toute énergie nécessaire au moindre mouvement. Mais cela reste difficile à imaginer pour les autres.

Un jour, en interview, on m'a demandé ce que j'écoutais comme musique quand je faisais le ménage. Petit blanc et j'ai répondu très amusée : « Je ne fais pas le ménage ! » Avec une spondy active, les tâches ménagères mettent à plat pour des jours et j'ai la chance de pouvoir l'éviter. Ça a fait rire toute l'équipe de la radio !

Bah oui, parce qu'il faut rire surtout ! Je ris beaucoup de la maladie, de moi et de mes limites, ce qui peut parfois déstabiliser…

Un jour, le prunier de mon jardin est tombé *(non, ce n'est pas encore là que c'est marrant…)*. J'en parlais donc à une connaissance…

— Attention, pas d'imprudence dans l'arbre surtout ! me dit-il.

Amusée de m'imaginer grimper dans l'arbre pour le découper à la tronçonneuse, je lui ai rétorqué que je le rassurais, que je n'allais pas me transformer en élagueuse de haute voltige ! « Imagine le tableau ! »

J'ai senti le malaise, comme s'il avait l'impression d'avoir fait une bourde alors que je plaisantais tout bonnement. Il a répondu un « oui oui, je comprends mais je disais ça pour tes proches, s'ils voulaient aider, enfin… ». J'ai désamorcé la chose mais c'était drôle de voir l'embarras que cela pouvait provoquer.

Quand on me connaît un peu plus, on sait que quand je dis « Aujourd'hui, je fais ma petite vieille », ce n'est pas par rancœur mais juste par clin d'œil humoristique *(ça y est, je me prends pour Florence Foresti !)*.

Bon et alors ? Même si je n'ai pas l'humour de Florence Foresti, on peut rigoler quand même, non ?

Et je peux vous assurer que parfois il est nécessaire de rire pour ne pas exploser. Comme lorsque tu reçois un mail horripilant. Je m'explique…

Il y a quelques années, on m'a proposé de me mettre en lien avec une personne qui prétendait faire des miracles grâce à une méthode particulière de nourriture et autres accessoires *(à acheter bien évidemment !)*. N'étant pas obtuse, je me suis procuré son bouquin, je l'ai lu et lui ai écrit un mail pour émettre quelques questionnements.

Elle a dû sentir l'aspect dubitatif de certaines de mes questions, m'a répondu par un long mail vantant sa méthode non discutable et a fini son texte dithyrambique sur elle-même par… roulement de tambour… cette phrase : « *Encore faut-il être motivé, tirer de plus grands avantages de la bonne santé que de la maladie, ce qui n'est pas le cas de tout le monde.* » Et là, si tu ne ris pas, c'est mort !

Glamour…

D'APRÈS WIKIPÉDIA (JE PRÉFÈRE donner mes sources pour ne pas être accusée de plagiat), le terme glamour désigne une beauté sensuelle, pleine de charme et d'éclat, caractéristique de certaines vedettes féminines de Hollywood. Quelqu'un de glamour est à la fois suave, sexy, chic, et souvent délicatement à la mode.

Prenez le temps de repenser quelques fois à cette définition pendant le prochain chapitre…

Chapitre 33

Comment voulez-vous être glamour avec une spondy ? Vous ne voyez pas le rapport ? Attendez, je vais vous montrer…

Tout d'abord, on peut aisément éliminer les termes « chic » et « délicatement à la mode », ce qui est tout simplement impossible sans talons, avec des fringues en coton, et vous connaissez tout le reste depuis le chapitre sur les fringues. Et quant au « sexy », avez-vous déjà essayé de porter une culotte en dentelle sur votre peau fragilisée par les traitements ? IM-PO-SSI-BLE !

Tiens, petite parenthèse : *(Vous aussi, les filles spa, vous dérouillez mille fois plus articulairement quand vous êtes dans votre période du mois, si vous voyez ce que je veux dire, avec l'invasion des Indiens dans la vallée ? Toutes les douleurs sont comme démultipliées… depuis, j'ai encore régressé et retrouvé le plaisir enfantin de ne côtoyer que des cow-boys grâce à une pilule magique du calumet de la paix !)* Je ferme la parenthèse.

Il reste « suave ». Ah ça, je suis suave, je suis même parfois rouge de suavité ! Quand les douleurs sont intenses, j'ai toujours une petite fièvre légère et des rougeurs sur le nez et les joues. Ces rougeurs suaves sont également là avec la fatigue. Alors n'est-ce pas glamour de se transformer en radar actif ? Eh bien, non ! Il y a aussi une petite variante ; le gyrophare. Le rouge de douleur et le blanc d'épuisement. J'aiderais presque les bateaux à rentrer au port si je vivais en bord de mer. Je vous l'avais bien dit, PAS GLAMOUR !

Comment être glamour quand les douleurs te font te tortiller les doigts ou te pincer les joues inconsciemment pour que ton cerveau soit concentré ailleurs ? Comment être glamour quand tu dois chaque soir te badigeonner de litres de crème

Karpili pour ne pas flétrir *(je vais finir par investir des parts chez Saypo Rochela !)* ? Comment être glamour quand la grande majorité des parfums te filent la gerbe *(merci à certains traitements apparemment…)* ?

Alors, comment être glamour ainsi ?!

Je suis certaine que vous voyez le rapport maintenant, mais pour le plaisir, je vais continuer un peu…

Imaginez-vous au Futuroscope, dans le fauteuil roulant. Le soleil tape et vous avez oublié la crème solaire alors que certains de vos traitements sont photosensibilisants *(je l'avais d'ailleurs découvert l'année précédente à mes frais en me tapant en dix minutes un coup de soleil avec œdème… Pourquoi personne ne m'avait prévenue ?)*. Votre mère se dévoue pour aller au magasin du parc afin d'acheter une casquette. Imaginez qu'elle revienne avec une casquette enfant *(à son corps défendant, il n'y avait que ça !)* blanche ornée devant d'une illustration des personnages de Monstre Academy. Imaginez un peu ça ! Glamour ?

Imaginez-vous, à 30 ans, acheter une douche avec un petit siège dedans. Nous allons d'ailleurs nous autoriser une petite digression temporelle, sans rougir *(ahahah)*. Il y a quelques jours *(je parle ici au temps où j'écris, pas où vous lisez sinon ce serait compliqué. Ou bien je serais une sacrée Madame Irma… j'aurais dû laisser planer le doute… Ça aurait fait des ventes, c'est certain… Note à moi-même, ressaisis-toi, Coralie !)*, bref, il y a quelques jours de quand vous voulez, j'ai eu le bassin complètement bloqué et là je me suis, glamoureusement, rappelé l'utilité de ce petit siège pour pouvoir, dans de telles situations, me laver les pieds !

Imaginez-vous, toujours, vous balader constamment avec votre petit coussin d'assise pour préserver les petits os de vos féfesses. Déjà pas glamour. Attendez la suite. Vous êtes au resto avec une amie et à la fin du repas le serveur vous apostrophe :

— Je peux me permettre une question personnelle ? Ce coussin, est-ce pour des raisons médicales ou bien est-ce un rehausseur ? Un rehausseur ? Après lui avoir expliqué le pourquoi du comment, nous avons bien ri avec mon amie. Je lui ai dit que même si je n'étais pas grande, je ne m'étais jamais sentie si petite ! Un rehausseur ! Pour le plaisir toujours, imaginez-vous encore prendre le métro parisien. Vous savez, ce transport en commun merveilleusement adapté au handicap. Où, avec une spondy, il est nécessaire de se cramponner à la rambarde pour parvenir à bout des multiples marches. Déjà pas glamour. Mais attendez la suite. Une rampe d'escalier si dégueulasse que, en toutes saisons *(été compris sous canicule)*, je porte des gants ! Pas glamour ! Et surtout hypocondriaque vous allez me dire ! OK...

La maladie m'a rendue un peu hypocondriaque, je l'avoue. Si on me dit : « Tu es sûre qu'il a bien désinfecté ? », alors là, bien que j'aie sur-surveillé l'acte, c'est le branle-bas de combat dans mon cerveau. Mille films se forment dans ma tête mais une seule fin possible pour l'ensemble des scénarios... Je vais mourir !!! Non, j'en rajoute mais dans ces fameux films, ça ne va tout de même pas bien se passer.

Alors oui, avec les traitements immunosuppresseurs, on devient un peu hypocondriaque mais c'est parce qu'on peut tomber vraiment plus facilement malade. Y'a une excuse !

Le jour de mes 30 ans, mon frère a chopé la gastro *(super timing!)*. On a fait hyper attention... on désinfectait tout, toutes les cinq minutes, il portait un masque, on se lavait les mains perpétuellement mais rien à faire, trois jours plus tard, je déclarai la gastro à mon tour ! Pas de bol, des amis avaient, en surprise, réservé une maison en bord de mer pour mon anniversaire ! *(Mais avec la spondy, on devient aussi un peu warrior et ce vidage dans les règles n'aura pas réussi à rompre la magie de ce week-end ! Je suis repartie de là-bas la tuyauterie à neuf, lustrée ! Et on avait lancé les paris sur qui serait en état d'aller bosser le lendemain... !)*.

Quand mon grand-père est allé à l'hôpital, les médecins ne voulaient pas que j'aille dans le service car des épidémies traînaient. C'était très frustrant d'avoir le sentiment de ne pas pouvoir être là pour ceux qui le sont pour moi habituellement. Alors malgré mon hypocondriaquimie *(j'invente des mots, et alors ? Pas glamour ça ?)*, j'ai trouvé la solution et j'y suis allée avec un masque et des gants. Je suis têtue aussi !

Alors, expliquez-moi comment ne pas se mettre à flipper à propos de tout ? Surtout quand, dans les avions low-cost, on te fait comprendre que tu ne seras pas une priorité en cas d'incident ? Dans ces compagnies aériennes, les handicapés ont des places attitrées. Dans mon cas, c'était la 5F. Et toutes les places handis se trouvent… aux hublots ! De quoi elle se plaint, vous allez me dire ! Et vous auriez raison dans l'absolu. Mais attendez de connaître la raison cachée *(dixit les membres de l'équipage, ce n'est pas de ma science !)*… S'il y avait un problème quelconque et qu'une évacuation était nécessaire, il ne faudrait pas qu'un handicapé trop lent bloque la sortie des valides ! Certaines vies compteraient-elles plus que d'autres pour vous, chères compagnies pas chères ?!

De toute façon, pour l'avion, j'ai arrêté le low-cost. Quand tu dois transporter un fauteuil roulant, c'est la croix et la bannière avec eux *(les dimensions autorisées doivent probablement correspondre à un fauteuil pour un enfant de 10 ans !)* et surtout tu paies. Beaucoup !!!

Alors, maintenant, je me la pète, je voyage sur les grandes compagnies. Avec eux, c'est gratuit, c'est compris dans le prix du billet. *(Tu m'étonnes !)* Et tu as une chance sur deux d'avoir le bonheur de retrouver l'assistance à l'arrivée, si tu as rappelé aux hôtesses cette nécessité avant l'atterrissage bien sûr. Ça aussi, c'est dans le prix du billet.

Pour conclure, si tu veux voyager, après tu n'as plus de fric. Glamour ?!

Parce que le sujet était là, à la base, le glamour. Le glamour, la spondy, l'hypocondrie… Tiens d'ailleurs, vous avez déjà vu un hypocondriaque glamour, vous ? Regardez Dany Boon… *(Ne m'en veux pas, Dany, je t'ai déjà dit, nous sommes cousins, je suis picarde !)*. Bref, pas glamour, pas glamour et encore pas glamour.

Et les orteils en saucisse, on en parle ?! *(CQFD)*

Tu feras quoi quand tu seras grande ?

Avec tout ça, vous savez que j'ai dû arrêter de travailler. Adieu les rêves d'art, de concerts et de tournages. Adieu l'idée de la fac aussi, comme je vous l'ai déjà expliqué. Et donc…

Je vais faire quoi maintenant ? Reconversion ? OK, mais quoi !

Pas d'études longues, je ne pourrais pas physiquement. Pas de métier physique, pas de métier trop statique, un métier adapté ou adaptable, pas un temps plein, pas de… Ouh là là ! Je vais trouver comment moi ?

— Bonjour ! Auriez-vous un catalogue spécial « *Maladie et métier* » ? NON ! Ça commence bien…

Chapitre 34

« Oui je veux bien travailler
Oui je veux bien déjeuner
Je veux bien tout oublier
Et puis, je… »

RÊVE !

C'est bien connu, l'emploi et la maladie (ou le handicap) ne font pas bon ménage. Pour preuve, cette conversation, assez exceptionnelle. Une RH, bien au fait de ma situation, m'a sorti sans gêne :

— Tu te rends compte maintenant, on doit employer 6 % de notre masse salariale en personnes handicapées. Ça plus les taxes, on vit dans un pays de fou…

— Bah non, je trouve que c'est bien, vu que les entreprises ne le font pas d'elles-mêmes et qu'elles s'en foutent, autant les forcer. Ça ne marche que comme ça… Quand tu imagines que nous sommes à environ 20 % de chômage chez les handis. *(Ce chiffre a peut-être changé entre-temps… et non, je ne suis pas Madame Irma… Révélation !!!)*

— Oui oui, de toute façon, on va le faire, pas le choix mais ce n'est pas pratique quoi. Bon déjà, j'ai pensé, pour augmenter le nombre d'handicapés dans la boîte, on pourrait bien leur trouver un petit boulot subalterne… Mais… ???

Mais pourquoi caser d'office les handicapés dans un métier subalterne ? Quel raccourci. Je crie DISCRIMINATION !

Enfin, à cette époque, je voulais vraiment trouver une nouvelle voie, un métier adapté qui me plairait et me ferait ressortir un peu de chez moi. Car la brisure sociale vient très vite. L'éternelle question qui tue à chaque nouvelle rencontre : « Tu fais quoi toi dans la vie? » et qui n'en finit plus de te mettre mal à l'aise. J'avais le constant sentiment de devoir me justifier, d'expliquer, de raconter alors que je ne le souhaitais pas vraiment. Une sensation d'inutilité qui est difficile à gérer puisque nous sommes dans une société où ce que l'on fait dans la vie représente ce que l'on est. Alors quand on répond « rien », les regards retours sont souvent en corrélation.

Mais pas simple quand l'organisme étant censé t'aider est à côté de la plaque. On m'envoyait des propositions plus inadaptées les unes que les autres; conducteur de bus, police des frontières… Alors je me suis dit que j'allais me tourner vers des structures plus spécialisées… À mourir de rire! Hey les gars, la prochaine fois, raccrochez-moi au nez, ce sera du pareil au même! Tu m'étonnes qu'ils aient le temps de faire de belles publicités pour la télévision! J'ai donc beaucoup cherché seule, enfin pour être plus exacte, nous avons beaucoup cherché familialement. Et ce n'était vraiment pas facile de trouver! Mais pas impossible…

C'est ainsi qu'en septembre 2015, je commençai une formation de sophrologue. *(Je vous parlerai dans le chapitre suivant de la sophrologie et de l'autohypnose qui m'ont aidée et d'ailleurs guidée vers ce choix. Oui, je sais, ma chronologie fait du n'importe quoi, là, mais soyons fous! La fin du livre approche, je n'ai plus peur d'Einstein!).*

Donc j'ai trouvé une excellente formation à Paris. C'était super sympa! J'ai terminé avec un stage et je m'apprêtais à faire des recherches pour m'installer. Mais! Ce projet va être relégué au chapitre prochain également. En effet, un événement inattendu s'est produit à ce moment-là de l'histoire *(ou devrais-je dire Histoire…).*

Suite au bon fonctionnement de ma chanson et de ma page Facebook *(ces choses dont je ne peux pas encore vous parler)*, on m'a un jour appelée pour venir faire une table ronde avec la ministre de la Santé (alors Marisol Touraine). Mon intervention s'est très bien passée, commença ainsi ma carrière politique *(je me disais surtout que j'allais peut-être finalement pouvoir me faire de l'argent dans un métier qui respecterait mon rythme au pas... Oh je plaisante! Faut rigoler!).* Donc je reprends, commença ainsi *(non pas ma carrière politique, ça aussi c'était une blague)* mais une nouvelle aventure.

Quelques semaines plus tard, le PDG de la boîte où avait eu lieu la table ronde m'a appelée pour me rencontrer et me faire une proposition. C'est ainsi que j'ai rejoint la plateforme spondy + *(si vous ne parvenez pas à retenir ce nom, je ne peux plus rien faire pour vous!).*

J'ai une cousine qui est très très forte pour vendre n'importe quoi. Par exemple, lors d'un repas, il y a de nombreuses années, elle nous a fait part de sa nouvelle découverte du web *(à sa décharge, c'était vraiment tout nouveau)*:

— J'ai trouvé un super site! Ça s'appelle Tonmimar et si tu ne sais pas quoi faire avec ce qui te reste dans ton frigo, tu notes tous les aliments que tu as et ça te donne des recettes possibles!

— Ah ouais pas mal, tu as un exemple que tu aurais fait?

— Bah par exemple, il te reste dans ton frigo... je ne sais pas moi... disons, des tomates et des concombres. Tonmimar va te proposer de faire une salade de tomates et de concombres!

Le fou rire mémorable qui a suivi est resté dans les annales familiales. Alors comme ma cousine Magali *(oups j'ai dit le prénom!!! désolée...)*, je vais essayer d'être aussi bonne qu'elle pour vous vendre la plateforme.

Vous avez des patients, des médecins, ce qui peut donner lieu à des relations patient-patient, patient-médecin, médecin-patient. Waouh, pas facile d'être à sa hauteur!

Trêve de plaisanterie, spondy + a pour objectif de rendre le patient SPA acteur de sa santé. J'intervenais en qualité de patiente confirmée et artistique. Je travaillais donc sur cette plateforme. Une plateforme pour notre tribu. Le premier qui me dit sectaire, je le bannis de mon Facebook *(qui n'existe pas encore pour vous... ça devient compliqué là!)*!

Et comme c'était sur internet, j'apprenais plein de nouveaux mots *(appartenant à cette nouvelle tribu vachement sympa quoique un peu bizarre... les geeks!).*

— Mise à jour de BETA suivi de MOBI. Checke sur le serveur et intègre sur le backoffice. Futuriste !

J'ai aussi fait des interventions explicatives auprès de plusieurs chefs de service rhumato en CHU, j'ai animé des spondy'chat avec le docteur Boimele, j'ai fait une conférence avec le professeur Banbre, à l'origine du projet, lors d'une des JNS (Journée nationale des spondyloarthrites) pour exposer la plateforme, j'ai mis en place diverses actions...

Le PDG de la boîte avait bien compris mes limites et m'avait proposé un poste adapté. J'avais un temps plein spondy. Deux jours par semaine de travail dont deux jours tous les quinze jours à Paris dans leurs locaux et deux jours tous les quinze jours en télétravail *(est-ce clair ?)*. Ça faisait tellement de bien de reprendre une vie sociale ! À temps plein. Temps plein spondy.

Mais, malgré cette adaptation, je sentais de semaine en semaine mon épuisement grandir et mes douleurs se multiplier. Six mois après mes débuts, j'étais obligée de quitter l'entreprise pour ne pas mettre ma santé en péril. Je ne parvenais plus à suivre.

Ah, les choix de raison... le deuxième nom de la spondylarthrite !

J'y ai passé de très bons moments et ai beaucoup aimé travailler et réfléchir sur cette plateforme. J'ai adoré l'émulation d'idées qui baignait les bureaux et ai rencontré de belles personnes *(elles se reconnaîtront, celles qui pensent qu'il y a un microclimat ensoleillé au-dessus de ma maison !)*.

J'y ai aussi rencontré des personnes un peu moins subtiles, dirons-nous. Oh arrêtez... je ne voulais pas faire de délation... Vous êtes pénibles à me pousser ainsi... Mais laissez-moi, non, je ne veux pas, je ne craquerai pas, non, je ne... Bon OK, d'accord ! Alors... La nana chargée de faire mon contrat m'avait demandé ma carte d'invalidité pour me faire entrer dans leur quota *(tiens, on y revient encore !)*, j'avais accepté bien évidemment et elle en avait fait une photocopie pour le dossier. Deux semaines passèrent avant qu'elle ne revienne me dire qu'elle avait montré ma carte d'invalidité à une association pour qu'ils lui disent quelles demandes d'aides je pourrais faire pour avantager la boîte… Alors là, j'ai vu rouge ! De quel droit ? — Euh… demandes-tu aux mecs de plus de 50 ans dans la boîte s'ils ont pensé à faire leur contrôle colorectal ? Non ? Alors ne te mêle pas de ma vie médicale non plus ! Après cette réponse, elle a été plutôt mal à l'aise. Non mais je rêve !

#handi-à-sauver

#no-libre-arbitre

#dicte-moi-ma-vie-parce-que-je-suis-handicapée

C'est du lourd quand même…

Allez, c'est terminé pour la délation de placard ! Vous ne m'aurez plus… jusqu'à la prochaine fois ;-)

(Note à moi-même. On peut mettre un smiley dans un livre ?)

Enfin heureusement, cet exemple ne représente pas la majorité de l'être humain et les jolies rencontres sont celles qu'il faut retenir et savourer. J'y reviendrai :-)

Respirez…

Face à tant de bêtise humaine *(ne déconnez pas, c'était juste la fin du chapitre précédent !)*, il faut trouver la solution pour déconnecter.

Respirer !

J'ai testé la peinture, la méditation, les origamis, le collage, le coloriage…

Je me suis entraînée à la mémoire de poisson rouge *(peu concluant)*.

Mais j'ai trouvé mon bonheur ailleurs…

L'autohypnose et la sophrologie.

Respirez ! Partez ailleurs ! Et revenez autrement !

Je vous le promets, ça marche. Si vous ne me croyez pas, essayez.

Attention, respirez !

Chapitre 35

Si Guillaume Canet a peur de ne plus *(pas)* être rock n'roll, j'ai pour ma part fait une croix définitive sur ce fantasme hypothétique et inatteignable. Car s'il est aisé d'être un « rock » avec une spondy, ça l'est beaucoup moins de « roll »! Alors je suis zen, en mode cool et pépère grâce à l'autohypnose et la sophrologie. Respirer, prendre du recul, accepter en profondeur, tous ces termes dont certains diront « Des conneries tout ça » *(je les entends d'ici!)* m'ont permis de vivre en paix *(pas toujours, je vous l'accorde)* avec ma situation. Ainsi je peux répondre « Ça va » à la question inévitable « Comment vas-tu? ». Et mes proches adorent ça. Pas le « Ça va » en lui-même puisqu'ils voient bien quand ça ne va pas. Mais ils adorent ma réponse automatique. Et par-dessus tout ils adorent s'en moquer en simulant un faux dialogue et en m'imitant avec une petite moue de malheureuse…

— Comment vas-tu, Coralie?

— Ça va.

— Des douleurs?

— Ça va.

— Fatiguée?

— Ça va. Ça va, Imotep.

Je peux quand même faire des petites variantes:

— Des douleurs?

— Un peu, mais ça va.

— Fatiguée?

— Ça va, normal.

Ça les rend fous!

Mais c'est vrai, ça va. Je suis ainsi, je n'aime pas m'étendre sur mes maux, je n'aime pas dire « J'ai mal », « Je ne vais pas bien » ou « J'en ai marre ». Je garde tout ça au fond de moi, secrètement et j'offre mon plus beau sourire *(avec les rougeurs des douleurs, certains jours, je pourrais postuler allègrement pour un rôle de Bozo le Clown !)*. Il faut juste avoir le décodeur finalement... quand je dis « un peu dur dur aujourd'hui mais ça va ! », là, alerte rouge, je dérouille ! En fait, je suis convaincue que s'obliger à avoir le sourire à l'extérieur même quand ça ne va pas, ça finit par vous convaincre à l'intérieur que vous avez vraiment envie de sourire !

Toujours est-il que la sophrologie et l'autohypnose *(j'ai appris cette dernière avec une grande professionnelle, Madame Yantga, que je remercie de m'avoir offert les clefs d'un univers infini)* m'ont beaucoup aidée et m'aident toujours autant. Je gère mieux mes douleurs. Attention, elles ne disparaissent pas avec ces pratiques, mais ma perception de celles-ci est atténuée. Ce qui est déjà énorme !

Je travaille aussi sur ma concentration. Pourquoi, direz-vous ? Parce qu'avec les douleurs, lorsqu'elles sont intenses, et la fatigue, je peine à me concentrer. Quand je ne vais pas bien, il m'arrive de ne rien comprendre aux subtilités d'un film *(je passe alors mon temps à poser des questions à la personne avec moi, comme si j'avais loupé des pans entiers de l'histoire. Ce qui, je l'admets, doit être pénible !)*. Il m'arrive également de faire répéter dix fois quelqu'un ou de relire quinze fois la même phrase d'un *livre (dans ces moments-là, j'évite les livres d'astrophysique ou de Zola !)*.

J'apprends aussi à réguler ma colère, ma frustration... Bref, tout ce qui est négatif et n'apporte rien. La colère ne fera pas partir la maladie, elle pourra au contraire contribuer à l'accentuer en me plongeant dans un état de stress et de tensions. C'est toutes ces choses que la sophrologie et l'autohypnose peuvent aider à surmonter.

C'est la raison pour laquelle j'ai décidé de faire une formation en sophrologie. Pouvoir apporter aux autres ce qui m'a été bénéfique. Après avoir dû quitter mon poste sur spondy +, j'ai décidé de m'installer en tant que sophrologue, certification en poche.

J'ai eu la chance de trouver un cabinet dans une maison de santé près de chez moi où j'exerce quelques heures par semaine. Un rythme déjà amplement suffisant. Mais c'est extra de pouvoir apporter sa petite contribution au mieux-être des gens. Comme j'aime écouter et aider ces personnes courageuses qui ont décidé d'aller mieux, de s'en sortir et d'avancer en devenant acteur de leur bien-être !

Le fait de me retrouver de l'autre côté du bureau me fait dire : « Mais pourquoi ai-je toujours autant d'appréhension à aller aux rendez-vous en tant que patiente ? », parce que finalement de l'autre côté, on n'est pas là pour juger, on n'est pas meilleur, on n'est pas au-dessus. C'est dingue ce complexe du patient !

Enfin, c'est cool de pouvoir faire ça. Et même si l'installation n'a pas été de tout repos, je nage aujourd'hui en plein bonheur, en renouant maintenant avec une vie sociale ! Vous aurez remarqué que j'écris principalement au présent dans ce chapitre. Non, ce n'est pas une erreur grammaticale que j'essaie de rattraper à la volée mais bien parce que ces infos sont toujours d'actualité à l'heure où j'écris ces lignes. Ah, Ah !

Alors oui, il faut apprendre à respirer. C'est la clef de tout. Tiens, ça me donne même envie de chanter ! *En scène, mamie !*

SPA, c'est à toi !

Et c'est le **A**ttention
Bien à toi
Et **C'EST** toujours comme ça
DÈS qu'elle est là
Le joli n**ŒU**d du dos
L'e**FF**et des os
J'AI fait les frais, place nette
HLA B27
Abécédaire de la SPA
spondy, t'es là ?
spondy, à toi
Arthrite en moi
Abécédaire de la SPA
spondy, tais-toi
spondy, cache-toi
C'est moi, juste moi
Il y a ça en moi
J'Y crois pas
J'ai **QU'A** faire comme si
ELLE n'était pas là
J'AIME l'impossible
De ma **HAINE** pour ça
OH c'est moi la cible
La **PAIX**, tu repasseras

Abécédaire de la SPA
spondy, t'es là ?
spondy, à toi
Arthrite en moi
Abécédaire de la SPA
spondy, tais-toi
spondy, cache-toi
C'est moi, juste moi
Pathologie, **CU**mulus
Qui brouille l'**AIR**
EST-CE un moins, un plus
T'ES rouillé comme du fer
Usant de tout, de rien
Pour **V**ivre bien
C'est la **DOUBLE V**ictoire
De l'o**X**ygène aux déboires

Abécédaire de la SPA
spondy, t'es là ?
spondy, à toi
Arthrite en moi
Abécédaire de la SPA
spondy, tais-toi
spondy, cache-toi
C'est moi, juste moi
Malgré toutes les douleurs
Et toutes les peurs
Il faut aller au **GRé**
Des **C**rises et accalmies
Le **Z** quant à lui
Est difficile
Complexe et pas docile
Comme une de mes amies
Je crois qu'elle est connue
Elle s'appelle maladie
RESPIREZ !!!!!!!!

Remonter en selle !

POUR REMETTRE LE PIED à l'étrier, il faut trouver le bon cheval. Il est primordial de remonter en selle en douceur.

OK, ce n'est pas très romantique, on est loin du grand destrier blanc avec son prince charmant mais vous commencez à me connaître. Je ne suis pas très Cendrillon et son carrosse.

Enfin, qu'on s'entende bien, j'adore Cendrillon et son carrosse mais, dans la vraie vie, je suis plutôt Mulan et son armure !

Chapitre 36

JE N'AI JAMAIS ÉTÉ très fleur bleue. Demandez à mes copines.

Quand, dans les soirées, on parlait Grand Amour, mariage et tutti quanti, il y avait invariablement elles toutes et moi !

Je n'attends pas le Prince Charmant et ça tombe plutôt bien parce qu'avec une spondy, tu comprends vite qu'il ne sifflera pas sous ton balcon *(et ce serait super compliqué de réussir à monter sur son cheval en plus !)*.

Je veux bien faire la princesse endormie, momifiée *(je sais bien faire ça)* mais à moins que ses lèvres ne soient shootées aux antidouleurs, son baiser ne me réveillera pas !

Ah trêve de boutades, mais tout de même. L'amour est réellement un sujet délicat avec la maladie. Il faut trouver la personne qui acceptera *(mais pour trouver, il faut rencontrer et quand la maladie empêche de sortir comme on le voudrait, on rencontre peu et dans ce peu, la probabilité pour que ce soit celui qui comprenne et accepte est réduite, bref c'est le cercle infernal !)*.

La spondylarthrite m'a plongée dans un célibat looooonnnnggg, très long quoi.

Je me suis longtemps perçue comme un boulet qu'un homme charitable accepterait peut-être un jour de tirer *(sans mauvais jeu de mots salace ! Je vous vois venir ! Même si la sexualité peut également devenir une problématique à part entière avec la spondylarthrite, mais je ne suis pas sexologue, je n'entrerai donc pas plus dans les détails… Désolée si vous êtes déçus, mais il faut bien prendre une position et s'y tenir !)*.

Pas simple d'imaginer qu'un homme voudra vivre cette vie avec la maladie, faire des concessions, s'adapter à un rythme particulier. D'autant que beaucoup de célibataires d'aujourd'hui sont follement exigeants et intransigeants sur les moindres différences, il faut le dire. Mes proches disent que je me mets trop de barrières, ils ont certainement raison. Mais combien de témoignages j'ai reçus d'autres patients qui me racontaient leurs déboires amoureux, l'absence tragique de compréhension au sein de leur couple et la souffrance que cela engendrait... Heureusement, je reçois aussi des exemples d'amours forts ! Des conjoints ou conjointes m'écrivent pour savoir comment aider encore plus leur partenaire et ça, c'est magnifique.

Alors oui, j'y crois encore quand même... C'est rigolo *(ou pas en fait !)* de voir comme on se sent moins désirable avec la maladie, on a l'impression de ne voir que les défauts qu'elle inocule !

Lors d'un de mes séjours en centre de rééducation, j'ai rencontré quelqu'un. Avec son fémur en miettes et mes articulations croûtons, on faisait la paire. Une amourette a vu le jour. Mais pas facile de rester discrets dans un centre de rééduc' ! Surtout quand tout le monde observe tout le monde *(en même temps, il n'y a que ça à faire !)*.

Ceci dit, je voulais que ça demeure secret. Alors c'était mission 007, traversée des couloirs en mode commando invisible, « tu pars avant, je te rejoins après », check par la porte, la voie est libre ! Et à chaque instant, j'entendais dans ma tête cette musique de James Bond... Tintin tintintin Tin tintintin Tin... !!!

Malgré ces multiples stratagèmes, je pense que les autres n'étaient pas dupes et que ça devait jaser derrière nous, ça alimentait sûrement les cancans !

Cette histoire n'a pas duré. Mais il était très gentil, il se disait prêt à accepter la maladie et était attentif. Il m'a permis de reprendre confiance en l'amour, en un avenir à deux imaginable. Je me suis rappelée que je n'étais pas « que » la spondy et que l'on pouvait avoir envie de partager ma vie, sans voir en moi un fardeau au quotidien. Il m'a prouvé que je pouvais briser cette solitude si caractéristique de la maladie en général. Il m'a débloquée et m'a offert la chance de pouvoir rêver à nouveau. Je n'étais plus résignée.

Mais je n'étais pas amoureuse.

J'ai quitté ce gentil garçon pour qui je garde beaucoup d'affection car grâce à lui, je sais que c'est possible.

Ce n'est jamais facile de quitter quelqu'un lorsque l'on se sent en situation d'infériorité et il n'est pas rare, quand on est malade ou handicapée ou les deux *(enfin je parle en mon nom propre, ce n'est pas forcément une généralité !)*, d'entendre dans sa tête cette petite voix cynique :

— Bah pourquoi tu l'as quitté ? Il acceptait ta maladie, lui ! Et moi-même qui me défends contre cette méchante voix dans ma tête *(non non, je n'ai pas été diagnostiquée schizophrène… pour le moment !)* :

— Et alors ? Bien évidemment qu'il me faut quelqu'un qui accepte mais si je ne suis pas amoureuse ? Et mes envies à moi, j'y ai droit ? Cette petite voix vicieuse insinue que si l'on trouve quelqu'un qui accepte, on devrait rester pour garder cette « unique chance ». L'autre moi trouve ça triste. Et l'amour ainsi… non merci ! Attention, je vais encore pousser une gueulante contre les têtes bien pensantes de notre beau pays… Un ami souffrant d'une SEP (sclérose en plaques) m'a rapporté que s'il allait vivre avec sa nouvelle compagne, rencontrée peu de temps auparavant, il perdrait d'office son AAH (allocation adulte handicapé). En effet, si en s'installant en couple – dans ce cas de figure –, on devient, dans la seconde, dépendant financièrement de l'autre *(le truc horrible au début d'une relation : « Chéri, tu peux me donner 10 € ? »)*, merci bien ! Qui voudrait se sentir à la merci d'un conjoint tout frais ? Perdre son autonomie et se retrouver à quémander comme à 13 ans ?! Qui pourrait m'expliquer cela ? Va falloir changer ça les gars ou on va finir débordés par la crise du logement !

Vieille dame…

L'AVANTAGE, C'EST QUE JE ne suis plus jamais seule. J'ai ma vieille pote *(un peu collante, du genre qui rentre par la fenêtre quand tu l'as mise à la porte)* toujours avec moi. Je l'appelle ma vieille dame !

Et j'ai eu envie d'en parler de ma vieille dame. En musique.

Quoi ? Vous n'avez jamais regardé le clip ? J'en ai des frissons d'horreur… Ah non, mais attends, c'est vrai… Je ne vous en ai pas encore parlé puisque cette chanson n'existait pas encore pour vous… Désolée de la méprise !

Mais tout de même… Arrêtez de lire immédiatement ! Regardez le clip, allez liker la page Facebook, découvrez le projet,

Qu'est-ce que vous faites encore là ? Euh… vous revenez après, hein ?

Chapitre 37

Si aujourd'hui je passe devant
C'est pas pour me mettre en avant
J'vais vous parler de mots mystères
Alambiqués et peu banals
Des maux qui font vivre un enfer
D'une maladie rhumatismale

« Grande Patiente », tel est le nom de la chanson dont je ne pouvais pas encore vous parler il y a de cela quelques chapitres par souci de chronologie *(si on peut encore parler de chronologie dans ce livre !)*. Mais la voilà ! Et je vais tout vous raconter…

Nous étions à l'automne 2013 *(quand je disais qu'il était vain de parler de chronologie…)*. J'étais en centre de rééducation et je m'apercevais que les trois quarts des patients ouvraient de grands yeux de poisson rouge lorsque je disais le nom de ma maladie. J'essayais de leur expliquer…

C'est une grande dame qui est confiante
C'est une vieille dame pas très marrante
Elle entre sans frapper à la porte
Pas besoin de lutter, elle est trop forte

Et tout d'un coup, tu prends cent ans
Rien d'extérieur mais tout dedans
Ca y est… rien ne sera plus comme avant

Mais ce n'était pas évident et surtout mon champ d'explication était limité aux quelques personnes que je croisais. Je voulais que cette maladie soit plus largement connue, à plus grande échelle. Alors j'ai décidé de faire ce que je savais faire de mieux… j'ai écrit un texte…

Parce qu'il n'y a pas que les vieux qui ont les os
Qui sentent la pluie, l'humidité
Toi, à 20 ans, tu as déjà
Un baromètre pré-intégré

Tout est changeant, personne comprend
Pourquoi ça va et le lendemain pas
Un jour la canne et l'autre sans
Ton énergie qui vient s'en va

Lundi tu marches, mardi tu rampes
Des escaliers, bien accroché
Y'a comme une gêne dans ton gène
Comme un problème dans l'ADN

Une fois ce texte créé, j'ai appelé un ami *(les autres jokers ne collaient pas vraiment !)*. Jimmy Tillier a donc composé la super musique. Je n'avais jamais fait que de la chanson chantée mais pour ce titre, je désirais autre chose. Il fallait que le texte soit mis en avant, qu'il soit réellement écouté par les auditeurs. J'avais trop peur que les gens se disent à la fin : « Tiens, la mélodie était sympa, j'aime bien ce qu'elle a fait avec sa voix à ce moment-là. Pardon ? Ce qu'elle y a dit ? Euh… Je n'ai pas vraiment fait attention en fait ! ». C'est le risque en musique… Alors que le plus important, c'était mon message ! C'est pourquoi j'ai opté pour le slam. Difficile exercice ! On ne croirait pas comme ça mais sincèrement j'ai trouvé ça plus dur que de chanter. Bien placer sa voix, garder du rythme, de l'énergie et une certaine mélodie malgré le texte parlé… Mais c'était drôle à faire cette nouvelle expérience !

Nous avons enregistré le titre chez moi avec son studio d'enregistrement mobile, il a mixé le tout et la chanson était prête. Prête à être présentée ?

J'veux pas nous plaindre, je veux pas geindre
Y'a pas d'objectifs à atteindre
J'vous présente juste une grande patiente
spondylarthrite ankylosante

Non ! Il restait encore du chemin avant qu'elle ne soit entendue.

Nous étions à présent à l'été 2014 et j'avais peaufiné mes idées de clip en abandonnant au fur et à mesure des concepts. Comme l'envie de faire à la base un mini-dessin animé... Trop cher ! Je partais donc sur un clip plus classique *(et aujourd'hui, je suis heureuse que ce choix se soit imposé à moi)*.

C'est en septembre 2014 que j'en ai parlé à Marc Boye, ancien assistant réalisateur sur *Les Mystères de l'Amour* et ami. Je lui ai parlé de mon clip, il m'a proposé de le produire *(il avait monté une boîte de production entre-temps, MBs Productions)*. La seconde partie de l'aventure débutait. Nous avons commencé par coécrire le scénario en nous enfermant deux jours. Deux jours consacrés à construire le clip avec notre imagination. Et pour ne laisser passer aucune bonne idée, nous nous étions dit : « Allez, sans filtre, on dit TOUT ce qui nous passe par la tête ! » Ce qui a donné lieu à des concepts plutôt fous parfois, complètement loufoques aussi ou tout simplement politiquement incorrects *(dont je ne dirai rien, ne cherchez pas !)* mais en tout cas, on a bien ri. Et au milieu de toutes ces bêtises, les idées finales prenaient forme.

À aucun moment, nous n'avons réfléchi à la facilité de réalisation *(désolée Aurélien... Vous le rencontrerez plus tard dans ce chapitre !)*, on se disait que l'on trouverait des solutions. *(On a quand même dû abandonner l'idée de faire glisser notre comédienne principale sur une rampe d'escaliers. Même si jusqu'au bout on s'est demandé si ce n'était pas possible !)*

Sont donc nées les scènes les plus difficiles du tournage mais ça, j'en reparle après ! Pour l'heure, on se focalisait sur le fait de raconter, en image, le texte de ma chanson...

Le quotidien, c'est talonné

Encore faut-il pouvoir le poser
Se lever le matin pour vous, c'est rien
Pour nous ça reste très incertain

Le dérouillage de la machine
Comme un diesel à faire chauffer
Pour qu'il y ait quelqu'un dans la vitrine
Ça prend du temps... faut décoincer

Cette fausse clubbeuse, cette folle junkie
Elle aime la nuit, les insomnies
spondy by night, spondy tonight
« Laisse-moi tranquille ! », 3 heures du mat'...

Une fois le scénario bouclé, nous avons porté de multiples casquettes...

Nous avons déposé de nombreuses demandes de financement. Peu de retours mais nous ne perdions pas espoir.

La région Picardie nous a accordé une aide conséquente, ainsi que l'entreprise SIMP, et des mécènes particuliers.

Mais, toujours en manque d'argent pour pouvoir réaliser le clip, nous avons lancé une cagnotte de financement participatif qui a fonctionné au-delà de nos espérances puisque cela a permis de finaliser le budget. Je ne remercierai jamais assez toutes les personnes qui ont généreusement donné pour que ce projet puisse voir le jour. Merci !

Marc s'est ensuite chargé du recrutement de l'équipe technique et du matériel pour le tournage. Nous avions Guy Famechon en directeur de la photographie qui a fait un super boulot, Enzo Fournier au maquillage qui était au top, Siamak Haidar qui nous a fait de magnifiques photos de plateau, Moïse Boye qui a fait tout ce qu'il était possible de faire et Claude Cormier qui nous a fait don de son immense talent de danseur ! Et bien évidemment, le réalisateur, merveilleux et plein d'idées extra, Aurélien Sallé qui a donné vie à notre scénario d'une manière encore plus belle que je ne pouvais le rêver !

J'ai de mon côté fouiné pour trouver les accessoires *(mon père a même créé la fameuse cellule de prison avec un système pour qu'elle puisse s'ouvrir et tomber... trop fort !).*

J'ai cherché à droite et à gauche les décors et nous avons finalisé les repérages avec Marc et Aurélien. Nous avons ainsi pu tourner chez mes grands-parents (ferme et pré), chez ma tante et mon oncle, dans le magasin paramédical Pointin et dans les rues de Montdidier et de Saint-Just-en-Chaussée.

Nous avons eu le soutien inestimable de l'Atelier Couture Garcia pour mes costumes *(des doigts de fées !)* et des pompiers de Saint-Just-en-Chaussée pour créer la pluie *(ce qui les a bien fait rire de nous pourrir quand on flippait, car la caution de la caméra était de 10 000 € !).* JLA Productions nous a prêté les lumières.

Les figurants étaient tous bénévoles, ma mère est devenue régisseuse repas, mon père et mon frère régisseurs plateau.

Tout était ficelé excepté l'essentiel... à un mois du tournage, il nous manquait toujours notre comédienne principale. Oups !

Nous avions une idée précise de la personne et nous ne trouvions pas. Au hasard d'une discussion, j'en ai parlé à un pote et lui ai décrit ce qu'on recherchait. Et là, il m'a dit : « Je connais cette personne ! » C'est ainsi que nous avons rencontré Suzanne Garnier, 88 ans.

Avec Marc, nous étions dans la pièce depuis cinq minutes que nous savions déjà que c'était ELLE, nos regards brillaient. Elle n'avait jamais joué la comédie mais notre projet la touchait. Elle a exigé de jouer gracieusement et nous a offert une prestation scénique merveilleuse. Naturelle, juste, elle était faite pour ça !

Toute l'équipe a adoré la rencontre avec cette femme incroyable qui accepte encore de nouvelles aventures à son âge et je pense pouvoir dire qu'elle aussi a adoré faire partie de l'équipe pendant les trois jours de tournage.

Tout était donc fin prêt et nous avons pu tourner en temps et en heure en mai 2015.

La semaine avant le tournage, il n'arrêtait pas de pleuvoir. Je ne cessais d'appeler Marc en stress *(j'ai beaucoup appelé Marc pendant cette période de préparation, je lui ai textoté des choses à faire, mailé des infos... tant et si bien qu'il a fini par m'appeler Chef!)*. Par rapport à la pluie, lui, il restait cool. Il me disait « T'inquiète, je ramène le soleil ! » Euh, OK...!

Et il a tenu parole. La veille, grand soleil. Le pré a même eu le temps de sécher et heureusement, car nous devions amener un piano demi-queue *(prêté par un agent immobilier)* au milieu du pré avec un gros camion... pas le moment de s'embourber !

Il a fait si beau le jour J que j'ai pris un petit coup de soleil sur les épaules et les deux jours suivants, je crevais de chaud sous ma cagoule noire. Improbable !

Le tournage s'est super bien passé. Tout était réglé comme du papier à musique, tout était cadré et prévu.

Quelques scènes ont été chaotiques, mais ce sont en définitive les plus belles à mon goût... Le gâteau qui explose ou quand un figurant crache à la tête de l'autre la chantilly qu'il a stockée dans sa bouche *(désolée Tony!)*, les pop-corn qui retombent en médicaments *(désolée à ma tante et mon oncle pour le désordre... et aussi à mon autre tante et ma cousine qui se sont décarcassées à désoperculer tous les médicaments, périmés bien évidemment!)*.

Et la journée, tu deviens narco
Tu dors debout... enfin pas trop !
Plutôt vautré dans le canapé
Où tout ton corps est pré-moulé

Et les médocs, les injections
Les mouvements de rééducation
Et les traitements et le kiné
T'as pensé à ton RDV ?

Toutes les scènes ont été filmées avec brio. Quelques semaines plus tard, Aurélien nous montrait le résultat final. J'étais tellement émue !

Nous avons fait une merveilleuse avant-première à Tricot dans l'Oise en juin 2015 et en novembre 2015, le clip sortait. Les gens découvraient la chanson « Grande Patiente » !

À bout de souffle, tu cherches ton souffle
Pour la souffler loin de tes contrées
Mais elle revient en pleine bourrasque
Juste pour parer ton rire d'un masque

Chez les amis, ça se vide pas mal
La maladie, c'est pas génial
Faudrait pas leur voler du temps
La part de rêve a foutu le camp

La solitude, tu l'apprivoises
Mais le plus souvent, tu la toises
Elle est vicieuse la malheureuse
Elle est fumeuse la tueuse

Elle te tue dans le silence
Dans la douleur et dans la peur
T'as plus qu'une espérance
Un message sur ton répondeur

Mais heureusement il y a aussi
Ceux qui t'appellent et te rappellent
Qu'au-delà de la grande tuerie
Il reste plein d'amour pêle-mêle

Et puis tu deviens content de rien
Semelles ortho, nouveau coussin
Tu t'imagines la grande marrade
Pour dix minutes de balade

Le clip a été mis sur Youtube et j'ai créé une page Facebook *(Coralie Caulier – Grande Patiente, elle existe toujours. Venez si ce n'est pas encore fait !)*. Les vues ont grimpé et les retours positifs aussi. Avec la Fondation Arthritis, nous avons mis en place une opération ponctuelle sur Facebook « Un clic j'aime la page = 1 € pour la recherche » et mon affiche a eu le droit d'être placardée dans 2000 Abribus de France ! La presse écrite s'est intéressée au projet et j'ai aussi fait quelques radios et télés *(dont le Jacky Show s'il vous plaît !)*.

Les comédiens et comédiennes des *Mystères de l'Amour* m'ont aussi fait des vidéos de soutien du tonnerre !

Et pour clore le tout, Jean-Luc Azoulay m'offrait la possibilité de revenir dans la série et d'y intégrer mon histoire ! Ne pouvant tourner comme avant, nous avons conclu que cela ne serait que pour une dizaine d'épisodes et que le planning serait adapté (ce qui a été merveilleusement fait). J'ai eu un droit de regard sur le scénario afin que tout ce qui était dit sur la spondy soit véridique et j'ai repris mon rôle d'Angèle qui revenait malade, avec une SPA, et qui voulait faire une chanson, « Grande Patiente ». Ce cadeau a permis de mettre une lumière énorme sur le projet et j'en suis très reconnaissante !

De nombreuses associations sur la spondy ont relayé le clip. Je souhaitais depuis le départ rester un électron libre par rapport aux associations. Elles l'ont toutes compris et je suis ravie d'entretenir, encore aujourd'hui, une très bonne relation avec tous ces organismes.

Des médecins m'ont avoué qu'ils ne voyaient plus les choses de la même façon et que cela modifierait leur prise en charge. Juste waouh !

J'veux pas nous plaindre, je veux pas geindre
Aucun objectif à atteindre
J'vous présente juste une grande patiente
Spondylarthrite ankylosante

Et il y a eu vous tous, tous les gens qui m'ont fait des messages à me tirer les larmes. Des beautés de mots à la pelle ! Des mercis auxquels je ne m'attendais pas, des témoignages poignants, un besoin comblé… Nombreux ont été ceux à me dire que cette chanson avait permis de renouer un meilleur dialogue avec leurs proches, et ça, c'était le plus beau des retours que je pouvais espérer !

Alors cette page Facebook qui regroupait plus de 12 000 personnes et qui devait être à l'origine éphémère est devenue permanente et je continue à échanger avec vous tous depuis ces trois années !

La vie est belle…

Vous voulez du gore ?

Lors de la promo de ma chanson, tout n'a cependant pas été rose. J'ai en effet été confrontée à un sacré problème...

— Désolé, Mademoiselle, mais votre projet est trop positif.

— Euh... C'est-à-dire ?

— C'est-à-dire que c'est trop positif pour que ça fasse vendre. Sur notre chaîne, les gens attendent des infos chocs, des trucs trash. Vous, avec votre chanson qui respire l'espoir, ça tombe à plat. On ne va pas pouvoir en parler...

— Vous voulez dire que j'aurais plutôt dû dire « Aux prémices d'une carrière artistique, elle est stoppée en plein élan à cause d'une terrible maladie » ?

— C'est l'idée, oui.

Et si je me mets toute nue ?

Chapitre 38

Vous avez compris l'idée, je pense. Les médias aiment le choc et j'ai réellement eu ce genre de réponses ! Incroyable, non ? Et pourtant vrai. Ma maladie n'est pas assez spectaculaire pour faire vendre. C'est horrible mais c'est aussi une réalité. L'invisible ne défraie pas les tabloïds !

En même temps, si tout avait été parfait, ce ne serait pas drôle. Et ça fait un moment qu'on ne s'est pas marrés, non ? Alors… Qu'est-ce que j'ai en stock pour vous… Il y a des radios qui souhaitaient « profondément » parler de maladie et de handicap mais qui ne voulaient pas trop s'adapter pour autant. Quand c'était loin et que je disais que les déplacements m'épuisaient beaucoup et que l'on pourrait faire ça en direct par téléphone *(plusieurs ont accepté et c'était chouette !)*, elles refusaient en me disant que cela allait contre l'éthique de travail de l'animateur. Quand tu veux parler d'une maladie pour avoir un sujet afin de remplir ton émission, aie au moins la décence de t'adapter aux contraintes de ladite maladie. Minimum, non ? Il existe aussi par exemple des artistes handis, enfin un artiste handi *(dont je tairai le nom)* qui le dit haut et fort et s'en sert même pour son image publique et pourtant quand tu sollicites un rendez-vous professionnel, tu t'entends répondre par l'attaché de presse *(véridique)* que ce dernier n'aime pas trop les malades et en a marre d'y être constamment associé. Tu penses bien évidemment à une blague mais quand tu le rencontres à une avant-première d'un court-métrage et qu'il te snobe avec dédain et mépris, tu restes atterrée ! Oh tu as de la chance que je taise les noms toi… quoique… avec ton succès, tu peux bien allonger… disons 100 000 € pour l'anonymat et pour la bonne cause ?! Bah ouais, j'aime pas les handis cons, parce que oui, ça existe, c'est comme partout !

Ah là là, que de péripéties... Vous en voulez encore ? Bon, OK... Par exemple sur les réseaux sociaux...

Même si la majorité des gens sur Facebook ont été adorables avec moi, j'ai eu malgré tout droit à quelques attaques en règle !

Des réflexions du genre : « C'est bien sympa de nous faire partager ça, mais ce qui est frustrant, c'est que tu ne réponds jamais aux questions. » Mais promis, les amis, je fais toujours tout ce que je peux *(cœur cœur < 3)*.

Ça me prend un temps fou ainsi que pas mal d'énergie *(qui est limitée comme vous le savez !)* mais j'aime prendre le temps de répondre avec attention *(avec le super soutien de l'équipe Grande Patiente !)*.

J'ai aussi été mordue par ce type de commentaires : « Bien sûr, ELLE, elle a accès à tout ça... ». Mais non, je ne suis pas Madonna et les privilèges ne sont pas mon quotidien !

Je me suis battue pour trouver les bons médecins, le bon centre de rééducation... Ce n'est pas mon nom *(qui soit dit en passant, ne vaut rien !)* qui fait que je suis bien suivie mais réellement le fait que je sois à fond actrice de ma santé. C'est fatigant, c'est vrai, mais je m'implique et j'ouvre moi-même des portes ! Alors, allez-y aussi, je vous fais confiance !

Au début, ce genre de réflexions négatives me blessait, m'affectait profondément *(car j'y mets tout mon cœur)* et forcément je bouillais *(j'avoue que ça m'arrive encore mais depuis j'ai pris pas mal de recul)*.

Avec la sagesse et l'apaisement de mes proches, j'ai réussi à m'en détacher. On ne peut pas plaire à tout le monde !

Je trouve juste parfois dommage que certains malades se critiquent entre eux, se jugent. Je pense sincèrement que souffrir des à priori des autres devrait nous amener à renier nos propres préjugés. Ce n'est malheureusement pas toujours le cas. Alors tolérance et bienveillance, les amis !

Heureusement, vous êtes une très grande partie à être au top du top et J'ADORE échanger avec vous ! Ces quelques exemples ne dépeignent pas la majorité mais je voulais juste partager cela avec vous. On se dit tout ;-)

Ce qui est drôle, c'est que ma passion pour l'astronomie *(arrivés à ce stade du livre, je pense que vous l'aurez compris !)* me permet de mettre tout cela en perspective. Que sommes-nous, si ce n'est un infime grain de poussière dans l'immense mécanique de l'univers ? Lorsque l'on regarde le ciel, que l'on se représente l'immensité à peine imaginable de tout ce qui nous entoure, de tout ce qui nous a précédé et de tout ce qui nous succèdera, on prend conscience de sa petitesse.

Et ça fait du bien, de n'être rien, tout en faisant partie du tout…

Et ça continue encore et encore…

Le positif dans cette histoire est le plus important. Je ne regrette rien, car c'est extra ! Car quand on a « que » l'amour, on ne marche plus seul. Et grâce à cette page Facebook devenue un banc public, adieu la solitude de l'aigle noir.

J'me voyais déjà continuer sans fin, aller au bout de mes rêves.

Car oui, c'est écrit… C'est que le début, d'accord, d'accord !

Chapitre 39

Ce projet « Grande Patiente » n'est en effet que du bonheur. Et je ne parle plus que de la chanson car « Grande Patiente » est devenu plus que ça encore !

Tout d'abord, une association. Pas une association de patients car il en existe déjà plusieurs qui font du super boulot mais plutôt une association support pour nous permettre de mettre en lumière la spondylarthrite ankylosante. Un logo a d'ailleurs été créé par Céline Harel et ce dernier est notre marque de fabrique à présent. Je continue ainsi à propager mes messages, mes explications…

Je fais vivre la page Facebook en impliquant tout le monde positivement autour de petits jeux ; *Dessine ta spondy* ou encore *Le logo en photo dans tous ses états*. Bref, c'est une véritable communauté qui s'est progressivement construite.

Mais je ne suis pas seule dans ce beau combat…

Nous avons par exemple, avec Patrick, un professeur de yoga, organisé en mai 2017 un stage gratuit « yoga et sophrologie » adapté aux spondys. Ce dernier avait été financé par un autre stage que des valides avaient payé. Une cohésion valides-invalides dans l'entraide bienfaisante. Ce fut un moment magique !

Il y a mon frère aussi. Il y a mon frère surtout ! En 2017, il a décidé de mettre à profit son talent de sportif pour faire connaître la SPA. Le projet « Quand un frère prête ses jambes à sa sœur » a vu le jour et Baptiste s'est donc mis à courir aux couleurs de Grande Patiente. Je l'accompagne depuis sur les épreuves pour communiquer sur la spondy *(et pour l'encourager bien sûr !)*. L'idée principale est de faire voyager les messages d'espoir, de courage et d'optimisme. Une notion d'entraide, de solidarité fraternelle et de vie !

Mon frère s'investit, démarche et fait même des interviews avec moi. J'en ai de la chance, n'est-ce pas ?

Peu à peu des amis coureurs se sont greffés au projet et ont décidé d'apporter également leur soutien à la cause : Romuald, Julien, Alexandre… Avec des objectifs futurs de courses et d'événements.

Des partenaires ont rejoint l'aventure ; PAO Publicité Beauvais avec Ludovic, Foulées Nogent Oise avec Julien et Aptonia de Décathlon *(merci Alexandra !)*. C'est magique quand même ! Ce projet familial s'épanouit plus largement encore et j'en ressens tellement de gratitude…

Et puis il y a l'écriture de ce livre… que vous êtes en train de lire !

Comme tous les grands artistes de ce monde, l'écriture m'est tombée dessus par hasard. Je ne voulais pas écrire mais un stylo m'est arrivé dans les mains, comme venu de nulle part et je me suis dit : « Tiens, un stylo ! ». Alors j'ai pris une feuille, posé la mine sur le papier, formé des lettres puis des mots et enfin des phrases… L'aventure commençait. J'écrivais, sans l'avoir voulu mais en le voulant très fort !

Bon j'arrête de faire ma cynique sur tous ces artistes qui se disent arrivés là où ils sont par hasard et je redeviens sérieuse.

Ce livre, je l'ai voulu. J'avais commencé à l'écrire il y a quelques années mais le ton que j'employais ne me plaisait pas, sans parvenir pour autant à le changer. J'étais encore trop en colère et cela se ressentait dans chacun de mes mots. Je ne voulais pas transmettre ce message-là. Alors j'ai stoppé l'écriture de ce livre et j'ai attendu d'être prête.

En janvier 2017, j'étais prête !

J'ai rempli des carnets d'anecdotes. Je disais à mes proches de participer avec leurs souvenirs. J'ai commencé la rédaction de ce bouquin qui m'a fait rire, qui m'a arraché aussi quelques larmes à certains passages et que j'ai adoré écrire *(et que j'adore toujours au présent puisqu'à l'heure où j'écris ces lignes, il me reste encore quelques chapitres !)*.

Je me suis aussi retrouvée avec les mains gonflées et douloureuses pour avoir écrit trois chapitres d'affilée (*en oubliant que j'avais la commande vocale! note à moi-même, je crois que je l'ai déjà dit... tant pis, ça fera office de piqûre de rappel).*

Mais j'ai aimé plus que tout me retrouver à mon écritoire *(cadeau de mon frère, vous vous souvenez? Décidément, il est parfait!).* Ce livre est une nouvelle grande aventure... que je veux réussir!

D'ailleurs, je stresse à chaque fois que je fais lire mon travail du jour à ma mère. Je guette ses expressions, ses sourires, ses rires aussi parfois et ses émotions. Elle lit, je l'observe!

J'ai voulu écrire ce livre en espérant que sa lecture aiderait les malades, leurs proches et tous les autres à mieux se comprendre au travers des différentes explications, exemples... Mais aussi dans la fébrile conviction que ces écrits permettraient peut-être à ceux dans la même situation que moi de se sentir un peu moins seuls en constatant que nous sommes tous dans le même bateau.

J'espère sincèrement que ce livre vous plaira à vous lecteurs. Que vous passerez un moment agréable. Certains d'entre vous découvriront ma maladie et ma vie avec, d'autres se reconnaîtront sûrement quand d'autres encore percevront entre ces lignes le quotidien de leur proche atteint. J'espère que chacun y trouvera son bonheur et son plaisir.

Pendant l'écriture de ce livre *(en ce moment, celui où j'écris avant ce moment où vous êtes en train de le lire, vous commencez à comprendre le schmilblick!),* j'ai communiqué, sur ma page Facebook, sur les différentes étapes de sa création et vous êtes nombreux à m'avoir encouragée, à m'avoir transmis votre hâte de le lire. Certains m'ont proposé de l'aide pour l'édition, d'autres ont témoigné leur envie d'organiser des événements de présentation à sa sortie. Quelle transmission d'énergie! Quel plaisir extrême de ressentir cette attente, d'avoir l'émotion suprême de pouvoir me chuchoter dans les instants de doute: « Quelles que soient tes craintes, tes peurs concernant ce livre, accroche-toi, Coralie. Il est attendu. Tu le leur dois à présent! ». Et pour ce fabuleux soutien, je ne peux que vous dire « Merci! »

Nous sommes en février 2018 quand je tape ces mots sur mon clavier et j'espère que l'édition de cet écrit se fera rapidement, même si j'ai appris à vivre tout doucement avec le temps.

Je suis malade mais ce livre n'est pas un SOS d'une Terrienne en détresse, je veux juste vous parler, en toute intimité.

Et que l'on finisse tous par croire en notre bonne étoile…

Terrien
Juste une poussière
Dans un système solaire
Une chose mystérieuse
C'est rien
On est tous un peu flous
Pas sûrs de nous du tout
Dans la nébuleuse
Ce soir
En regardant les étoiles
J'ai vu dans le ciel
Quelque chose qui brille, brille, brille
À la belle étoile
Quelques étoiles filantes
Et toi la bonne étoile
Autour de toutes ces figurantes.

Je vous M !

Commode surprise

La spondylarthrite ankylosante, c'est comme une commode surprise… Tu ne sais jamais vraiment ce que tu vas trouver en ouvrant un tiroir.

Il y a des découvertes à faire pâlir d'horreur, et d'autres à faire rougir de plaisir. Vous ne me croyez pas ? « Oh tiens, un… »

Bah non, je ne vais pas vous le dire, sinon je vais gâcher la surprise !

Chapitre 40

Je crois qu'à ce stade du livre, vous n'avez plus rien à apprendre sur les surprises à faire pâlir d'horreur avec la commode de la spondy *(quoique...)* mais j'ai bien senti votre doute poindre lorsque j'ai évoqué les surprises à faire rougir de plaisir. Et pourtant, je vous le promets, je vous le jure, je crache sur cette page s'il le faut *(oui oui je l'ai fait, juste là, sous votre pouce !)*. Ces rougeurs de plaisir sont provoquées par un aspect de la vie plutôt magique... Les belles rencontres !

Dans la vie, il y a deux styles de personnes. Il y a les « T'as déjà essayé le... » et il y a les autres.

Le premier groupe adore jouer à un petit jeu lorsqu'ils trouvent que tu n'as pas l'air si malade et qu'un rien devrait te faire aller mieux *(il suffit d'y mettre un peu de bonne volonté, quoi !)*. Ça donne des trucs du genre : « T'as déjà essayé le curcuma ? » *(Une simple cuillérée par jour pourrait facilement remplacer tous les traitements avec ses fortes vertus anti-inflammatoires... Mais pourquoi personne n'y a pensé avant !)*, « T'as déjà essayé la méthode du non-mouvement en mouvement fort doux en force douce ? », « T'as déjà essayé le Macha aux bienfaits sur le système immunitaire ? », « T'as déjà essayé le lâcher-prise contrôlé ? », « T'as déjà essayé le... » Vous avez compris les règles ! « Ah non parce que ça c'est sûr, ça va te changer la vie ! »

Le second groupe, les autres, ce sont eux mes belles rencontres...

Tout d'abord, tu as tes rencontres pré-maladie, des rencontres qui n'ont pas fui, qui n'ont pas démissionné ni abandonné le jeu en cours de partie. J'ai de la veine d'avoir un noyau solide ultra méga cool de la mort qui tue !

J'ai des parents *(première rencontre forever!)* qui s'investissent à 3 000 % dans mon bien-être, mon frère est un frangin ultra-présent et mes grands-parents se sont toujours mobilisés chaque fois que j'en ai eu besoin. J'ai une chance inouïe, une chance que bien d'autres n'ont pas comme certains me l'ont témoigné dans de nombreux messages sur ma page Facebook.

J'ai aussi des cousines au top *(notamment une qui vend très bien Tonmimar et l'autre qui se barbouille le visage de crème en plein magasin avec une fausse manip'... Oh oui, j'ai beaucoup de chance... !)*. Il faudrait d'ailleurs compter le nombre d'heures que j'ai passé dans le canapé à bavarder *(à commérer parfois aussi je l'avoue !)* avec ma cousine Lucie et le nombre de fois où ma cousine Mag s'est investie activement dans mon combat !

J'ai de grands amis ! Je les ai un peu chahutés dans ce livre en faisant parfois état de leurs bourdes ou des accrochages que les incompréhensions de la maladie peuvent parfois produire mais c'est de bonne guerre car ils savent que je les aime *(et je ne parle pas de ceux à la fameuse soirée avec mes « amis de jeunesse » pas de pitié pour les c... Croissants quoi !)*.

Pour l'anecdote, il y a des moyens de savoir si tu as de vrais amis, qui te comprennent totalement. Comment ? Avec les cadeaux d'anniversaire...

Pour mes 25 ans, un couple d'amis et leurs deux filles m'ont offert un cadeau inouï, un cadeau on ne peut plus ciblé, un cadeau qui, à lui seul, prouvait jusqu'à quel degré ils avaient cerné ma vie, mon quotidien et mes besoins. Cinq ans plus tard, je l'utilise toujours *(quotidiennement !)* et ô combien je le chéris. C'est ? C'est ? Un plaid ! Une couverture en matière polaire ! Élément ultime et primordial d'une vie où le canapé a une importance certaine. Voilà comment on reconnaît de vrais amis.

Ensuite, tu as tes rencontres post-maladie. Quelques nouveaux amis ont rejoint la croisière lors d'une escale et ça c'est plutôt cool !

J'ai eu aussi la chance de pouvoir discuter avec de nombreuses personnes ayant également la spondy, ce qui m'a considérablement enrichie. J'ai ainsi eu la belle émotion de rencontrer une jeune lors d'une conférence qui pleurait en me disant que Grande Patiente avait changé sa vie, une maman qui me demandait conseil pour accompagner son fils malade au mieux… J'ai rencontré un Bordelais super sympa avec qui je continue d'échanger amicalement. J'ai fait la connaissance de tas de gens dans le milieu médical, paramédical, associatif et médiatique.

J'ai fait des interventions auprès d'étudiants infirmiers dont l'attention, l'écoute et l'investissement m'ont touchée. *(J'ai quand même parlé de la spondy pendant trois heures !)*

Des jeunes *(parfois très jeunes, avec leur institutrice !)* m'ont contactée pour des exposés, des TPE, des concours d'articles et autres travaux scolaires.

J'ai été reçue par des équipes extra pour des émissions, comme chez We Are Patient par exemple, pour parler de la pathologie sans filtre et avec optimisme.

J'ai eu l'immense plaisir de rencontrer Philippe Croizon qui m'a reçue dans sa loge comme une vieille pote et avec qui j'ai le bonheur d'échanger encore quelques mots de temps en temps.

Et parce que toutes ces belles rencontres sont souffle de vie, il faut toujours continuer de se battre avec force, positivisme, courage, hargne et passion ! On n'est jamais seul.

La liste des importances

1-…
2-…
3-…
4-…
5-…
6-…
7-…

Chapitre 41

On a tous une liste de nos importances, elle est cruciale.

Cette liste évolue avec le temps, avec le déroulé de la vie, ses étapes et ses épreuves. Ma liste d'avant aurait regroupé la danse, le sport, la scène et les randos. Elle a bien changé. Mais l'essentiel n'est pas tant ce qu'il y a dans cette liste, mais plutôt d'en avoir une.

Quand on tombe malade, on peut avoir tendance à mettre sa maladie au centre de sa vie et à occulter tout le reste, comme si plus rien d'autre n'avait d'importance. C'est malheureusement le meilleur chemin pour arrêter de vivre !

Il faut garder d'autres préoccupations, d'autres centres d'intérêt que sa santé. Rien n'est plus important que la santé, c'est indéniable, mais quand cette santé est vacillante, il est tout aussi primordial de se raccrocher avec joie à d'autres importances.

Je vous livre quelques-unes des miennes...

- L'importance de se faire plaisir, de toujours continuer à se faire plaisir et à faire plaisir. Le plaisir, c'est la vie !
- L'importance des petites choses du quotidien, comme le bonheur de sentir mon chat se lover dans mon cou et ronronner si fort de plaisir *(encore lui !)* que je n'entends plus ce qui se dit à la télé !
- L'importance de l'amour de ses proches, de sa famille, de ses amis. De partager !
- L'importance d'accepter sa vie et ce qu'on est devenu. S'aimer !
- L'importance de ne pas en vouloir à la Terre entière parce que déjà ça fait beaucoup et qu'en plus ça ne sert à rien !

- L'importance de gérer ses petits deuils de la spondy au quotidien. Apprendre la perte avec philosophie, que ces deuils soient minimes ou monumentaux. Seul le temps d'acceptation change.
- L'importance d'avoir toujours dans sa voiture une chaise pliante, au cas où ! *(En fait une spondy c'est comme un bébé, ton coffre est toujours rempli à ras bord à chaque déplacement avec le matériel adéquat pour toutes situations !)*
- L'importance capitale de faire des siestes *(même s'il arrive parfois que je me sente coupable de dormir quand tout le monde travaille... pas simple de faire la sieste en toute impunité !)*
- L'importance d'arrêter de culpabiliser bêtement et surtout inutilement *(tiens tiens !)*.
- L'importance d'écrire et de remplir mes innombrables carnets *(ah j'en fais de l'ergothérapie en écrivant !)* en ressentant tous les bienfaits de poser des mots sur des questions, des sensations, des peurs, des émotions...
- L'importance d'accepter profondément de ne rien faire, vivre les temps morts avec bienveillance *(sinon c'est l'ennui, la colère et la frustration assurés et les journées deviennent bien longues dans ces cas-là !)*.
- L'importance et le bonheur du quotidien, de la routine. Si si, je vous assure ! Ça signifie que tout va bien, que rien n'est venu gripper le rouage.
- L'importance de faire disparaître progressivement cette idée de boulet inexistant que l'on peut imaginer imposer à chaque personne qui nous côtoie !
- L'importance de trouver des médecins avec qui on se sent bien. C'est primordial ! Il ne faut donc pas hésiter à changer si nécessaire.
- L'importance d'un bon festin *(même de la malbouffe, oh oui !)*, d'un verre de vin ou deux *(même si depuis le Tréxamétro, je supporte beaucoup moins bien l'alcool... la vie est trop injuste !)*.
- L'importance de ne pas être injuste avec la vie *(tiens tiens encore !)*

- L'importance de ne pas se plaindre *(tout le monde s'en fout !)*.
- L'importance de regarder la nature et de s'en nourrir.
- L'importance de continuer à rêver avec débilité qu'on pourra un jour transposer son âme dans un corps en pleine forme *(et être assez stupide pour se laisser croire que cela arrivera de son vivant... eh oui !)*.
- L'importance de rêver de l'imminence d'un traitement miracle, les jours où le point juste au-dessus semble inatteignable.
- L'importance de vibrer, pour tout et n'importe quoi.
- L'importance de danser, même si ce n'est que dans le cœur et non avec le corps.
- L'importance de chanter, de chuchoter ou de crier.
- L'importance d'avoir toujours de la crème solaire !
- L'importance de lire, d'ingérer goulûment des quantités astronomiques de mots.
- L'importance de pleurer comme une madeleine devant des films et des séries !
- L'importance de ne pas fouiller dans le congélateur ou de tenir l'assiette à la sortie du micro-ondes *(depuis la spondy, je ne supporte plus du tout les températures « extrêmes ». Encore un mystère...)*
- L'importance de ne jamais avoir honte, surtout de soi-même.
- L'importance de rêver, de croire en ses rêves et de tout faire pour les réaliser.
- L'importance d'avoir des modèles de vie *(Jeannine Leroux, Stephen Hawking ou encore Helen Keller sont les miens, même si l'Histoire ne leur accordera pas à tous la même place)*.
- L'importance de prendre le temps, de vivre l'instant *(OK, ça fait cliché mais c'est vrai !)*.
- L'importance de méditer et de s'écouter.
- L'importance de continuer à rêver d'une journée sans douleurs... et plus si affinités ! *(Ça fait près de dix ans que j'espère !)*

- L'importance de regarder les étoiles et de se rappeler que nous sommes tous faits de leur poussière.
- L'importance d'aimer, de détester, de pester, de rire, de pleurer, de respirer. DE VIVRE !

Je suis certaine que j'aurais pu continuer ainsi longtemps, j'ai plein d'importances ! Car j'aime vivre intensément, même quand je suis au fond de mon lit. Mais je crois que vous avez compris le principe. Mes importances à moi n'ont pas vraiment d'intérêt pour vous, ce sont les vôtres qui comptent.

À présent, à vous de remplir votre liste. Et surtout de vivre vos importances avec passion !

« Que la vie en vaut la peine »

Chapitre 42

Le titre de ce chapitre est celui d'un poème *(merveilleux)* de mon auteur favori, Louis Aragon. De ce poème a été extrait un vers qui est devenu le titre d'un livre de Jean d'Ormesson, *Je dirai malgré tout que cette vie fut belle.* Magnifique… C'est aussi le dernier message de ma tante Jeannine, qui s'est éteinte après avoir lutté quinze ans contre le cancer avec une force incroyable. Après son décès, dans sa bibliothèque, ce livre était posé, couverture face à nous *(et non le dos du livre comme les autres)*. La connaissant, ce n'était pas anodin. Au-delà de la mort, elle nous confiait ce beau message.

Ce message, nous devons nous le rappeler chaque jour, quels que soient les épreuves ou les moments de doutes et d'angoisses. Il faut se rappeler chaque jour que, quoi qu'il arrive, à la fin, nous voulons pouvoir dire que « cette vie fut belle », malgré tout.

Je ne minimise pas les difficultés. J'ai moi-même des moments d'angoisse, de colère, qui ressurgissent sans crier gare. J'essaie toujours de supporter au mieux la maladie et ce corps de 1 000 tonnes mais, comme tout le monde, parfois, je suffoque. Comme si elle m'étouffait et que je prenais cruellement conscience de son aspect permanent. Dans ces moments-là, le reste de la vie à parcourir peut sembler long, très long. Heureusement le bonheur de vivre, même différemment, reprend toujours le dessus. Mais ces phases existent et je ne voulais pas les dissimuler.

Dans toute maladie, il peut arriver aux patients d'avoir des idées noires. Ne vous blâmez pas si c'est votre cas, mais faites-vous aider. Ce n'est pas une honte ni un échec. Je ne dirai pas aux proches d'être vigilants avec un malade qui vit une période fragile car il ne s'agit pas de reporter la responsabilité sur autrui, mais de rester à l'écoute.

Et vous, personnes malades, ne passez pas votre temps à minimiser ! Il est déjà difficile pour les gens de comprendre profondément la difficulté de cette maladie invisible ou bien celle de devoir rester cloîtré chez soi, alors si on n'explique pas vraiment… Les gens ne pourront pas se mettre à votre place, c'est impossible : donnez-leur au moins les clefs pour vous comprendre un peu.

De mon côté, j'ai toujours voulu paraître vive et souriante : du coup, certains ne pouvaient pas réaliser à quel point ce que je vivais était difficile à endurer. Je m'en accoutumais si bien… Je ne dis pas qu'il faut se plaindre *(vous savez bien que je déteste ça !)*, mais ne pas trop enjoliver non plus. Cela m'a valu bien des incompréhensions !

Je maintiens donc que *malgré tout* la vie est belle. Et le maître-mot pour qu'elle soit merveilleuse est ADAPTABILITÉ ! Je m'explique…

On abandonne inévitablement des choses à cause de la spondy mais beaucoup d'autres peuvent être adaptées. Je ne ferai plus de balayages chez le coiffeur tant l'épreuve du bac est douloureuse mais peu importe, je me fais des chignons ! Et le jour où ma nuque est trop sensible pour en supporter le poids ? Je laisse mes cheveux relâchés. Adaptabilité !

Je ne peux plus faire ma crâneuse en conduisant à une main mais j'ai la satisfaction de la bonne élève les mains à 10 h 10 sur le volant ! Adaptabilité ! *(J'avoue ne pas avoir trouvé cependant d'adaptation contre l'horripilante démultiplication des ralentisseurs qui font douloureusement résonner toute la colonne vertébrale… si ce n'est de rouler à 15 à l'heure !)*

J'ai également trouvé la parade contre la nouvelle mode du moment, c'est-à-dire « debout » *(Ah cette nouvelle mode du tout debout… Apéro dînatoire debout, débat debout, goûter debout et j'en passe…)*. La position statique debout étant trop difficile, je m'asseyais et donc passais mon temps à voir… des fesses !!! Alors, depuis, j'ai investi dans une sorte de canne-siège qui permet d'être plus à la hauteur des autres, sinon c'est fou le nombre de fois où on te tourne le dos et « Ah désolé, je t'avais pas vu ! ». Adaptabilité !

Oui, j'adore l'odeur du papier, sentir les pages d'un livre est ma madeleine de Proust à moi *(ah, le petit salon du livre que l'on organisait chaque année dans mon école primaire…)*, mais pour les gros bouquins trop lourds, à présent, je les lis sur liseuse plutôt que de passer à côté. Adaptabilité !

Avant de vous noyer d'exemples, je vais vous livrer ma plus belle histoire d'adaptabilité. En 2012, j'étais au fond de mon lit *(ma fameuse C.R.I.S.E., vous vous souvenez ?)*.

Je suis tombée sur une émission à la télé à propos d'un jeune homme, Ismaël, qui s'était fait amputer d'une jambe… et qui surfait. Il parlait de son association, Vagdespoir, avec laquelle il proposait du surf adapté à chaque handicap. Percluse de douleurs et de fatigue, je me suis tout de même dit : « Un jour, je le ferai ! » Le temps est passé mais l'idée est restée dans un coin de ma tête, comme un challenge secret.

En 2015 est sortie ma chanson et je l'ai postée sur la page Facebook de Vagdespoir. Ismaël l'a commentée positivement et nous avons entamé le dialogue. Il m'a invitée à venir surfer aux beaux jours ! Je virevoltais de joie… J'allais surfer ! Improbable !

L'été suivant, je me suis rendue avec mon frère à Royan et j'y ai recontré Ismaël. La boule au ventre, de crainte et d'excitation mêlées, je me suis jetée à l'eau. Je ne pense pas qu'il se rendait compte à quel point ce moment était crucial dans ma vie, j'allais me prouver que je pouvais encore « faire ». Je me suis allongée sur la planche, dos aux vagues, et lorsqu'une belle a été en approche, Ismaël a donné une forte impulsion et j'ai glissé sur l'eau. Je suis restée allongée du début à la fin mais je ressentais pleinement la sensation grisante de vitesse, l'eau qui m'éclaboussait et le contact de la planche avec mon corps. Je vivais intensément ! Nous avons refait recommencé avec Ismaël qui montait avec moi sur la planche et qui se mettait debout, c'était la folle aventure, j'adorais !

Ensuite, il a initié mon frangin au paddle et nous sommes partis tous les deux, moi allongée sur le paddle et lui debout qui ramait. Qu'est-ce qu'on a pu rire !

Cet instant reste magique pour moi encore aujourd'hui, car malgré les difficultés, j'ai surfé. Différemment de ce que les gens ont l'habitude d'appeler surf mais tout de même. L'adaptabilité n'est pas un mot négatif... bien au contraire !

Après quelques kilos de frites, nous sommes repartis. J'avais des étoiles plein les yeux, Ismaël m'avait fait vivre mon rêve. Enfin *un* rêve, parce qu'à partir de ce moment-là, j'ai su que je pouvais à nouveau rêver !

Je me délecte de chaque plaisir simple. La maladie m'a offert de voir le monde différemment. Je ne pense pas que la maladie change les gens *(celui qui est con... reste souvent con !)*, mais elle offre la possibilité de changer. À eux de la saisir.

Je ne sais pas si j'ai *changé* mais je me suis davantage affirmée dans ce que j'étais déjà un peu. Et j'ai trouvé mon mot.

Allez, je suis sûre que vous avez *votre* mot. On a tous *son* mot ! Le mien, c'est *positif*.

J'entends déjà les critiques...

— Ouais, écoute-la celle-là, elle se la joue bobo malade positive. Genre, je dépasse et surpasse les épreuves avec joie et légèreté. Regardez comme je souffre avec mon grand sourire !

Non, non, non, vous n'y êtes pas du tout ! Oui j'ai mal, oui j'en ai marre des douleurs, oui je suis parfois en colère *(grosse colère)*. Bien sûr ! Mais je suis aussi telle une petite fleur des champs ! Je m'épanouis au soleil.

Et au lieu de finir desséchée et rabougrie sous les pluies acides de la négativité, je préfère m'inonder de rayons positifs. Je savoure donc comme il se doit une balade un peu longue réussie *(vous savez, celle où vous ne vous demandez pas à mi-chemin comment vous allez faire pour rentrer malgré les jambes coupées par l'effort !)* ou de bouquiner un beau jour de printemps dehors, un légère brise caressant mon visage, d'être en crise sur le canapé mais entourée de mon chat et de mon chien et sentir leur soutien muet et leur amour inconditionnel. Chaque instant devient beau, et surtout les plus banals.

Dernièrement, je suis allée chez mon frère qui vit à quarante minutes de la maison. J'ai conduit jusque là-bas *(yes !)*, fait quelques boutiques autour de son appartement *(re-yes !)* et le soir nous avons commandé une pizza avant de dormir *(yes yes yes !)*.

Dans la discussion, j'ai parlé avec lui de la « soirée » que l'on était en train de vivre et ça a fait sourire mon frère, qui a répété « la soirée ? ». Pour moi, c'était vraiment une *soirée*, une entorse au quotidien, oui une *soirée*, ce mot qui désigne effectivement une sortie dans un bar, un resto, une boîte de nuit, un moment d'ivresse et de fête. Je vivais ma *soirée* avec mon frangin et que c'était bon !

Les critères changent, les perceptions s'altèrent. Ce n'est pas négatif pour autant puisque pour moi, un simple moment pizza entre frère et sœur devient une *soirée*… Alors imaginez un peu une vraie fiesta ! C'est l'adaptabilité qui me permet de vivre tout cela et d'aimer le faire. Je crois que la partie est gagnée lorsque la maladie cesse d'être un combat.

Cette maladie, il est capital de bien la connaître. D'autant plus qu'il n'y a pas UNE spondylarthrite mais DES spondyoarthrites *(mon rhumato aime à dire qu'il y a autant de formes de spondy que de malades, c'est pour dire !)*, alors autant bien connaître la sienne. L'idée n'est pas de se centrer sur elle mais de l'apprivoiser. Comme on apprivoise la douleur en bougeant notre seuil de tolérance et de résistance *(ce que je notais il y a dix ans 7/10 sur l'échelle de la douleur, je le note aujourd'hui 3)*. Je ne dis pas qu'on *s'habitue* à la douleur *(ce qui serait complètement faux)* mais juste qu'on l'amadoue un peu dans la limite du possible. C'est pareil avec la conception de la maladie. Il est important de la comprendre pour savoir comment réagir et surtout savoir quand il faut se battre contre et quand il faut avancer avec. On s'aperçoit vite que le « avancer avec » est souvent plus efficace.

Et moi, le « avancer avec » me donne plus d'espoir. L'espoir. J'ai l'audace de débuter un débat si pointu à quelques pages de la fin… Eh oui, je suis comme ça, moi !

L'espoir m'est chevillé au corps, je n'y peux rien, c'est ainsi.

L'espoir me tient tellement que lorsque j'ai commencé à remplir mes carnets de préparation pour ce livre, j'ai écrit tout un passage pour une fin hypothétique « au cas où ça irait mieux » ! Je commençais mon nouveau traitement et j'y croyais. Je rêvais de pouvoir écrire : « J'ai passé dix ans à rêver de choses que j'aimerais refaire. Aujourd'hui, je n'ai plus qu'à prévoir quand ! »

Malheureusement, ce n'est pas d'actualité. Le Tyxsenco n'a pas produit de miracle. À l'heure actuelle, j'augmente les doses et je croise à nouveau les doigts !

Il y a toujours de nouveaux petits pépins variés ainsi que les sempiternels pépins intemporels *(ce qui tombe plutôt bien dans ce livre !)*, j'annule donc toujours une fois sur deux, j'ai encore des crises et des moments de « J'en peux plus, j'ai trop mal, pourquoi moi ? », des ouille-ouille-ouille et des aïe-aïe-aïe et j'en passe *(tout ce que vous avez déjà lu en somme !)*...

Mais c'est ainsi, il faut prendre les choses au jour le jour, les appréhender avec le recul nécessaire pour accepter sa vie avec le plus de sérénité possible. Je suis une patiente qui, par la force des choses, est devenue patiente. D'une patience sans limite *(ou presque !)*.

Je sais que je ne suis pas encore arrivée au bout de mon tâtonnement médicamenteux. Il va encore falloir faire des aménagements, trouver des alternatives, des essais et croiser les doigts pour que ce soit enfin la bonne combinaison. Mais je continuerai à embrasser mes nouveaux traitements, et toujours je garderai l'espoir ! Car l'espoir fait vivre. Et comme je veux vivre, j'espère !

Alors non, je ne finirai pas par ce vieil adage qui a toujours eu le chic de me mettre en rogne du « Quand on veut on peut ! » car bien souvent j'ai le « veux » mais il me manque le « peux ». L'espoir, par contre, on peut le cultiver en soi, même quand ça ne va pas. L'espoir, je l'ai à l'intérieur de moi. Je ne raccroche pas l'espoir à quelque chose d'extérieur, à quelque chose de matériel, à un objectif ou à une personne, car la maladie m'a appris l'inconstance des choses. Toute chose extérieure peut être amenée à partir et emmener l'espoir avec elle. Garder et cultiver l'espoir en soi permet de ne pas le perdre, on peut toujours le retrouver, même au plus profond de soi. Il ne se rattache à rien ni à personne si ce n'est à soi-même et c'est une vraie richesse que rien ni personne ne peut nous enlever.

J'aurai mis du temps à écrire ce livre. Un an et deux mois exactement. Car la spondy m'impose son rythme. Ne pas écrire chaque jour, parfois pas pendant des semaines entières. Écrire peu de temps d'affilée. Frustrant ? Oui. Mais je ne le vois pas ainsi.

J'ai appris à vivre le temps différemment avec la maladie. Je ne cours plus après la vie, je la vis, à mon rythme.

Le temps est relatif, Einstein l'a dit, et je l'expérimente chaque jour. J'ai compris que j'ai le temps de prendre le temps. Par la force des choses, au début, mais maintenant c'est ma philosophie.

Loin du standard de la société actuelle, je prends le temps et savoure tous ses bienfaits. Je vis au jour le jour, je profite de chaque instant positif qu'il m'est donné de vivre car finalement, qui sait de quoi demain sera fait ?

Nous avons d'ailleurs testé ensemble la relativité générale. Si bien qu'à la fin de cette rencontre, nous ne savons plus si le temps s'est stoppé ou bien s'il a au contraire follement accéléré. N'est-ce pas ? Gloire au temps qui s'est arrêté pour tournoyer à une vitesse infinie !

Je l'ai toujours dit, je l'ai toujours cru au plus profond de moi, même dans les pires moments…

« La vie est belle
Juste plus lente…
La vie est belle
Moins innocente

La vie est belle
Plus étriquée… oui mais…
LA VIE EST BELLE
C'EST SON MÉTIER »

Et je suis prête à l'exercer ! Pas vous ?

Cinq ans après…

Le temps qui passe…

Est passé !

C'est une sacrée obsession chez moi d'ailleurs. Le temps qu'on perd et qu'on ne pourra plus jamais récupérer. C'est fou le temps qu'on laisse s'émietter au fond de notre canapé, toutes ces années à végéter. Mais qu'y peut-on ? Pas grand-chose. C'est peut-être pour ça que le temps où je suis en forme, je le mastique comme un chewing-gum, jusqu'à ce qu'il n'ait plus de goût. Mais peu importe qu'il sente la menthe ou le plastique gluant, du moment qu'il existe.

Alors oui, le temps qui passe est passé mais rien ne nous empêche de le réactiver un peu. C'est parti pour le voyage dans le temps du futur du passé au présent. Vous aviez oublié ? Moi, pas ☺.

Chapitre 43

[Maintenant]

Cinq années se sont écoulées depuis la parution de ce livre et j'ai bien exercé notre métier commun à tous : la VIE. Il me semblait donc nécessaire de revenir faire un tour pour vous offrir un petit rapport de mes diverses expériences *(sinon, vous m'en auriez voulu, allez, soyez francs !)*.

À l'époque donc, le chapitre que vous êtes en train de lire n'existait pas *(à l'époque, celle qui est en train d'écrire ce chapitre, explicitement « moi », n'existait pas encore non plus !)*. Mais voilà, les lecteurs ont été au rendez-vous pour la première version, et avec les Éditions Sud Ouest, on s'est dit « Pourquoi pas un format poche ? ». Ça tombait pile cinq ans après, j'avais de nouvelles choses à raconter et cette idée de version augmentée a germé. J'avoue que le fichier Excel que ma mère tient scrupuleusement depuis le début de la maladie m'a bien aidée quand il a été question de se remémorer les mésaventures médicales de ces cinq années dans les détails *(c'est fou, tout ce qu'on oublie!)*.

Me revoici donc, chargée de ces dernières années hautes en couleur, remplies d'évènements et d'émotions.

La sortie de ce livre en 2019 a été un cataclysme pour moi. C'était tout d'abord mon premier livre édité mais aussi celui où j'avais décidé de me livrer. Me mettre à nu. L'écrire était une chose, le savoir lu était tout autre. J'attendais, le nœud au ventre, vos retours. Et ô combien ils m'ont surprise, ravie, étonnée. Tant de personnes m'ont écrit avec bienveillance, m'ont avoué se reconnaître, avoir été dans une émotion intense. Je n'en espérais pas tant et pour cela, je suis éternellement reconnaissante.

Ma reconnaissance pour notre chère communauté spondy commence d'ailleurs bien avant la parution du livre. Cela remonte au tout début, lorsque cet écrit n'était encore qu'un manuscrit. Je vous raconte !

Quand mon clip « Grande Patiente » est sorti en 2015, j'avais, comme vous le savez à présent, créé une page Facebook. Trois ans plus tard, cette dernière existait toujours et les échanges étaient nombreux. Je continuais d'œuvrer pour mettre les maladies invisibles en lumière et donnais donc mes actualités. J'avais de ce fait naturellement communiqué sur mon travail d'écriture et mon désir de témoignage. Quand le manuscrit a été terminé, j'ai proclamé que l'envoi aux maisons d'édition allait débuter. Et c'est là que j'ai reçu un message privé qui a tout changé !

Un certain Pascal se présentait à moi, il me suivait depuis le clip car lui aussi avait une spondy, lui aussi partageait le même quotidien. Il avait guetté de près mes infos sur l'écriture car il travaillait dans le milieu de l'édition. Ouh là, mon cœur a fait un bond ! Désireux de donner un coup de pouce à mon projet, il avait, avec son entrain que je sais à présent habituel, parlé de moi à l'éditrice. Marie était sceptique, il faut dire que chez Sud Ouest, ils ne publiaient pas de témoignages et je n'étais pas de la région. Mais les bruits de couloir disent qu'il m'a bien défendue *(nous n'étions pas encore amis à l'époque, c'était du simple altruisme)* et elle a fini par accepter de me lire. J'étais dans mon cabinet de sophrologie le jour où elle m'a appelée pour m'annoncer la bonne nouvelle. J'avais les jambes flageolantes et le souffle court. J'allais avoir un livre, MON livre ! Et en plus de cela, ma bataille, commencée avec le clip, allait pouvoir s'étendre. Je ne m'en souviens plus exactement mais la séance de sophro qui a suivi a dû être teintée de soleil !

Quelques petits mois plus tard, contrat signé, j'étais dans leurs locaux afin de faire leur connaissance et découvrir la maquette de la couverture du livre ! Si ça, ce n'est pas une histoire d'entraide et de solidarité, je ne m'y connais pas.

Cette solidarité a continué avec tous les lecteurs de ce livre qui sont le prolongement de ce combat positif. Entre amis de galère, me disent certains sur les réseaux sociaux !

Tous les messages que j'ai pu recevoir me stimulaient *(et me stimulent toujours)* pour aller encore plus loin.

Les auteurs de ces messages et retours ont été divers et variés ; d'autres malades (spondy ou autre), des aidants, des soignants, des néophytes complets… Quel bonheur de découvrir ce panel intéressé et enthousiaste. J'avais eu plusieurs objectifs avec ce livre ; apporter de l'espoir aux patients et à leurs proches, dialoguer avec ceux qui les soignent au quotidien, et communiquer avec les personnes qui ne connaissaient rien aux maladies invisibles. Je n'ai pas changé le monde, ni le regard qu'on porte sur nous, je suis réaliste. Mais, au vu des retours que j'ai reçus, j'ai la satisfaction de me dire que ce livre n'a pas été écrit pour rien.

De nombreux infirmiers et médecins parlent de ce témoignage (et de mon clip) à leurs patients pour leur offrir des supports autres que médicaux ; je réceptionne ensuite les messages de ces patients sur les réseaux. L'échange naît, la solitude diminue. Alors oui, ce livre n'a pas été écrit pour rien.

De toute façon, son histoire a démarré sur les chapeaux de roues. Il est sorti le vendredi 25 janvier 2019. Le lundi 28 janvier 2019, la production était relancée car il était en rupture de stock partout, malgré un premier tirage conséquent. Branle-bas de combat ! Folie ! Réimpression ! Bonheur !

Et cinq ans après, je continue de recevoir les témoignages des lecteurs. Je continue d'être émue, la larme à l'œil devant mon écran, quand je lis le parcours de chacun.

Alors quand le stock *(du troisième tirage, je précise !)* s'est avéré épuisé, nous avons tous eu à cœur de donner une seconde vie à cet ouvrage. Ça me semblait inconcevable *(en toute modestie, je tiens à le souligner !)* qu'il ne soit plus jamais disponible, que les nouveaux malades ne puissent plus s'y référer, que les soignants soient contraints d'arrêter d'en parler. Je ne considère pas mon témoignage comme le sauveur des corps meurtris mais je sais, pour être aussi passée par-là, à quel point se sentir moins seul est crucial.

On me demandait souvent « À quand la suite ? ». Je me disais que j'avais tout dit et pourtant… me voici ! Il faut croire que j'en avais encore un peu sous le coude *(en plus de mes épitrochléites !)*. Petit conseil pour tous les spondys qui galèrent à tenir les livres entre leurs mains mais qui chérissent encore trop le papier, comme moi, foncez vous procurer un *book seat* pour pouvoir continuer à lire sans avoir les doigts tétanisés autour du livre ! *(Perso, mon père m'a même créé un support en bois pour pouvoir aussi bouquiner dans le bain. Bref, quand on aime, on ne compte pas les pages !)*

Alors oui, j'en avais des nouvelles choses à vous dire, moi ! J'essaie de vous faire un petit récap' !

Renouveau

En termes de santé, c'est comme s'il existait des saisons. Et après avoir passé de nombreuses années dans la brouillasse humide de l'hiver, j'entrais enfin dans le printemps. Tout mon corps était en fleurs. Avouez que ce n'est pas banal !

L'année 2019 était une renaissance. MA renaissance.

Pour peu, vous auriez pu me retrouver perchée sur une branche en train de faire « cui-cui ». Mais qui sait... quelqu'un m'a peut-être démasquée !

Chapitre 44

[2019]

Cette année-là avait donc commencé en beauté avec la parution de ce livre et l'accueil plus que positif qu'il avait reçu. De plus, je bénéficiais depuis peu d'une double dose de mon traitement Tyxsenco *(nous nous étions d'ailleurs quittés pile au moment de l'augmentation du traitement lors de la première parution)* et les effets étaient incroyables. Je n'avais jamais connu un apaisement aussi profond. Mes douleurs étaient modestes, mon sommeil enfin réparateur, mon énergie décuplée. C'est une sensation assez étrange de retrouver possession de son corps. Il faut réapprivoiser les sensations. Adapter ses anticipations. Au départ, je me disais que je n'allais pas faire telle ou telle chose car je serais trop douloureuse après, alors que mon nouvel état me le permettait. Paradoxalement, je devais réapprendre à aller bien.

Je sais que certains trouveront ça étrange mais quand on a eu si mal pendant tant d'années, revenir à un seuil plus tolérable *(car je n'étais tout de même pas sans douleurs, faut pas rêver non plus !)* n'est pas si simple. Les repères sont chamboulés, on craint qu'un simple tressaillement fasse réapparaître la colocataire en furie. Bref, on est un peu perdu.

Mais je vous rassure, ça ne dure qu'un temps. Après, on profite !

J'ai vécu pleinement la sortie de mon livre, fait des dédicaces, des conférences. Je suis allée parler devant des médecins, non pour leur apprendre la spondylarthrite *(évidemment !)* mais pour leur montrer l'histoire du point de vue du patient. Et c'est fou la réceptivité et l'intérêt que cela suscitait à chaque fois.

Modestement, je lançais le débat sur les maladies invisibles et il y avait un sacré boulot *(il y en a d'ailleurs encore pas mal !)*. Mais je voulais que les regards évoluent et je n'ai pas trouvé d'autres options que de faire entendre ma voix.

Toutefois, dans ma franchise et mon honnêteté, je ne me faisais pas que des amis. Dérangée par mon envie de mettre les pieds dans le plat *(eh oui, je ne partage pas l'idée que seuls les malades ultra sportifs méritent d'être glorifiés, il y a mille et une autres façons d'être « héroïque » avec la maladie au quotidien. Et remballez-moi une fois de plus ce « quand on veut, on peut »…)*, une association de patients m'a gentiment blacklistée. Apparemment, j'avais tendance à trop mettre « mon petit grain de sel » ! Il faut le savoir, quand on se frotte au milieu associatif, il y a deux écoles. Ceux qui sont justes, francs, investis pour les malades. Et il y en a quelques autres. Ces associations dont seuls la lumière et le pouvoir comptent. C'est triste, c'est malheureux mais c'est bel et bien une réalité. Bref ! Je n'en suis pas morte mais ça m'a pas mal révoltée de le constater. Que voulez-vous, je ne sais pas faire de la rétention d'informations.

Par contre, cette année-là, j'ai fait une autre sorte de rétention… urinaire ! Un traitement pour effacer la mémoire de la douleur ? Oui, oui, oui, je veux *(ou pas, avec du recul !)*.

J'ai donc pris ce fameux cachet, sans que l'on m'ait bien expliqué à quel point il était costaud. Environ un mois après le début du traitement, en pleine nuit, une envie de pipi *(ça arrive à tout le monde, même aux princesses !)* m'a prise. Et là… impossible. Mais alors impossible de chez impossible. La sensation la plus étrange que j'ai jamais connue. Avoir envie, pousser de toutes ses forces et… RIEN. Douze heures plus tard, toujours rien. J'ai téléphoné à mon médecin *(bien évidemment, il fallait que je sois en vacances, sinon ce ne serait pas drôle)* et là, patatras, c'est rare mais ce traitement peut effectivement occasionner des rétentions urinaires. « On teste un truc par voie orale et sinon… il faudra sonder ». Ok super !

Ouf, plusieurs heures après, c'était passé sans avoir besoin de recourir à la sonde. J'ai joint ensuite le centre antidouleur qui me l'avait prescrit pour savoir quoi faire. Par le biais de la secrétaire, on m'a fait dire d'arrêter le traitement en cause. Ok.

Sauf que… personne n'a pris la peine de m'expliquer. M'expliquer que ce traitement demande un sevrage en douceur, que l'arrêt brutal est fortement déconseillé et que, quoiqu'il arrive, même avec une diminution progressive, c'est difficile. Non, ça, personne ne me l'a dit. Alors je l'ai arrêté d'un coup. Et j'ai mis un mois et demi à m'en remettre. J'avais l'impression d'être sur un chalutier en pleine tempête H24. Je ne supportais même pas le mouvement des images à la télé. Ma tête était dans un étau. C'était l'horreur. Plusieurs semaines après le début du violent sevrage, je suis allée voir mon médecin traitant, je n'y tenais plus. Il s'est étonné : « Ils t'ont dit d'arrêter comme ça ? Personne ne t'a prescrit du Nilgatan pour que ce soit moins pénible ? ». Eh non !

Ah tous ces exemples où il faudrait être soi-même médecin pour être certain que tout est ok, ça a tendance à me filer la chair de poule.

C'est comme ce gastroentérologue ultra-pointu, grand ponte et tout le toutim, qui m'a dit que mes problèmes d'estomac et mes vomissements quotidiens étaient dus à mon reflux gastrique et à un clapet qui fermait mal. « Le mieux serait que je vous opère pour remplacer le clapet. » Mais allez savoir pourquoi, je ne le sentais pas. Mon intuition me soufflait autre chose. Je lui ai parlé *(ou plutôt rerererereparlé)* du Texatrethomé. Mes troubles avaient en effet vraiment commencé avec la prise de ce médicament. « Mais non, ça ne peut pas être ça, c'est certain. On se revoit pour programmer l'opération. ». Oui mais non ! Mon instinct me dictait autre chose. J'ai parlé ensuite à mes médecins de suivi de cette hypothèse que j'avais avec le Texatrethomé, ils étaient partagés. Ils doutaient que ce soit ça et avaient peur de prendre le risque de l'arrêter *(car c'était initialement pour limiter mes échappements aux biothérapies)*. Oui mais moi, je le sentais. J'en ai reparlé à mon médecin traitant *(il était impossible pour moi de prendre seule la décision d'arrêter)* et il a fini par me suivre. Il m'a dit « Je ne sais pas si c'est ça mais je crois que ça vaut le coup d'essayer, d'écouter ce que te dit ton corps. » J'en aurais pleuré.

J'ai arrêté le médicament, j'ai arrêté de vomir. Peu à peu, j'ai pu reprendre des petits-déjeuners, manger davantage, boire un verre de vin... Mon instinct avait raison. Je ne me suis pas fait opérer. Et j'ai compris qu'il fallait s'écouter, que son corps était le premier informateur. Il détient beaucoup de réponses. Pas toutes, certes, mais ça vaut le coup d'y rester attentif. Toutefois, ce long et fastidieux cheminement a fait perdre du temps et a surtout créé des dégâts ; mon estomac conserve une fragilité importante et il m'est impossible à présent de me passer d'IPP au quotidien *(les fameux médicaments pour l'estomac)*.

Devenir acteur de sa santé, au-delà d'être important, c'est surtout nécessaire. Frapper aux portes, demander des contra-vis, s'intéresser, se questionner, se ressentir. On nous fait croire que le patient se laisse porter, qu'il est passif, mais c'est une utopie. Le patient doit être là, encore et toujours, présent dans le *game*. Se battre, se faire entendre et espérer être soutenu. Se battre par exemple quand des pharmaciens remettent en cause la prescription de ton médecin spécialiste en soulignant qu'ils ne peuvent pas délivrer des injections si rapprochées et que le labo les tient à l'œil *(ils n'ont que ça à faire, ça se sait bien !)*. « Et si la Sécu met son nez dans ce dossier... », ont-ils conclu, à mourir de rire ! Bien sûr, je fais du trafic de biothérapie, tous les samedis avec les copains, on se fait un petit shoot !

Être malade, c'est donc un parcours du combattant. Chaque jour ses batailles. Et, là où on devrait pouvoir baisser les armes, on doit au contraire rester en veille. C'est fatigant, éreintant, mais avons-nous le choix ?

Heureusement, le chemin est ponctué de soignants à qui on peut s'abandonner et en qui la confiance est aveugle. Ceux-là, on les garde et on ne les lâche plus !

Et l'amour dans tout ça ?

« *J'ATTENDS L'AMOUR DE MES rêves. J'attends l'amour, la douceur et la fièvre. Il peut venir, je suis prête à aimer vraiment. J'attends l'amour, simplement…* » Non, je plaisante ! Mais au moins, vous allez avoir la chanson en tête pour la journée. C'est cadeau !

Après, malgré tout, j'ai eu quelques histoires cocasses à cette période. Allez, j'ose ?!

Chapitre 45

[2019]

À cette époque, je me suis dit *(sauvagement poussée par des copines!)* que j'allais peut-être me confronter à un pan entier de ma génération que je n'avais jamais exploré... les sites de rencontres!

J'allais mieux, j'avais de nouveau des perspectives dynamiques et l'envie de trouver un conjoint ne me déplaisait pas.

Toutefois, je n'aime pas la drague. Je n'aime pas blablater, je n'aime pas les faux compliments. Bref, je n'ai pas le profil type pour ce genre d'applications. Mais je me suis dit « Allez Coralie, un peu de courage. » J'ai rencontré des spécimens!

Pour mon premier rancard, ma mère m'a dit avant « Imagine, il parle avec une voix bizarre! ». Pourquoi elle m'a dit ça? Elle ne le sait toujours pas elle-même. Toujours est-il que quand le mec est arrivé, il avait la voix d'une fillette de dix ans. Ce n'est pas sympa mais je me suis mordu les joues pour ne pas rire. Pas de lui, mais de la prédiction de ma mère!

J'ai eu droit à des collectionneurs, des fétichistes, des mecs qui prenaient leur doudou pour l'avion afin de ne pas avoir peur *(et ils osaient me le raconter au premier rendez-vous!)*. Des mecs qui buggaient quand je disais être malade *(« Oui mais dans ton quotidien, ça ne se sent pas vraiment, hein? »)*, des mecs qui allaient me sauver *(« Oh ça ne me gêne pas du tout que tu sois malade, c'est ta force, c'est beau et je me sens capable de tout gérer. »)*. J'ai aussi eu le droit à, malgré mon pseudo et mes précautions, *« J'ai réussi à te retrouver avant de connaître ton prénom, j'ai tout regardé sur Google. Tu tournais vraiment avec Hélène? »*. Bref, je n'ai quasiment fait que des premiers rendez-vous! Et j'ai supprimé l'application rapidement *(malgré une jolie rencontre amicale tout de même, qui se bat d'ailleurs pour que mes livres soient présents dans les librairies de sa ville, soulignons-le !).*

Ce n'est déjà pas simple de rencontrer quelqu'un lorsque l'on est en pleine santé, qu'on travaille normalement, qu'on sort souvent... Mais alors quand on est vautré dans son canapé ou chez le kiné la moitié de son temps, ça n'aide pas ! Et quand on voit la quantité de couples qui se séparent à cause de la maladie, ça fait peur *(sans vouloir pointer du doigt qui que ce soit, une étude met en évidence que les hommes quittent six fois plus leur compagne malade que dans le cas inverse. Ça soulève quelques interrogations...).*

Cette année-là, j'ai aussi eu une brève histoire avec un mec dont un proche était également malade. Pour faciliter la compréhension de ce qui va suivre, nous appellerons ledit bonhomme Scott et son proche Ethan *(je change même les prénoms, je suis une sainte !).*

Un jour donc, Scott m'a parlé de son neveu. Et il m'a dit : « Tu vois, mon neveu, il m'a toujours pris comme exemple. Je suis bien, je réussis tout ce que j'entreprends. Je suis un modèle valorisant. Mais dernièrement, le gosse a eu des soucis de santé et il s'est dit qu'il allait peut-être plutôt devenir un jour comme Ethan et non comme moi. Imagine la violence pour mon neveu ; passer de moi, Scott tout puissant, comme modèle à celui d'Ethan, le mec cassé. C'est horrible ! »... Euh... donc SÉRIEUSEMENT, mec ? Tu es en train de descendre ton proche parce qu'il est malade et qu'a priori ce n'est pas un modèle et tout ça devant moi, alors que je suis tout aussi malade. Ça ne te pose pas de problèmes ?

Voilà à quel genre de bêtise humaine on peut être confronté. Ça fait peur.

En 2019, j'ai aussi et surtout renoué avec un autre amour. La nature. Et plus précisément, la montagne. Mon traitement cartonnait et un séjour dans le Jura s'est invité. Depuis toute petite, avec mes parents, c'était vacances à la montagne et rando, rando, rando. J'adorais ça. Et puis, à la vingtaine, fini ce plaisir. Un de mes deuils quotidiens. Un des plus coûtants pour moi.

Ce fut donc naturellement un de mes premiers rêves exprimés quand je me suis sentie mieux. On a choisi un lieu pas trop escarpé et on a tenté. Mes premières randos, mes premières cascades… Rien qu'en l'écrivant, l'émotion me monte aux yeux. Pourquoi les gens oublient la chance qu'ils ont de pouvoir le faire ? Pourquoi cet émerveillement ne se lit-il pas dans chaque regard ? Peut-être faut-il passer par la privation pour connaître la valeur d'une chose, d'une action.

On s'est donc sentis en confiance et le troisième jour, on a tenté plus fort. Trop fort. Il n'y avait pas de panneaux, à plus de la moitié du chemin, déjà éreintée pour ma part, on s'est heurtés à une pente gigantesque *(et quand je dis gigantesque, je suis gentille !)*. On n'avait pas le choix, faire demi-tour était exclu vu notre avancée. Ça a été terriblement difficile, douloureux, inapproprié. Mais quand je me suis retrouvée là-haut, les jambes flageolantes, j'ai touché du doigt le goût de la liberté.

J'ai ressenti cette même liberté quand je suis remontée pour la première fois en plus de 10 ans sur un vélo, électrique soit, mais vélo malgré tout. Un kiff intersidéral !

Si je suis si émue en écrivant ces lignes *(j'ai un nœud dans la gorge, les yeux noyés et une respiration saccadée, pour que vous ayez bien le tableau en tête)*, c'est qu'aujourd'hui, je suis à nouveau dans une passe où ce bonheur m'est inaccessible. C'est ça, la maladie chronique ; on perd, on gagne, on perd à nouveau, on espère regagner.

Mais je m'emballe, n'allons pas trop vite. En 2019, je pétais le feu, je ne voyais plus mes limites et je prenais un malin plaisir à les ignorer. J'assurais la promotion de mon livre, je faisais des conférences, je consultais de plus en plus au cabinet en sophrologie. Plus, plus, plus encore plus. Mais parfois plus, c'est trop. Et la spondy aime bien le rappeler. Mais encore une fois, je mets la charrue avant les bœufs. J'ai donc fini 2019 au volant d'un bolide débridé. Restons-en là.

Pour le moment.

Nouveau vocabulaire

L'ANNÉE QUI POINTE SON nez, tout le monde la connaît. Tout le monde sait ce qu'il faisait à ces instants-là. Pour tous, elle restera marquée à jamais. Tatouage gratuit et collectif.

Bien évidemment, c'est l'année où le monde s'est arrêté. C'est l'année où nous avons fait connaissance avec un nouveau vocabulaire. Surtout un nouveau mot qui a fait hérisser les poils à tous les immunodéprimés... Covid !

Chapitre 46

[2020]

L'année 2020 avait plutôt bien commencé. Je me sentais en forme, je m'investissais de plus en plus au sein de la maison de santé dans laquelle je bossais et j'adorais ça. Travailler en collectif était stimulant et j'étais très reconnaissante de la confiance que me témoignait l'équipe médicale.

La sophrologie était pleinement intégrée à leurs propositions de soins et nous pouvions d'année en année en constater les bienfaits. J'allongeais donc mes créneaux de présence. Pour un peu, avec ma spondy en veilleuse, j'en aurais *presque* oublié que j'étais malade *(je dis bien presque!)*. Je me sentais bien et cela faisait longtemps que je n'avais pas autant savouré la vie. Mais *(car le mais n'est jamais loin, ne l'oublions pas…)*, une invitée surprise a pointé le bout de son nez. Et pas que chez moi, dans le monde entier. Vous l'aurez aisément compris, je parle de la Covid! Ce petit virus invisible nous a tous mis KO.

Tous les immunodéprimés comprendront ce que je veux dire; l'arrivée de ce virus a été un véritable tsunami. Chez moi, ça a été la panique totale.

Une semaine avant le confinement officiel, j'avais déjà commencé le mien. Annulés mes rendez-vous au cabinet, décommandées mes sorties. J'en ai fait sourire quelques-uns; « Coralie fait du zèle pour un truc dont on ne parlera plus dans deux semaines! » Peu importe, mes entrailles me hurlaient de rester chez moi, je l'ai fait. Une semaine après, nous étions tous dans le même cas; confinés.

Quand j'entendis l'alarme d'annonce à la télévision, je me crus tombée tout droit dans un film d'anticipation. C'était angoissant, terrorisant même. Personne n'avait de réponses. Sous biothérapie, étions-nous plus vulnérables? Si oui, à quel point ? Que devions-nous mettre en place pour nous protéger ? Nous étions dans le flou total.

Mais une fois enfermée, j'ai soufflé. Aussi fou que cela puisse paraître, le confinement a été pour moi une période douce et sereine. J'ai aimé le confinement *(au risque de choquer ceux qui l'ont mal vécu)*. J'ai vraiment aimé.

Je me sentais protégée, en sécurité. Il faut dire que j'avais la chance d'être à la campagne, en famille, que le soleil était au rendez-vous et que le cadre était propice au bien-être. J'en suis consciente. Mais il n'y avait pas que ça. Le fait d'être enfermée me donnait l'assurance de ne rien attraper. Ce virus qui me tétanisait ne pouvait plus m'atteindre.

Alors pendant ces deux mois, j'ai cuisiné, j'ai lu, j'ai rêvassé dans le jardin, j'ai médité et surtout j'ai écrit ! Chaque matin, pour bien suivre les conseils de Thomas Pesquet sur le fait de s'astreindre à une routine, je m'asseyais devant mon ordinateur et j'écrivais l'histoire de Pernille. Mon premier roman voyait le jour, *Les 12 travaux mythiquement merveilleux de Pernille*. Une fiction teintée de développement personnel, notamment avec la sophrologie. J'alliais mes deux casquettes. Et je retrouvais avec bonheur l'action thérapeutique de l'écriture. Chaque fois que j'écrivais, mes douleurs étaient comme mises en stand-by, en sourdine. Plongée dans un état semi-hypnotique, j'évoluais dans un monde où mon corps n'occupait plus la première place. Paradoxalement, je ressortais de ces séances d'écriture avec plus d'énergie que lorsque j'avais commencé.

C'est ainsi que j'ai compris l'importance de ce rituel. Au-delà de mon appétence pour la création, l'écriture me faisait tout simplement du bien. Parfois plus que quand je prenais une gélule de Gizali !

Des challenges familiaux ont également ponctué le quotidien. Tous les matins, une cousine nous envoyait un thème et nous avions la journée pour l'illustrer en photo et la poster sur notre groupe WhatsApp. J'ai ligoté mes parents, sniffé du sucre, fait de ma baignoire une piscine, fabriqué un rempart de PQ… Qu'est-ce que j'ai ri en voyant les images loufoques des uns et des autres. Les debriefs skype/apéro, ça donnait !

Quand a sonné le glas du confinement général, mes médecins m'ont conseillé de le poursuivre un peu. Le temps de voir venir, de voir comment les choses se comportaient. J'ai dit OK, vous pensez bien ! Mais, bien évidemment, il a tout de même fallu ressortir un jour, se reconfronter au monde. Et… j'ai eu peur. Cette sortie me faisait peur.

À la maison, nous étions tous devenus un peu paranos. On désinfectait nos courses avant de les mettre au frigo, on ne portait pas les mêmes vêtements à l'extérieur qu'à l'intérieur et nous avions commandé une bonne quantité de masques *(hors de prix à l'époque)* que nous manipulions avec une grande précision.

Vous vous souvenez du « pimpompimpom » perpétuel des immunodéprimés ? Imaginez donc le retentissement d'un pareil virus sur cette légère hypocondrie. À ce moment-là, je crevais le plafond et aurais aisément pu devenir le second personnage du film *Supercondriaque* de Dany Boon ! *(à l'exception que je ne mettais pas de gel hydroalcoolique dans ma bouche. Quoique… Non, je plaisante !)*

Bref! J'ai repris mon activité au cabinet avec la boule au ventre. Non seulement je ressortais mais j'évoluais dans une maison de santé où ça pullulait de malades. En termes de mise à l'épreuve, je ne pouvais pas faire mieux.

Dans un souci de préservation, j'ai augmenté les distances entre les fauteuils, malgré les masques obligatoires *(FFP2 bien sûr)*. Je bloquais 15 minutes entre chaque rendez-vous pour aérer, ce qui a considérablement fait exploser mes plages horaires. J'enchaînais donc des heures et des heures et la fatigue commençait à flamber. Mais restons-en à la Covid pour le moment.

Cet été-là, je ne suis pas partie en vacances. Tiens, j'en profite pour faire un aparté parce que ça ne paraît pas, mais c'est fatigant les vacances. On visite, on n'a pas ses outils de confort *(lit, fauteuil relax…)*, il faut trouver le bon lieu *(pas trop escarpé, pas trop isolé et je ne parle pas des recherches préalables sur l'hôtel !)* et surtout partir avec les « bonnes » personnes. Celles qui comprennent le rythme « visites-sieste » obligatoire sans te faire sentir comme le boulet de service *(eh bien ce n'est pas si simple à trouver)*. Il est essentiel de se sentir en sécurité physique, dans un confort optimal, pour pouvoir profiter sans être explosé ensuite. Et évidemment, il faut toujours, même sous le soleil, écouter ses limites. Fin de l'aparté, retour en 2019.

Je n'ai donc pas fait de gueuletons familiaux et amicaux non plus cet été-là. Je sortais de chez moi, masquée, pour aller faire le strict minimum mais le reste du temps, je vivais encore comme en confinement. La Covid, c'était un paquet de contraintes. A posteriori, il faut toutefois lui reconnaître une vertu : plus à distribuer des bises à tire-larigot chaque fois que l'on croise quelqu'un *(surtout quand celui-ci te dit juste après « Depuis hier, je suis patraque… »)* !

En septembre de cette année-là, j'ai commencé à ressentir un léger trouble, mal à la gorge et à la tête. Mon sang n'a fait qu'un tour. C'était encore le moment où trouver une place pour un test PCR était la croix et la bannière. J'étais censée faire mon injection de biothérapie deux jours plus tard. Vent de panique ! Tant et si bien que j'ai appelé partout. PAR-TOUT, je dis ! Et je me suis retrouvée à Paris, à l'Hôpital Américain, pour faire ce satané test. Qui s'est avéré être négatif !

Cette première année Covid a été difficile et douloureuse. En même temps, c'était la folie ; des gens mourraient partout dans le monde, les médecins disaient aux immunodéprimés de faire très attention, et on n'entendait parler que de ça. Où trouver la limite, le juste milieu entre faire attention et la psychose ? Elle n'existe pas, cette limite. On est seul, paumé avec des informations souvent contradictoires et on doit se débrouiller avec ça. Ça a été le cas pour beaucoup de monde, y compris pour des personnes non malades initialement. Mais je dois avouer que d'être sous biothérapie pendant la Covid, c'était très effrayant. Pour avoir échangé avec de nombreux autres patients sur les réseaux sociaux pendant cette période, je sais que je ne suis pas la seule à l'avoir vécu ainsi. Et quand, 9 mois plus tard, à la fin de l'année 2020, alors que je prenais toujours mille précautions, certaines personnes parlaient de la Covid au passé, je me disais que nous ne vivions pas dans le même monde !

C.R.I.S.E. : le retour

Vous vous souvenez de cet acronyme ? Crise Radicalement Insupportable Spécialement Élevée ? L'avantage des acronymes est qu'ils peuvent prendre différentes significations. Comme Cruelle Réalité Infinie Sur l'Existence. Ou Cellule de Rapport d'Inquiétude Sur l'État. Ou encore Centre de Rééducation Informel Soulageant l'Effroi.

Ça aurait pu être un savant mélange de tout ça à l'époque. Mais ce qui prédominait, c'était quand même bien la Crise Radicalement Insupportable Spécialement Élevée. Eh oui, on ne change pas une équipe qui gagne !

Chapitre 47

[2020]

Le second semestre 2020 a donc été estampillé « le début de la fin ». Est-ce le cumul des horaires de sophrologie de plus en plus conséquents ? La charge du stress dû à la Covid ? Une baisse spontanée de l'efficacité du traitement ? Ou *(plus probablement)* un mélange de toutes ces causes ? Je ne saurai jamais.

Toujours est-il que fatigue et douleurs se sont réinvitées dans la partie. Et quand elles débarquent, elles ont la fâcheuse tendance à prendre toute la place. Elles sont comme ça, volubiles et exubérantes, impossible de passer à côté.

Toutefois, je ne tenais pas à me rendre aussi facilement. Cela faisait quelque temps que je me sentais mieux, davantage maître de mon corps et il était hors de question que cela change *(comme si j'avais le pouvoir de décider, même après douze ans de maladie, je restais piteusement naïve).*

J'ai donc bêtement cru qu'en faisant l'autruche, ça suffirait. C'est incroyable cette propension à l'oubli chez l'être humain. J'étais déjà passée par là, je savais que tous les voyants étaient au rouge et que je devais respecter mes limites au risque de tout faire éclater mais… J'ai ignoré les alarmes, j'ai laissé mon corps crier et crier encore. Jusqu'à ce qu'il perde la voix. Jusqu'à ce que j'en perde la mienne.

J'ai donc serré les dents. J'ai continué d'accepter de plus en plus de rendez-vous, c'était toujours urgent, important et je ne savais pas dire non. J'étais crevée mais je continuais de rajouter « un petit créneau ». Je balançais des « oui » comme si cela n'avait aucune conséquence alors que je payais ce petit mot au centuple.

En dehors du cabinet, je n'avais plus la force de rien. Même mes étirements passaient à la trappe. Mon kiné adoré venait de partir *(trop loin pour que je le suive, imaginez ma détresse)* et je me retrouvais esseulée. Je n'avais plus l'énergie de prendre soin de moi et de ma santé alors qu'il aurait fallu que je redouble d'attention.

Je sais que c'est ridicule mais il y a des moments où on voudrait ne plus être malade. On voudrait que ça s'arrête. Et on se persuade que si on met la maladie de côté, peut-être qu'on va y arriver. Mais c'est pourtant bel et bien le meilleur moyen de se prendre un sacré revers dans la tronche. Et un boomerang en pleine vitesse dans le nez, ça pique !

En cette fin 2020, j'étais donc devenue sourde. Sourde à moi-même. Je faisais ce que précisément je conseillais aux autres de ne pas faire ; je m'oubliais. Je ne sais même pas si je le faisais consciemment. Je ne pense pas. Ça a été une sorte de mécanisme de défense, un rejet invisible. Je sentais bien évidemment que j'étais de plus en plus douloureuse et épuisée mais je ne me disais pas ouvertement « tu vas trop loin ». Et quand mes proches me le mettaient sous les yeux, je minimisais. Je détournais le regard, subtilement. Ou pas.

— Coralie, je pense que tu devrais un peu lever le pied. Tu fais vraiment très fatiguée et tu n'aideras plus personne si tu es toi-même à bout.

— Mais non, maman, ne t'inquiète pas. Et puis regarde ce week-end, je vais bien me reposer. Là, j'ai juste rajouté deux petites personnes, après j'arrête.

Dring, dring !

— Allô ?.. Ah pour votre enfant... Oui, ça devient un enfer pour lui... je comprends... C'est que normalement je n'ai plus de créneaux avant un mois et demi... oui, je sais bien... Bon, demain, sur la pause déjeuner, ce serait possible pour vous ?

Allez après ce petit ajout, j'arrête !

J'en étais là, mes proches en étaient malades mais je continuais de leur offrir mon sourire en réponse. Ce n'était pas pour les embêter, je ne suis pas comme ça. Je voulais juste y croire. Et essayer de les convaincre, c'était me convaincre moi-même.

Pourtant, après toutes ces années, j'avais fait du chemin avec la maladie. Je pensais en avoir fini avec le déni ou le rejet. J'avais accepté ma condition. Du moins le croyais-je.

Je pense aujourd'hui que ce travail sur soi est sans fin. On accepte à un instant T, c'est un fait, mais pas de manière pérenne et immuable. Chaque phase amène ses nouveaux défis.

J'avais en effet connu un laps de temps de répit et me retrouver à nouveau dans les affres de la douleur me faisait faire machine arrière. Comme une nouveauté. Et donc rebelote pour la phase de déni, de colère, de tristesse… Rebelote pour le travail d'acceptation. Telle une nouvelle claque alors que l'on connaît déjà. Le cerveau oublie, le corps rappelle.

En cette fin 2020, j'étais donc pleinement plongée dans une virulente phase de déni. Douze ans après mon diagnostic, je jouais la valide, comme je ne l'avais plus fait depuis des lustres. Je crachais sur mon corps comme certains crachent sur les tombes. Je m'enterrais vivante.

Je suis allée trop loin dans la douleur, la fatigue, l'épuisement et l'oubli. Je suis allée trop loin en me laissant sur le bord de la route au passage.

Je n'aurais pas cru que cela serait possible. J'étais attentive, respectueuse. Mon corps était devenu, au fil des années, une de mes priorités, si ce n'est MA priorité. J'aurais ri au nez de la personne qui m'aurait dit que j'allais à nouveau tomber dans la facilité hautaine du déni. Mais non, pas *moi* ! J'ai tellement travaillé sur ma petite personne, j'ai tellement cheminé, c'est tout bonnement im-po-ssi-ble. Voyons, voyons, jamais plus je ne me dénigrerai ! Et pourtant…

Encore une fois, j'étais remise à ma place par la maladie. Encore une fois, je comprenais que rien n'est jamais gagné. Encore une fois, j'étais confrontée à la fragilité de nos pas sur le chemin.

Je m'étais cru arrivée, invincible et bien campée. Je prenais conscience que je n'étais qu'un pissenlit, pouvant se répandre dans les airs au moindre coup de vent.

La chute

TOMBER, ÇA FAIT MAL. Tomber encore, ça fait encore plus mal. Mais ne cesser de tomber, ça démolit.

Je pense que vous pressentez une année 2021 au top de ma forme… Et vous avez raison. Chute libre sur 4000 mètres. Au ras des falaises.

Chapitre 48

[2021]

L'année 2021 a donc débuté laborieusement. Après la chasse au vaccin Covid, l'administration du premier d'une longue liste de cinq n'aura que peu atténué mes craintes, déjà bien trop solidement ancrées. Je continuais donc mes mises en place spécifiques au travail avec des plages horaires à rallonge. J'étais sur les rotules et pour autant, je poursuivais sur ma lancée infernale. Toujours plus, toujours trop. Jusqu'au moment où, patatras, il ne fut même plus question de mettre un pied devant l'autre.

En mai, les cordes ont cédé et je me suis mangé le trottoir. Mon traitement ne fonctionnait plus, je dormais à peine et j'étais au comble de l'épuisement. La sonnette d'alarme ne retentissait plus, cela faisait bien longtemps que même elle avait perdu son énergie.

Le médecin m'a prescrit un arrêt de travail, il n'était plus envisageable que je mette un orteil au cabinet. Cet arrêt de quelques semaines s'est transformé en un mois, puis deux, puis trois, puis dix. Mais n'allons pas trop vite *(toujours ma propension à courir après le temps !).*

À ce printemps 2021, je faisais donc ce que je connaissais bien ; un échappement. Mon petit corps rejetait le traitement en place depuis 4 ans et ce dernier n'avait plus moyen d'agir. Oh le retour des douleurs puissance dix mille ! Oh le retour des nuits à ne pas fermer l'œil avec l'envie de s'exploser contre le mur pour faire taire la souffrance ! Oh les pleurs de résignation !

Cette rechute, je l'ai mal vécue. Autant physiquement que moralement. J'avais l'impression de me reprendre la claque des débuts.

J'ai un carnet noir, mon carnet défouloir, mon carnet dégueuloir, dans lequel j'écris quand ça ne va pas. C'est un carnet pour expier mes peines. Cette année-là, j'ai noirci pas mal de pages. J'ai aussi revu Madame Yantga, ma psychologue hypnothérapeute, car si je savais une chose, c'est qu'on ne reste pas seule en espérant que le gros nuage noir va partir comme par magie. À ce moment-là, j'ai aussi eu férocement besoin d'un aspect qui n'était pas nécessairement présent dans ma vie ; de spiritualité. Est-ce que croire, quand on souffre autant, permet de trouver de l'espoir, même quand son propre réservoir est à sec ? Peut-être. Je me suis donc connectée à ma spiritualité, ma foi *(chacun met ce qu'il veut derrière ce mot, je ne suis là pour endoctriner personne, qu'on se le dise ! Je ne parle ici pas de religion mais bien de spiritualité et la nuance est importante. Fin de la parenthèse et de potentielles polémiques !)*. Et dans cette période d'ouverture, j'ai eu l'impression de recevoir plein de signes. Les recevais-je parce que j'étais disposée ou bien parce que justement je surinterprétais ? Personne ne le saura jamais vraiment mais moi, je savais en quoi je voulais croire. Et ça m'a fait un bien fou. Ça m'a soutenue.

Et du soutien, j'en avais besoin. Puisque, après la pause réglementaire entre deux traitements, j'ai commencé une nouvelle injection, le Zlat *(un petit-neveu de Zlatan… Ok je sors ! Du terrain, ahahah !)*. Mais force fut de constater, au bout de plusieurs mois, que ce dernier ne savait pas viser dans le but. Échec thérapeutique. Et re-coup de massue. Et re-pause réglementaire entre deux traitements.

Il faut savoir qu'avec la biothérapie, on parle en termes de mois *(on est loin du quart d'heure pour l'efficacité du Nepralido)*. Il faut entre deux et six mois pour voir les effets positifs d'un traitement, un mois d'arrêt entre deux traitements différents. Mis bout à bout, ça chiffre beaucoup et l'attente est terriblement longue et éprouvante.

En plus de la biothérapie, on m'a proposé un autre traitement pour les douleurs, encore des ISRS *(vous savez la même famille que celui du stop-pipi ?!)* mais promis, normalement, celui-ci n'aurait pas les mêmes effets secondaires. « Ok, alors euh, pourquoi dès le deuxième jour, je ne peux déjà plus uriner ? Du tout ?! » Bref, celui-ci aussi, on l'a arrêté !

Je me sentais démunie et dans un isolement de plus en plus profond. La douleur, quand elle est extrême, éloigne de tout et de tout le monde. Notre univers se replie sur lui-même, jusqu'à s'auto-étouffer. Et cette impression d'abandon était exacerbée par un système qui me dépasse. On sait tous que les places en centre antidouleur sont chères et qu'il y a peu de créneaux de rendez-vous. Pendant ma période de rémission, je me suis dit que je n'allais pas prendre la place de quelqu'un d'autre qui en avait peut-être plus besoin que moi à ce moment-là. Oui mais ! Comme j'avais laissé passer un an sans y retourner, j'étais rayée de la liste ! Quand j'ai appelé le centre pour bloquer un rendez-vous étant donné que mon état s'était dégradé, on m'a dit, fort aimablement, « vous n'aviez qu'à prendre rendez-vous même si vous n'en aviez pas besoin pendant l'année écoulée. Maintenant, vous repartez à zéro. Il nous faut une lettre de votre médecin traitant. » Mais euh, vous me suivez depuis plus de dix ans... « Lettre du médecin traitant, merci. » Hallucinant !

Maintenant, je le sais, même quand j'irai mieux, je prendrai un rendez-vous au centre antidouleur pour ne pas perdre ma place, au détriment d'un autre patient. Ce système m'écœure.

La même année, j'ai été contrainte de trouver un nouveau kiné *(je vous l'ai dit, le mien était parti et j'ai eu la folle prétention, un temps seulement, de vivre sans séance. Grave erreur !)* et si vous vous rappelez le parcours du combattant de la première fois, vous comprendrez pourquoi cela a été encore une épreuve. Un premier kiné, un deuxième et vous connaissez le manège. J'ai bien cru que je ne trouverais pas, ou bien à des plombes de chez moi, ce qui se serait avéré contreproductif. Mais heureusement, j'ai erré moins longtemps et ai pu, plus ou mois rapidement *(quand on chiffre tout en mois, on en perd la notion de rapidité telle que les personnes lambda l'entendent)*, mettre la main sur un praticien qui connaissait le sujet ! Alléluia !

Malgré les douleurs, je m'efforçais de faire un minimum mes mouvements d'étirement, même si je perdais de la rigueur.

C'est dur d'être consciencieuse quand on souffre et pourtant c'est dans ces périodes-là qu'il ne faudrait pas transiger. Toujours plus facile à dire qu'à faire !

Quoique pas pour tous… Récemment *(je fais un aparté temporel !)*, j'ai lu un post d'un mec sur Facebook qui m'a fait hérisser les poils. Ce cher monsieur démontrait ses exploits de course à pied tout en commençant son texte avec un « Oui, oui, comme vous, je souffre 24 heures/24 ». Euh… en courant 15 bornes, on ne parle peut-être pas de la même souffrance. Il certifiait que la spondy est une maladie que le malade contrôle et non l'inverse, mais encore fallait-il avoir le déclic et le *vouloir*. Je suis lasse de ce genre de propos. Quelle condescendance ! À aucun moment, le type n'a eu l'intelligence de prendre du recul et de se dire qu'il a, peut-être, une forme plus légère que d'autres malades pour qui bouger simplement le petit doigt est une torture ? *(ou alors le veulent-ils sûrement…)* Je me plaignais déjà de ce genre de discours il y a cinq ans et cela n'a pas changé aujourd'hui. La tolérance et la compréhension, aussi fou que cela puisse paraître, doivent également venir des autres malades, sans sentiment de supériorité. Mais pour cela, il faudrait que l'humilité regagne un peu de points dans notre société ! Bref, je m'égare, fin de la parenthèse.

Donc, en 2021, je devais déployer une force surhumaine pour maintenir un minimum de mouvement. Heureusement, j'avais ma musique motivante. J'écoute toujours le même album en faisant mes mouvements et ce depuis que j'ai commencé en 2013. C'est l'album *Divinidylle* de Vanessa Paradis, allez savoir pourquoi. Je ne l'écoute jamais en dehors de mes séances d'étirements ! Il y a des rituels comme ça… peut-être bien que ça aide d'ailleurs. Avoir des routines, ça sécurise, ça booste et ça rassure. Je crois que dans le monde inconstant de la maladie chronique, c'est bien d'avoir quelques repères immuables. Ils sont peu nombreux, alors autant s'en créer quelques-uns, aussi dérisoires soient-ils, comme une musique pour stimuler sa motivation. Une madeleine de Proust pour adoucir les moments.

Car oui, ces moments sont terribles et cette longueur est insupportable. Et dans cette grande plage de… rien *(et de trop à la fois)*, il est un constat qui est dur à avaler. Pour beaucoup, ce quotidien suffocant devient notre normalité. Je m'explique :

=> Coralie a mal mais c'est normal pour elle la douleur.

=> Coralie n'a pas d'enfant mais c'est normal pour elle la privation.

=> Coralie a dû annuler sa venue à la soirée mais c'est normal pour elle la frustration.

Normal qu'elle soit fatiguée, qu'elle ait x rendez-vous médicaux, normal que sa vie ne le soit justement pas, *normale*.

Pour Coralie, c'est NORMAL ! Comme si la longévité d'un état le rendait plus facile à vivre. Pour une même douleur, ces personnes le crieraient au monde. Pour un même deuil, ils pleureraient des mois sur mon épaule. Pour un même épuisement, une même frustration, ils se plaindraient à tous ceux qu'ils croiseraient. Mais pour Coralie, ne nous y attardons pas plus que nécessaire, puisque pour elle, c'est normal.

C'est difficile de voir à quel point la souffrance est banalisée pour certains, exacerbée pour d'autres. Voir à quel point elle devient invisible quand elle dure trop longtemps.

Alors non, sachez-le, rien n'immunise contre les peines. On ne s'habitue pas à souffrir, à être déçu, privé. Amputé.

Je suis toujours, profondément et sincèrement, heureuse des bonnes nouvelles des uns et des autres. Les avancées de vie de chacun me réjouissent ; l'annonce d'une grossesse, d'un déménagement, d'un grand voyage ou que sais-je. J'ai toujours mis un point d'honneur à continuer d'être contente pour les autres. Mais beaucoup oublient que cela demande une vraie abnégation. Qu'il serait plus simple de se laisser aller à la face aigrie du genre humain. C'est, malgré tout le travail sur soi que l'on peut faire, un peu de sel déposé sur une plaie. Ce n'est pas méchant, ni autocentré, c'est humain. Et peu s'en rendent compte. Après tout, c'est juste normal…

Bouh que ce chapitre est joyeux ! Au moins, il reflète bien mon état d'esprit en 2021. J'aime l'honnêteté, rappelez-vous ! Franchise et transparence, c'est ce que je vous promets depuis le début de ce livre, alors c'est cadeau *(bien que je sache pertinemment que ça ne plaira pas à tout le monde. Quand j'ai évoqué cette crainte, une amie m'a d'ailleurs dit : « Celui qui plaît à tout le monde n'a pas de coui**** – ou d'ovaires – ! ». Je prends donc le risque d'être entière !).* Débrouillez-vous avec ça *(désolée...).*

Pour poursuivre et quitter cette noirceur qui colle aux basques, je vais avancer un peu dans le temps *(une fois n'est pas coutume !).* En octobre 2021 donc, j'ai pu commencer un nouveau traitement, le Voqrin. Et celui-ci présentait un atout non négligeable, pour la première fois en douze ans, je n'allais plus me piquer. Fini les injections, je bénéficiais d'une biothérapie d'un genre insolemment branché : en comprimé ! Une petite révolution dotée d'une liberté savoureuse. Plus besoin de garder au frais, d'anticiper les voyages... Mais pour l'heure, je souhaitais avant tout qu'il fonctionne. Qu'enfin, je puisse respirer à nouveau. Pour cela, encore une fois, il allait falloir attendre. Il allait falloir être patient. Parce qu'on le sait bien, un patient ne peut être impatient *(et boum, là ce n'était pas mauvais !).*

Bref, cette année 2021 a été d'une difficulté sans nom. À la fin décembre, j'étais toujours en arrêt et un retour à la « normale » paraissait encore bien utopique. Toutefois j'avais sorti la tête de l'eau. Si mon corps hurlait encore, ma tête avait trouvé l'apaisement. Et plusieurs raisons expliquaient cette bouffée d'oxygène...

Paradoxal

Qui tient du paradoxe.

paradoxe : association de deux faits, de deux idées, **contradictoires**.

Le paradoxe, c'est ce qui brouille les récepteurs du cerveau. Tel un mouton qui bêle trop fort.

C'est comme l'épreuve de l'épilation qui fait disjoncter le circuit général ! Parce qu'entre nous, avec une spondy et sous biothérapie, c'est de la cascade de haut niveau. N'est-ce pas les filles ? *(Puisque que c'est bien nous qui sommes les plus sujettes à ce dictat pileux.)* Moi, j'étais team épilateur avec les contorsions que cela exige, la sensibilité de la peau qui en découle, les percussions sur les os et j'en passe. Puis, une fois l'épreuve de l'arrachage de poils passée et les douleurs neuropathiques bien réveillées comme des milliers de fourmis rouges lancées à l'assaut du moindre millimètre de l'épiderme, se pointe la curieuse expérience de la repousse ! *(Rassurez-moi les filles, vous aussi vous avez l'impression de sentir le poil transpercer votre peau comme Arthur avec l'épée d'Excalibur ?)* Et tout ça pour recommencer quelques semaines après !

Alors j'ai changé de camp pour la team rasoir, malgré les risques de coupures et d'infection, sans compter la nécessité d'y revenir encore plus souvent. Pas la panacée quoi ! J'ai donc essayé plusieurs méthodes, même le laser avec une dermato il y a des années de cela *(deux mini-séances suivies de nombreuses semaines de crème à la cortisone !)*. Une fois tous ces tests réalisés, une conclusion récurrente et désespérée s'imposait à moi : l'être humain a des poils, il y a peut-être une raison ! Bref, je sais qu'il est dit qu'il faut souffrir pour être belle *(au passage, ça ne peut être qu'un mec qui a inventé cette phrase !)* mais quand on dérouille déjà tous les jours, ça devient un chouille crispant cette petite ritournelle qu'on rabâche aux fillettes dès leur plus jeune âge. Alors dans ce contexte, ça peut être sympa aussi de décider d'être « moche », et donc de ne pas souffrir… *(D'ailleurs, entre nous, mes jambes le décident régulièrement !)*

Mais vous vous demandez sûrement le lien avec le paradoxe ? J'avoue que moi aussi… mais ça va venir… c'est tout le paradoxe des digressions ; on en dit, on en dit et après on ne sait plus de quoi on parle !

Chapitre 49

[2021]

En effet, cette année 2021 a été follement paradoxale. Car si elle représente une année extrêmement difficile, elle regorge aussi pour moi de merveilleux souvenirs et évènements marquants. Allez, je vous dis tout !

D'abord, il y a eu l'écriture. Cette année-là, j'ai eu l'immense bonheur d'apprendre que mon premier roman allait être édité. En 2021, j'ai signé un contrat d'édition pour *Les 12 travaux mythiquement merveilleux de Pernille* aux Éditions Sud Ouest. Un roman feel-good saupoudré de développement personnel. Dans cet ouvrage, à travers l'histoire de Pernille, je distille des outils de sophrologie et de reconnexion à soi. J'ai une grande affection pour ce livre, alors quel bonheur de savoir qu'il allait se retrouver entre les mains des lecteurs quelques mois plus tard ! J'ai adoré les phases de relecture, de corrections et de réécriture. Peaufiner cet ouvrage a été un pur régal pour moi.

C'est aussi lors de cette année que j'ai débuté l'écriture de ce qui allait devenir mon second roman. À partir d'une de mes nouvelles intitulée « Et se souvenir encore » est né *De si beaux horizons*, un roman tendre et optimiste, où les secrets côtoient l'humanité. Mais en 2021, ce n'était encore qu'un manuscrit inachevé. Toutefois, je prenais un profond plaisir à partager mes journées avec Alice, Yvette et Célia.

L'écriture, pendant cette période difficile, me faisait du bien, me permettait de maintenir la tête hors de l'eau, de me vider l'esprit et de garder un but, un objectif positif. Je m'y adonnais quand mes douleurs et ma fatigue me le permettaient. J'essayais de conserver un rythme mais étais bien obligée d'être dirigée par mes limites. Peu importait finalement, c'était hautement thérapeutique, jouissif. Nécessaire.

Nous sommes nombreux dans le même cas, à avoir besoin d'un stimulant en période de crise pour ne pas sombrer totalement. Je le sais par les divers échanges que j'ai pu avoir avec d'autres malades. D'ailleurs, ces fameux échanges ont pris une tournure particulière en 2021. En effet, j'ai reçu, cette année-là, une belle proposition.

J'avais suivi, via la presse et les réseaux sociaux, la création d'une association dont je saluais l'engagement : SpaVer22. Cette dernière propose un soutien pour les malades (atteints de spondylarthrite ankylosante et/ou de la maladie de Verneuil) avec des aides aux démarches administratives, une écoute bienveillante et une permanence téléphonique 7 jours sur 7, 24 heures sur 24. Imaginez un peu, c'est titanesque ! Et tout cela géré uniquement par des bénévoles. Je trouvais ça extraordinaire. J'ai partagé, sur mes réseaux sociaux, l'un de leurs articles pour saluer leur démarche.

Quelque temps plus tard, la dynamique co-présidente *(à cette époque, vice-présidente)*, Vanessa Guibert, me contactait. Ils avaient une demande ; ils souhaitaient que je devienne l'ambassadrice de l'association ! Je n'ai pas eu besoin de réfléchir longtemps. J'ai dit oui et j'en étais ravie. La présidente et fondatrice, Karyn Le Goff, m'a souhaité la bienvenue avec sa gentillesse légendaire. Et toutes les trois, nous avons commencé à travailler ensemble. Mon implication est modeste en comparaison de la leur mais je ne veux pas être une ambassadrice de pacotille, de représentation. Alors, depuis ma « nomination », nous proposons, un mois sur deux environ, un évènement, en visioconférence, aux adhérents répartis un peu partout en France *(séances de sophrologie, atelier d'écriture, soirées de discussions ouvertes, jeux… On se creuse les méninges chaque semestre pour diversifier le planning de mes interventions !)*.

Avec cette association, j'ai fait la connaissance de personnes merveilleuses, agissant dans un don de soi louable. Et à l'heure où j'écris ces lignes, je me prépare à vivre le premier évènement physique de l'association en novembre 2023, à Merdrignac en Bretagne. Je trépigne d'impatience ! Je pressens que ce seront trois jours d'émotions, de rires, de larmes, de partage.

Mais revenons à nos moutons, nous ne sommes qu'en 2021, à la proposition initiale qui m'a autant émue qu'honorée. Une nouvelle aventure commençait avec une envie commune : rendre visibles nos maladies invisibles ! Mon combat pour mettre en lumière ces pathologies invisibles était donc loin d'être terminé.

Enfin, cette année-là, j'ai aussi eu de merveilleux cadeaux dans ma vie personnelle ! J'ai eu droit à des annonces qui m'ont tiré les larmes...

Mon frère et ma belle-sœur m'ont proposé d'être témoin et maître de cérémonie de leur mariage. Prendre part de manière intense à leur union comptait beaucoup pour moi et c'est un honneur qui m'a bouleversée.

Ensuite, une cousine m'a demandé d'être la marraine de son fils, Sacha. Quelle émotion ! Certaines personnes s'aperçoivent de la douleur du manque. En m'offrant une place privilégiée dans la vie de leur enfant, ma cousine et son mari me dédiaient un rôle. Si celui de mère était définitivement exclu pour moi *(j'avais fait mon douloureux mais nécessaire deuil)*, je me suis fait la promesse ce jour-là d'être une marraine exemplaire.

Même dans les moments les plus sombres, des percées de lumières viennent toujours adoucir l'obscurité... Il faut s'y accrocher, férocement, à ces bouées de sauvetage qui permettent de reprendre une goulée d'air.

Dans les moments de crise, je doute toujours beaucoup. Je doute de tout. D'un rien. Je ne me sens à ma place nulle part. Je ne suis jamais pleinement là, sans être vraiment ailleurs. J'aime sans réellement aimer. Je suis heureuse sans sincèrement l'être. J'existe et pourtant je ne suis jamais autant *absente* que dans ces instants-là. Et pourtant, pourtant, la vie finit toujours par l'emporter. Ce triomphe est immuable et, chaque fois, je reprends de la consistance.

Le paradoxe est là. C'est souvent dans les moments les plus difficiles que naissent mes plus belles victoires, peut-être parce qu'elles conditionnent ma survie. Et je les chéris d'autant plus qu'elles réactivent ma vie.

La claque

Cela pourrait presque faire le titre d'un film pour le festival de Cannes.

Les acteurs principaux seraient plus vrais que nature, dans une vérité brute, nue. Une couleur froide, des dialogues sourds et un élément déclencheur. Violent. Irréaliste. Une claque.

LA claque du siècle. Celle que l'on n'attend pas, que l'on n'aurait même pas pu imaginer. Parfois la réalité semble presque *trop* pour être crédible dans la fiction.

Action, ça tourne !

Chapitre 50

[2022]

Je n'aime pas me contredire mais force est de constater que je vais devoir le faire ici. Je viens de finir un chapitre où je parle de puiser le positif même dans le négatif mais il est certains moments où c'est tout bonnement impossible. Du moins, pas au premier abord.

Nous arrivons donc en 2022 et cette année-là, ma mâchoire s'est décrochée et mes bras m'en sont tombés. Je vous explique !

Toujours en arrêt maladie, je continuais de me battre pour garder la tête hors de l'eau et accueillir un certain soulagement.

Entre-temps, mon médecin traitant de toujours *(je n'avais eu que lui depuis ma naissance)* est parti à la retraite et ce départ m'a, au départ, terrorisée. On avait une telle relation de confiance, de proximité *(et Dieu sait que c'est nécessaire avec une maladie chronique)* que j'avais l'impression que j'allais être perdue sans lui. Heureusement, il s'était trouvé un remplaçant parfait *(avec qui je travaillais déjà régulièrement en tant que sophrologue)*. Je savais donc que j'allais me sentir en sécurité. Et ça, franchement, ça n'a pas de prix. J'entends trop souvent des malades dire ne pas être dans une relation saine avec leur généraliste, alors qu'il est notre premier interlocuteur au quotidien. Son rôle est essentiel.

Mais revenons à nos moutons, ou plutôt à la big méga-claque. Peu à peu, mon nouveau traitement montrait quelques effets et bien qu'ils soient timides, je me sentais reprendre du poil de la bête. C'est ainsi qu'en avril a été décidé que je reprendrais le travail à mon cabinet de sophrologie. Mon nouveau médecin traitant était d'avis de me laisser en arrêt encore un peu, pour consolider les bases saines, mais j'avais envie, besoin, de reprendre. Même un tout petit peu.

J'ai donc annoncé par un mail collectif que je réintégrais la maison de santé mais à des horaires réduits. Je reprenais un peu les rendez-vous individuels mais pas les réunions collectives ni les projets de groupe. Chaque chose en son temps.

Il faut avouer que j'ai déjà été un peu alarmée quand ce mail d'annonce n'a reçu que peu de retours. Mais bon, chacun est fort occupé, ne tirons pas de conclusion sur la comète !

Je suis donc revenue après 10 mois d'absence et… quasi rien. Pour beaucoup, c'était comme si j'avais été là la veille. Toutefois, le lendemain, j'ai reçu un premier mail me sommant de remplir mon planning sur-le-champ. Welcome ! Une semaine après j'étais convoquée *(n'oublions tout de même pas que j'étais en libéral et non employée !)* par un petit groupe. Et là, ce que j'ai entendu m'a coupé les jambes…

— Tu comprends Coralie, ta longue absence n'a pas été simple à gérer pour nous. C'était quand même bien embêtant.

— Et pour les projets collectifs, on ne pouvait pas envoyer les personnes vers la sophrologie, c'était quand même vraiment chiant pour nous.

— Il va falloir que tu te positionnes vite, si tu reprends les groupes ou pas sinon on a déjà pris contact avec une autre sophrologue dans la ville d'à côté. On ne pourra pas attendre indéfiniment.

Coup de couteau sur coup de couteau. Je savais à peine quoi répondre. Pour la compassion, on repassera. On évolue tout de même dans un milieu médical et paramédical dans cette structure. Je n'en revenais pas.

Les semaines qui suivirent ne furent pas meilleures. Je ne reprenais pas assez de rendez-vous, pas assez vite. Et je ne vous raconte pas le ton des mails… que, selon l'expéditrice *(toujours la même !)*, j'interprétais ! On me disait aussi que si je venais à nouveau aux réunions collectives, ça irait mieux *(eh oui du chantage ! C'est beau !)*. Cela ne venait que d'un petit groupe de personnes *(et non toute l'équipe, heureusement)* mais cela suffisait pour tout pourrir. On m'a clairement demandé des comptes sur la sortie de mon roman ; « je m'étais mise en arrêt pour écrire ou quoi ? » Ça se sait, c'est le patient qui se met lui-même en arrêt maladie ! Mon médecin n'en revenait pas ! La pression n'a fait qu'augmenter encore et encore. On me relançait sur mon implication dans les projets, j'expliquais encore et encore que ma reprise devait se faire en progressif, au risque de redéclencher une crise monumentale. Mais mes mots et mon état n'avaient aucune valeur.

Jusqu'au jour où je suis arrivée à la maison de santé et que mon nom avait été retiré de l'arbre des praticiens à l'entrée. Visiblement, je n'avais pas répondu assez vite aux impératifs, je ne faisais pas assez d'heures pour mériter ma place dans l'entrée. Le geste était fort et violent. Je me suis pris la claque du siècle. Je bossais dans une structure médicale et on me faisait payer d'être malade. C'était la première fois depuis mon arrivée cinq ans plus tôt que ma maladie m'empêchait et voilà ce que je subissais en retour.

J'ai craqué et ai exposé cette maltraitance à tous. Bien évidemment, personne n'avait enlevé ma plaque. Le petit groupe harceleur m'a laminée par mail. C'en était trop pour moi, j'ai décidé de partir.

J'étais dans l'incompréhension la plus totale. Pour me « rassurer », un de mes gentils collègues m'a fait remarquer que j'étais tout de même la neuvième à partir dans la violence, et dans le même schéma, de cette structure et que ce n'était pas spécifiquement *moi*, le problème. Mais quand même, ça fait mal.

Je me prenais en pleine tête ce que beaucoup de malades évoquent, l'intolérance au travail. Cette méchanceté était doublée d'hypocrisie et d'irrespect. Peut-on être un bon soignant quand on se comporte ainsi avec une collègue malade ? Cela me dépasse.

Le tendre bouquet de fleurs des secrétaires sous le bras, j'ai donc quitté à regret mes sophronisés et mes autres collègues avec qui je prenais plaisir à travailler. Nombre d'entre eux m'ont cette fois écrit des messages désolés, en privé, m'expliquant qu'au vu de la situation dans la structure, ils ne pouvaient me soutenir ouvertement. Pour dire que c'était allé vraiment très loin… Un seul ver suffit à pourrir la pomme, malheureusement.

Je sais que théoriquement les choses avancent, que le handicap est davantage représenté dans le secteur du travail mais soyons honnêtes, c'est encore bien trop peu. Combien perdent leur travail après être tombés malades ? Le constat est affligeant et les chiffres colossaux. Les mentalités peinent à évoluer et être handicapé ou malade demeure une faiblesse pour le milieu de la rentabilité.

Je pense qu'il est palpable à travers ces lignes que mon expérience reste encore sensible. L'émotion transparaît et je ne sais pas encore comment la canaliser pour transformer cette mésaventure en leçon. Je ne suis pas encore objective, ni détachée, mais c'est aussi ce bouillonnement de révolte et de sentiment d'injustice qui me procure la force et la volonté de dire tout haut ce que l'on ne cesse de penser tout bas. Les bien-pensants me fatiguent ; il est plus que temps d'agir. J'ai beau le vouloir, j'ai beau y croire, je sais que ce ne sera pas la dernière claque que je me mangerai en plein visage.

Ah les claques, douloureux quotidien de toute personne un tant soit peu différente. Je me souviens d'une sortie aux hortillonnages d'Amiens. La file d'attente était interminable et je savais que si je voulais profiter un minimum de la visite en barque, je devais me préserver et économiser au mieux mon énergie. Alors, et parce que je ne l'ai pas volée, rappelons-le, j'ai sorti ma carte de priorité (appelée CMI, Carte Mobilité Inclusion). C'est fou cette sensation de honte, de culpabilité et de contrition qui revient quand on sort ce petit bout de papier. Alors que l'on n'a pas trouvé cette carte dans un Kinder surprise *(et qu'accessoirement on préférerait ne pas en avoir besoin, précision que visiblement tout le monde ne capte pas !)*. J'ai donc présenté ma carte et ai demandé poliment à ce qu'on puisse me laisser passer *(bien évidemment, comme souvent, aucun emplacement n'est dédié aux personnes prioritaires, c'est donc à nous de nous excuser, d'implorer, de nous justifier et forcément, d'essuyer les remarques déplacées. Ça ne serait pas drôle sinon !)*. Et là, un homme d'un certain âge m'a tenu tête. Il était plutôt virulent, eh non que je ne paraissais pas malade, et pourquoi d'ailleurs j'avais droit à cette carte, et pourquoi lui il devait me laisser passer parce que moi, j'avais cette carte, et franchement j'avais plutôt l'air de pouvoir faire la queue et de lui laisser son tour. J'en passe et des meilleurs, le ton montait *(enfin surtout de son côté, moi j'essayais de ne pas me départir de mon sourire mais cette fois, cela ne suffit pas)*. Il a fini par me dire que lui aussi avait fait plusieurs demandes pour une carte de priorité mais que chaque fois, c'était refusé. Il ne voyait pas bien pourquoi alors que pour moi, visiblement dans la fleur de l'âge, c'était accepté. Il trouvait ça écœurant *(entre parenthèses, moi aussi. Je préférerais que ce soit lui du haut de ses 70 balais qui en ait le plus besoin. L'inverse est fichtrement triste… pour moi !)*. Bref, il m'a seriné que lui aussi avait des problèmes et que donc il n'avait pas à me laisser passer. J'ai ravalé mon venin, je n'ai pas remis en cause ses problèmes mais j'ai tout de même souligné que je n'étais pas la MDPH, que j'avais la carte et que par conséquent, je pouvais rejoindre la caisse prioritaire sans qu'il me fasse barrage. Je ne me suis pas défilée, je suis passée et j'ai essayé de laisser cette haine derrière moi. En chapelet.

Je fais ma maligne mais bien souvent, je fonds encore dans mes talons quand je dois brandir ma carte dans une file d'attente trop longue pour que je réussisse à rester debout en statique. « Pardon, pardon d'exister et d'être comme je suis, je peux passer svp ? Pardon, pardon, pardon encore. » Vous voyez le tableau ? Se justifier, toujours. Le lot quotidien des maladies invisibles. Et malgré ces justifications permanentes, ce flot de haine que l'on se prend, invariablement.

Faut dire qu'il n'y avait pas encore assez de violence dans nos existences…

C'est comme avec l'arrivée de ce satané virus ! J'avais réussi à passer à travers depuis deux ans en faisant très attention et le jour où j'ai décidé de relâcher un peu, vraiment un peu, bim, je me le suis chopé. Une semaine pas bien, en vrac, avec les symptômes dudit méchant virus, mais surtout avec des douleurs de spondy démultipliées. Et ça a duré, duré, duré… des mois. Des mois à avoir des douleurs articulaires de dingue et une fatigue de malade. Mon rhumato me l'a confirmé, je n'étais pas la seule à vivre une inflammation générale, intense et longue après avoir contracté la covid. Comme un emballement. Depuis, j'ai plus peur de l'attraper pour ses conséquences sur mon état inflammatoire que pour ses propres symptômes. C'est dire !

C'est la même chose quand j'ai besoin de soins dentaires. Je n'ai pas peur du dentiste, mais je sais que l'intervention va éveiller un processus inflammatoire qui va mettre des plombes à s'apaiser : deux mois de sensibilité pour une carie soignée et trois pour une dent dévitalisée. Autant dire qu'à chaque contrôle annuel, je serre les dents !

Parfois, heureusement, les montagnes russes sont à l'envers et comme un film regardé en rembobinage, la claque se décolle de la joue plutôt que de venir s'y écraser. Parce que la médecine est aussi parfois une sacrée farceuse !

En 2022, suite à des soucis de déglutition, on m'a fait une batterie d'examens et d'une prise de sang est arrivé le constat que j'avais contracté la maladie de Lyme. Il faut savoir que même quand on est malade, on n'est pas préparé à de nouveaux diagnostics. Encore une fois, on ne s'habitue à rien. Donc pif paf pouf, choc frontal. Une merde de plus. Imaginez comme ça tournait déjà dans ma tête ! J'ai été envoyée dans un service spécialisé, re-test pour être sûr. Pas de réponse, je me disais que ça puait. Le labo ne m'envoyait pas les résultats. Je suis retournée voir le spécialiste, sans les résultats. Lui non plus ne les avait pas. Il a donc appelé le labo, qui ne voulait pas les lui donner par téléphone, il a insisté et là oh ! Ils s'étaient trompés, ils avaient fait une erreur et ils savaient déjà depuis longtemps que le premier test avait été un faux positif. Bien sûr, ils n'avaient pas jugé bon de prévenir qui que ce soit ! Bon, je n'ai pas demandé mon reste, je vous rassure. Le rendez-vous a duré 5 minutes et je suis repartie plus légère de 30 kg. Les amateurs de régime devraient essayer, c'est imparable ! Ça stimule le nerf vague… ah non, ça c'est le tens eco 2, je confonds.

Il faut dire qu'en 2022, j'ai commencé un nouveau protocole avec le centre antidouleur ; la stimulation à domicile du nerf vague. C'est avec un tens (le fameux petit boîtier de neurostimulation électrique transcutanée) et une électrode spécifique

que l'on place dans l'oreille GAUCHE *(à droite, ça dérègle les battements du cœur, mieux vaut ne pas se tromper !)* et pendant 20 minutes, ça stimule. Il faut rester allongé parce que cela fait baisser la tension artérielle et le faire deux fois par jour. Ça m'a aidée *(et ça m'aide toujours d'ailleurs)*, notamment sur la fatigabilité. Tout apport est bon à prendre, une pierre plus une pierre, c'est ainsi que l'on arrive à l'édifice.

L'histoire de cette électrode est cocasse… L'infirmière du centre antidouleur m'avait dit d'essayer l'électrode provisoire au départ et que si cela faisait effet, je pourrais ensuite passer à la définitive, qui est bien plus chère. Je suis donc allée l'acheter, avec les références, et là le fournisseur a dit à ma pharmacienne qu'il ne pouvait plus avoir l'électrode provisoire et que seule la définitive continuait d'exister. Qu'est-ce qu'on a fait ? On a cru ! J'ai donc pris la fameuse électrode définitive.

Est arrivé le jour du rendez-vous pour la première séance qui se fait à l'hôpital *(pour apprendre à le réaliser en autonomie ensuite)* et j'ai donc expliqué la mésaventure à l'infirmière. Elle a froncé les sourcils, regardé l'électrode, m'a regardée, refroncé les sourcils avant de laisser tomber la sentence : « Vous vous êtes fait rouler ! ». L'électrode que j'avais entre les mains était bel et bien la temporaire que j'avais payée le prix de la définitive. Autant dire que le fournisseur a eu l'air passablement ridicule, devant la pharmacienne aussi ébahie que moi, quand j'ai demandé des comptes *(il croyait sans doute que je ne m'en apercevrais pas)* ; le pauvre s'était emmêlé dans ses propres étiquettes. En même temps, j'aurais dû me méfier puisque c'était déjà le même qui, après m'avoir vendu un fauteuil relax, me soutenait mordicus qu'il était normal que le neuf livré chez moi soit moins bien que celui d'expo ! Il y en a qui ne doutent de rien ! Pauvre innocente que je suis !

Tout cela dans la ville de la maison de santé dans laquelle je bossais… Il doit y avoir un truc par-là, ce n'est pas possible !

A contrario, il y a, non loin de chez moi, un autre magasin paramédical, qui avait d'ailleurs accueilli une scène de mon clip Grande Patiente, dont la gérante me fait parvenir une lettre émouvante à chacun de mes livres.

Preuve qu'il en est qu'il ne faut jamais s'accrocher aux seules mauvaises expériences.

Tout ça pour dire qu'avec une maladie chronique, faut être paré aux coups. À se manger des claques, et même parfois de bonnes grosses beignes bien violentes. Mais aussi prêt à accueillir les surprises et les retournements favorables de situation. Si vous entrez dans le *game*, assurez-vous d'avoir le cœur bien accroché, sinon vous risquez de vomir sur vos pieds *(et tout le monde sait que, pour nettoyer, il faudra les toucher, ses pieds. Ah je rigole ! Essaie avec une spondylarthrite. Bah ouais, t'y arrives pas !).*

Romancière

Ce mot me fait peur. C'est comme écrivaine. Ce sont de grands mots qui ne semblent pas taillés pour moi. Je ne chausse que du 35, je tiens à le préciser !

Même si je nage un peu dedans, j'arrive à la rigueur à faire quelques pas avec « autrice » mais pas sans avoir le feu aux joues quand je le prononce. C'est intimidant de s'arroger un titre et de s'en sentir légitime surtout.

Il me faudra du temps pour y parvenir, si j'y parviens un jour d'ailleurs, mais quoique j'en dise ou pense, cette année-là, mon premier roman se retrouvait bel et bien en librairie !

Chapitre 51

[2022]

C'est donc cette année-là que Pernille s'est envolée. Après avoir longtemps existé uniquement dans ma tête et dans celles de mes proches, elle allait rejoindre d'autres imaginaires. J'étais aussi anxieuse qu'excitée ! Quelle émotion de recevoir mon livre terminé, puis de le savoir entre les mains des lecteurs.

La parution a été éprouvante car la promotion a été intense. J'ai fait de multiples dédicaces en France et malgré la fatigue que cela occasionnait, le bonheur de pouvoir parler de mon roman était incommensurable. Le présenter, le défendre, c'était dingue. Mais j'avais du mal à imaginer que ce que les personnes allaient lire était ce que j'avais écrit dans mon petit bureau. Mon cerveau peinait à faire le lien.

Et puis les premiers retours de lecture ont commencé à arriver et les choses sont devenues plus concrètes. On me parlait de Pernille comme si elle existait réellement et j'adorais ça ! Cette pétulante blonde séduisait plus que je ne l'avais espéré et le sourire ne quittait plus mes lèvres.

Les avis, les échanges, tout me mettait en joie et nourrissait mon envie de poursuivre. Je repensais souvent à cette petite fille qui adorait le week-end « Vente de livres » de son école primaire et me demandais ce qu'elle aurait pensé si on lui avait raconté qu'un jour, elle aurait son propre roman à elle. C'était surréaliste !

En parlant de surréalisme, il s'est passé quelque chose de très étrange… L'intrigue se déroulant en grande partie à Aix-les-Bains, je suis allée là-bas pour des dédicaces et notamment pour une lecture à la librairie Chemin Faisant. Lors de l'évènement, dans le public, il y avait un couple. À la fin de ma lecture, naturellement, un débat s'est lancé avec des questions-réponses. L'homme m'a interrogée sur la raison du prénom Pernille. Je lui ai avoué qu'il n'était pas le premier à me le demander et que j'avais déjà recherché dans mes carnets sans parvenir à trouver l'origine de mon choix. Au début de mes notes, je parlais d'une « jeune femme » puis d'un seul coup, le prénom de Pernille apparaissait. Comme ça. Je me rappelle simplement qu'il s'agissait pour moi d'une évidence. Le monsieur m'a répondu alors qu'ils étaient là pour ce prénom précisément, car leur fille de 22 ans s'appelait ainsi et qu'elle se plaignait toujours d'être la seule, le prénom étant rare en France. Alors, interpellés par l'affiche de la librairie, ils avaient décidé de venir à la lecture pour entendre parler de ce livre qui portait le prénom de leur fille. J'ai trouvé ça très rigolo !

Puis les échanges ont continué et je leur ai raconté à tous ma trouvaille intrigante de la veille, quand j'ai découvert, au belvédère de la Chambotte, cet espace qui donne sur le lac, au milieu duquel se trouvaient les restes d'un feu de camp. Un endroit étonnamment proche, autant esthétiquement que géographiquement, du lieu que j'avais inventé pour mon roman *(plus précisément lors du passage sur le stage de sophrologie, pour ceux qui l'ont lu)*. Le monsieur intervint pour me dire qu'il connaissait effectivement ce spot et que sa fille s'y rendait d'ailleurs souvent avec ses amis. Encore une fois, c'était drôlement rigolo !

Et puis, après le débat, le couple m'a parlé un peu plus de leur fille qui était partie faire le tour de l'Europe en van avec des amies ; dans une vraie quête de soi, un vrai goût de la vie vécue. Décidément Pernille ressemblait beaucoup à Pernille…

Pareillement interloqué, le père m'a proposé de me montrer une photo de sa fille : apparaît une jeune femme, blonde, ressemblant incroyablement au personnage principal de mon roman. C'était de plus en plus troublant. Et ce n'était pas fini…

En effet, dans la soirée, j'avais lu un passage où Pernille, le personnage, déambule sur sa vieille Vespa bleu ciel. La mère est revenue sur ces quelques lignes et a déclaré que leur fille aussi se déplaçait avec une vieille mobylette. Alors en riant, j'ai lancé : « Oui mais pas bleu ciel ! ». Et là, en chœur, les parents se sont exclamés : « Mais si, justement ! ». Flottement. Le père a fait apparaître une nouvelle photo sur son téléphone où leur Pernille trône fièrement sur une vieille mobylette bleu ciel. Je suis restée sans voix, les autres personnes encore présentes également. Le temps planait sur la librairie. C'était un instant en dehors de toute rationalité, dans tous les sens du terme. La fiction venait joyeusement se lover dans la réalité…

Très honnêtement, je ne sais toujours pas ce qui s'est passé ce jour-là. Je ne sais même pas si nous pouvons, à ce stade, encore parler de coïncidence(s). Mais si tel n'est pas le cas, je n'ai aucune explication à tout cela. Pas de réponses. Tout ce que je sais, c'est que j'en garde sur la langue un petit goût de magie.

La magie, c'est aussi ce jour de début septembre 2022, quand *Les 12 travaux mythiquement merveilleux* a remporté le Prix de la Ba(l)lade littéraire au Salon du livre de Lons.

Ou encore ce jour de novembre où j'ai signé mon contrat d'édition chez City Éditions pour mon second roman.

Ce sont aussi les riches moments d'échanges sur les réseaux sociaux quand je fais découvrir la sophrologie avec les « Live du dimanche soir », les « INSTAnt Sophro » ou encore les « Soirée pyjama-sophro ».

Ce sont également ces moments où je suis invitée pour des conférences en tant qu'autrice, sophrologue et patiente. Où, devant médecins, infirmiers et autres soignants, je peux communiquer et faire entendre nos voix. La magie, c'est quand je les sens attentifs, impliqués et curieux de ce regard « de l'autre côté ». Quel enrichissement réciproque. Dans ces instants, j'ai une foi féroce en l'avenir et en notre capacité à faire ensemble.

Faire ensemble, comme avec l'association SapVer22 dont j'étais devenue l'ambassadrice et que je continuais d'apprendre à connaître. Nos rencontres, bien que virtuelles, ne minimisaient en rien le lien qui se créait entre nous. Nous avions les mêmes aspirations. Les mêmes rêves.

Faire ensemble également avec l'association Kourir, pour les enfants atteints d'arthrite chronique juvénile. Je garde un puissant et vif souvenir de mon intervention lors d'une de leurs journées annuelles. Raconter mon parcours et lire l'espoir dans le regard des parents, l'envie farouche dans celui des enfants.

La magie, c'est tout bonnement aussi quand j'ai pris une grande décision ; me dédier à l'écriture. Démarrer un nouveau cabinet de sophrologie, assurer les rendez-vous, m'impliquer à 1 000 % n'étaient, compte tenu de l'état de ma santé, plus envisageable, mais l'écriture offrait ce luxe immense ; l'adaptabilité. J'écris quand je peux, armée de mes bracelets de coude anti-tendinites, parfois je dicte, je reporte ou j'en fais plus. Ça dépend de ma forme à l'instant T. Mais par-dessus tout, je prends ce temps précieux pour faire ce qui me fait vibrer : créer. Faire de sa vie un spectacle *(mais attention, place de théâtre non centrée, cou en vrac assuré !)*...

En définitive, cette année-là, j'ai décidé de me consacrer à mes rêves. Les rêves dans une vie, c'est le ciment. Mais dans une vie grignotée par la maladie, c'est l'édifice tout entier. On oublie trop souvent la force qu'ils peuvent nous communiquer. Ils sont tenaces, ils sont forts. Ils rendent le quotidien beau, puissant et lumineux. Ils transforment le noir en gris et le gris en rose.

C'est aussi magique que ma boîte à aurores boréales. Ce cadeau de ma mère rend mes endormissements plus faciles et mes insomnies plus douces. Les vagues de couleurs projetées sur les murs et le plafond m'hypnotisent dans une danse apaisante. Oui, les rêves y ressemblent beaucoup.

Ça fait peur parfois de croire en ses rêves, car on craint la chute. Mais ne faut-il pas prendre le risque de tomber pour avancer ne serait-ce d'un pas ? L'immobilisme tue et dans le cas d'une spondylarthrite, il ankylose sévèrement ! Si les rêves ne suffisent pas à tout résoudre, ils permettent de continuer d'avancer. Ils apportent de l'espoir dans les moments où rien n'est possible dans la réalité. Ils offrent de l'élan quand l'énergie est timide. Ils portent quand on n'est plus capable de le faire soi-même.

Ayez des rêves, ils vous remercieront. Et vous aussi !

L'amertume des adieux

JE N'AIME PAS LES fins. On dit pourtant que toute bonne chose a une fin.

Je ne sais qui a inventé ce dicton ridicule mais en 2023, il m'a exaspérée. J'ai connu trop de fins cette année-là, dont une particulièrement douloureuse.

Et même s'il paraît que chaque fin est un nouveau commencement, il est certaines finalités que j'aurais préféré ne pas connaître. Ou du moins pas si tôt.

Parce que la fin avant d'être un commencement, un renouveau ou que sais-je encore, c'est bel et bien avant tout une fin.

Point.

Final.

Chapitre 52

[2023]

L'année 2023 a commencé de la plus douloureuse des façons ; la perte de mon compagnon à 4 pattes. J'en ai souvent parlé dans ce livre, l'arrivée dans ma vie en 2010 de mon chat Lilou a été salvatrice. Ce petit être a été mon confident, mon ami, mon soutien dès le départ. Au fil du temps, s'est tissée entre nous une relation d'une intensité mémorable. C'était fusionnel, je n'ai pas d'autre mot. Il avait 13 ans et j'imaginais encore de longues années à partager *(malgré ses nombreux soucis de santé, les chiens ne font pas des chats !)*. Mais un soir de janvier, ce petit amour a connu des douleurs atroces. Vétérinaire en urgence. Thrombose. Mais il était fort et amoureux de la vie alors il s'est battu de toutes ses forces. Après une nuit horrible, j'ai pu le récupérer le lendemain. Son train arrière ne bougeait quasiment plus, toutefois la vétérinaire avait dit qu'il récupérerait sûrement totalement. Mais le soir-même, son comportement m'a de nouveau alertée. À peine le temps de faire le trajet jusque chez la vétérinaire qu'il hurlait de douleur. De nouveau une thrombose. Par amour pour lui, par reconnaissance pour toutes ces années de bons et loyaux services, par respect, était venu le temps de le laisser partir. Je l'ai caressé et lui ai parlé jusqu'à son dernier souffle. Et le temps d'un « Merci mon Lilou », il avait rejoint le paradis des belles âmes.

Lilou est parti le jour anniversaire de la première parution de ce livre, un 25 janvier. Comme un signe. Plus jamais seule… Quoique…

Ensuite est venue l'heure de la peine, du manque, du déchirement. J'ai dû apprendre à vivre sans lui. À surmonter mes premières nuits de douleurs sans sa présence réconfortante. À m'endormir sans ses ronrons-somnifères. J'ai dû habituer mon regard à ne pas le chercher partout.

Je sais que pour certains, c'est inconcevable, mais j'ai pleuré la perte de mon chat comme j'aurais pleuré la perte d'un être humain. Il était mon compagnon, celui qui m'épaulait à toute heure du jour et de la nuit.

Je suis consciente de l'avoir investi de manière conséquente, que son arrivée peu de temps après celle de la maladie lui a conféré une place particulière et incarnée. Et alors ? Je sais par exemple que pendant ma période d'alitement de 2012, il m'a sauvé des griffes de la noyade sombre, simplement par sa présence. Combien de nuits il a pansé mes peines et mon corps meurtri ? Je lui serai infiniment reconnaissante et lorsque j'écris ces lignes, 6 mois après son départ, je pense encore à lui chaque jour.

Je ne reviendrai pas sur l'apport inestimable d'un animal de compagnie quand on a une maladie chronique : c'est un puissant médicament. Merci, mon petit Lilou.

Peut-être que toute cette peine a contribué à mon état physique de 2023 mais toujours est-il que ce dernier est tristement délabré. Laissez-moi revenir sur les derniers mois qui viennent de s'écouler…

L'épuisement a commencé à être de plus en plus présent, à l'image de mes douleurs qui ne cessaient d'augmenter. L'efficacité du traitement en cours, que j'avais commencé fin 2021 et qui, bien que loin d'être miraculeux, m'avait tout de même offert un semblant de répit, était donc remise en question. Dans un temps similaire, des effets secondaires commençaient à s'accentuer sévèrement. Mes douleurs neuropathiques de peau flambaient de plus en plus malgré l'augmentation à plusieurs reprises de Tinronneu. Je finissais chaque jour par ne porter que des vêtements conçus spécialement pour ce type d'atteintes. Par exemple, quand je dormais, je n'arrivais même plus à supporter le mince filet d'air qui sort du nez sur mon bras nu. C'est dire… Et puis il y avait aussi les mycoses insoignables, les troubles gastriques, les douleurs d'estomac, les vomissements de plus en plus fréquents, le bilan hépatique moyen. Enfin, et surtout, il y avait ma circulation sanguine de plus en plus capricieuse avec des douleurs fulgurantes dans les veines, des engorgements, des gonflements… Ils ont même cru à de l'endométriose tellement mes douleurs veineuses étaient majorées pendant les menstruations. À l'IRM, rien. Sauf… Après l'examen, la médecin a souhaité me recevoir. Ce n'est jamais bon signe. J'y suis allée, persuadée qu'elle allait m'annoncer une catastrophe. Elle avait effectivement la mine fermée et le regard fuyant. Après avoir pris son élan, elle m'a demandé si je voulais des enfants. Je lui ai expliqué, qu'avec la maladie, j'avais pris la décision de ne pas en avoir. Et là, ses épaules se sont abaissées, soulagées. Elle m'a expliqué que mon utérus, mal formé, aurait difficilement pu accueillir la vie. Et cette nouvelle qui aurait anéanti une personne lambda m'a paradoxalement soulagée. Cette décision de non-maternité, je l'avais prise en toute conscience bien que douloureusement. Et là, cette nouvelle contrainte physique m'ôtait le poids du choix, ça me dépassait et étrangement, ça me libérait. Ce qui aurait pu être dramatique pour une autre femme m'apportait cette douce légèreté de la déresponsabilisation. Un cadeau en somme. Mais je m'égare, je parlais de mes veines qui me faisaient un mal de chien.

De ce problème-là, pendant un an et demi, j'en ai parlé et parlé encore à des tas de médecins différents. J'ai eu droit à un échodoppler et comme celui-ci était normal, personne n'a jugé bon de pousser les investigations. Oui mais sauf que ! Jusqu'au jour où, dans l'avion de retour de Barcelone, mon bras gauche a comme gonflé de l'intérieur *(je n'arrivais même plus à serrer le poing)* avec des élancements hyper-violents le long du parcours veineux du bras. J'ai passé une heure trente de vol avec un stress terrible. À la descente, maux de tête, nausées et puis progressivement, le bras qui revient à la normale en quelques heures. Apparemment, ça aurait pu être grave, très grave. Heureusement donc que ce jour-là, je portais des bas de contention. Mais j'aurais pu tout autant faire une phlébite dans le bras. C'est rare, m'a-t-on dit, mais effectivement cela arrive. Plusieurs de mes médecins se sont donc entendus pour dire que « j'avais eu de la chance ce jour-là ». Bref, ce n'était pas comme si je tirais la sonnette d'alarme depuis des mois. D'autant que j'ai découvert que, depuis mes débuts avec cette famille de biothérapies, ils avaient recensé une hausse des risques de thrombose veineuse associés... Et PERSONNE n'a jugé bon de m'en parler malgré tous les symptômes que je décrivais. Je trouve cela révoltant...

Mais cette histoire est à double tranchant. Je me refuse de lire la notice des traitements que je prends car je ne voudrais pas « induire » les effets secondaires que j'y découvrirais. Mais cet incident me montre que cela peut être problématique... Du coup, nouvelle disposition, je continue à ne pas regarder, mais je les fais lire à ma mère. Ainsi, si je me plains de tel ou tel effet, elle saura s'il faut pousser la sonnette d'alarme. Quel stratagème, tout de même !

Bref, j'ai donc arrêté ce traitement et là, chose que je ne pensais même pas possible, j'ai fait un effet secondaire ! Au commencement, d'accord, mais à l'arrêt ? C'est une sorte d'effet rebond, m'a dit mon médecin traitant. Un bon gros rash cutané buste-visage-cuir chevelu. Aïe. S'en est suivie (et j'y suis encore des mois après) une sécheresse intense du dos, du visage et du cuir chevelu. C'est inconfortable, ça gratte, ça pique. Que du bonheur ! Je n'aurais jamais cru que l'on pouvait avoir des manifestations quand on stoppe un traitement. Comme quoi, on en apprend tous les jours. Mais je vous avouerais qu'il est certains apprentissages qu'on se passerait bien d'expérimenter.

Mon épuisement de ce début 2023 était donc à son comble. Vous savez, cet épuisement qui balaie toute rationalité sur son passage ? Dans ces moments-là, je n'ai plus envie de rien. J'enverrais tout valser pour vivre recluse dans une bulle stérile, à l'abri des afflictions, des frustrations, des sensations. Loin des émotions et des perceptions. Loin de tout, y compris de moi-même.

Pour autant, cette année-là, tout me rappelait au corps. En avril, un problème dentaire avait nécessité une dévitalisation. Malgré tout, les mois passaient et les douleurs persistaient et me pourrissaient la vie *(avoir mal aux dents, tous les jours, ça prend la tête, c'est le cas de le dire)*. Ne sachant plus quoi faire, mon dentiste m'a dit qu'il allait enlever la dent. J'ai freiné des quatre fers, *on se calme l'ami !* Je crois qu'il faut toujours écouter ses ressentis et ne pas culpabiliser de remettre en question une sentence médicale. J'ai donc couru chercher un second avis *(mais ça faisait déjà quatre mois d'écoulé, je tiens à le préciser)*.

Le second avis a trouvé une dent bien dévitalisée mais non nettoyée *(la rage, j'avais la rage)*. Il a refait le soin et pensait que ça suffirait mais force était de constater que, deux mois plus tard encore, j'avais toujours méga mal. Moins radical que le premier dentiste *(qui ne reverra jamais ma trombine, qu'on se le dise !)*, il a reconnu ses limites et m'a envoyée vers un chirurgien spécialiste sur Paris. Et là, examens complémentaires, scanner, bim bam boum, en deux temps trois mouvements, il avait compris le schmilblick ; j'avais un canal secondaire avec un deuxième nerf caché dans cette même dent ! C'est rare mais… ça arrive ! Opération obligatoire et urgente car l'inflammation avait atteint le sinus.

Les multiples investigations dans cette dent ainsi que l'aspect atypique de la racine ont contraint le spécialiste à passer par la gencive et à buriner l'os pour atteindre l'intérieur et réséquer le morceau problématique. Je vous passe les détails.

Heureusement, et je pense que tous les spondys me comprendront, l'opération d'une heure se faisait mâchoire fermée. Sinon, je crois que mon articulation temporo-mandibulaire aurait été bloquée pour des semaines. Toutefois, j'ai appris pendant l'opération *(en anesthésie locale… brrrr)* que j'allais devoir mettre ma tête vers l'arrière… Euh… Le chirurgien n'arrêtait pas de me dire de basculer davantage ma tête, il essayait lui-même de la faire pivoter mais… j'étais bel et bien au max du max du max ! Déjà anesthésiée, sous le microscope et les bistouris du doc, je ne pouvais pas bouger, rien dire. Quand, à la fin, je lui ai expliqué mon atteinte cervicale avec la spondy, il était désolé. Il m'a dit « Je ne comprenais pas pourquoi je n'arrivais pas à vous mettre davantage la tête en arrière, ça bloquait, je pensais que vous faisiez de la résistance ! ». Résistance naturelle alors ! Le bambou, c'est du costaud !

Bref, ce problème a duré plus de six mois et, quand j'ai rencontré le spécialiste, il a été étonné que j'ai pu supporter cela pendant autant de temps. En fait, dans le cadre d'une maladie chronique douloureuse, je crois que notre cerveau est conditionné à la douleur. Comme si l'état douloureux était normal. Attention, je ne dis pas qu'on s'habitue à la douleur, c'est faux. On ne s'habitue jamais à avoir mal. Mais notre seuil de tolérance évolue et puis surtout, avoir mal est notre état courant. Alors, bien que j'aie personnellement l'impression d'être moins patiente, moins tolérante envers les douleurs « non-spondy », il semble évident que l'on a malgré tout tendance à moins s'alarmer de la douleur, à l'accepter et la supporter plus longtemps que quelqu'un qui ne l'expérimente pas dans sa vie quotidienne.

Au bout de six mois, bien que cette douleur fût très prenante, j'en étais venue à me dire « peut-être va-t-elle rester toujours, je vais devoir apprendre à vivre avec ». C'est ma mère qui m'a dit « Mais non ! Tu n'as pas à accepter la douleur comme si c'était une fatalité ! ». Et elle avait raison… Alors oui, la douleur fait partie de notre quotidien *(quinze ans que je n'ai pas connu une seule journée sans douleurs, j'en ai oublié ce que ça faisait de ne pas avoir mal et ce constat est tout de même un peu triste, mais ça, c'est une autre histoire)*. Pour autant, il faut faire attention à ne pas la banaliser.

Les douleurs qui ne font pas partie de notre maladie ne doivent pas être mises dans le même panier de l'acceptation, parfois même de la résignation. Toutefois, ce n'est pas simple d'apprendre et de désapprendre au cerveau en permanence. C'est un coup à devenir bipolaire, non ?!

Chaussure à son pied

Vous vous souvenez de l'état capricieux des pieds dans une spondylarthrite ? Les talalgies, les tensions, tout ça ? Bon, ok, super *(je vous passe la petite nouveauté de mes orteils qui commencent à se déformer sérieusement avec le gros orteil qui essaie d'embrasser le petit qui, lui, tente de s'échapper. Très soap-opéra !).*

Pour tout ça, tu comptes sur ton podologue. Mais quand ce dernier se met à faire faire ses semelles par un sous-traitant, c'est marrant, tu t'en rends compte avant même de l'apprendre de sa propre bouche !

Enfin marrant, tout est relatif…

C'est marrant à quel point d'avoir le talon doublé de volume pendant trois semaines sans pouvoir le poser au sol, seulement quelques jours après avoir récupéré tes nouvelles semelles orthopédiques ?

C'est marrant à quel point quand ton podologue t'assure que ce n'est qu'une coïncidence et que ça ne peut pas être les dites nouvelles semelles ?

C'est marrant à quel point quand tu le crois et qu'une fois la crise passée, tu réessaies ces mêmes semelles ?

C'est marrant à quel point quand rebelote, une nouvelle talalgie se manifeste peu de temps après ?

C'est marrant à quel point quand, pour pouvoir te déplacer pendant cette nouvelle crise, tu utilises avec parcimonie des béquilles et que ça te déclenche une névralgie cervico-brachiale ?

C'est marrant à quel point quand le podologue te certifie une fois de plus que ça ne peut pas venir de ses semelles, « ça c'est certain » ?

Eh bah ce n'est pas marrant du tout !

Chapitre 53

[2023]

Heureusement, ce souci majeur de semelles orthopédiques a pu être réglé par une femme aussi pétillante qu'efficace. Après avoir fait faire cinquante paires *(et les avoir payées, la Sécu ne rembourse qu'une paire par an même si le podologue ne fait pas un job adapté; on l'a donc dans l'os le cas échéant et ça coûte cher des semelles!)*, mais aussi renouvelé plusieurs fois mon stock de chaussures *(déjà bien difficiles à trouver avec des pieds « atypiques » et une pointure rare en magasin, quinze colis renvoyés quand j'en reçois quatorze)* pour coller aux spécificités de chaque paire de semelles *(je vais finir par ouvrir une enseigne: « Ici, une chaussure pour chaque pied! »)*, j'ai pu crier enfin Eurêka! Une podologue que l'on attend six mois mais, quand on la rencontre, on comprend pourquoi, a réalisé un travail d'orfèvre. Mes pieds n'ont pas trouvé chaussures mais chaussons... un confort parfait! Si bien que mes vrais chaussons sont devenus des baskets dédiées à l'intérieur où je peux glisser lesdites semelles et ne jamais les quitter. Un amour fusionnel, je crois bien!

Cette année 2023 a également été remplie de belles surprises et de moments de bonheur intense.

Est sorti mon second roman *De si beaux horizons*. Les retours des lecteurs me laissent toujours sans voix. J'ai vu Alice, Yvette et Célia prendre leur envol et cette sensation indescriptible d'accomplissement a encore une fois bouillonné en moi. Les dédicaces, les rencontres sont chaque fois un tourbillon d'émotions multiples et variées, mais toujours merveilleusement positives *(et ce, malgré le fait que je finisse chacune de ces journées sur les rotules)*. J'aime toujours autant parler avec vous, rire avec vous, vous découvrir!

Il y a même les récurrents comme Serge, l'ancien infirmier du centre de rééducation, qui voulait que je boive du potage. Vous vous souvenez ? Eh bien, il vient à présent me voir en dédicace avec… une brique de soupe !

Je dois toutefois avouer que pour ces journées de dédicaces, il y a un temps d'anticipation et un temps de récupération. Pour tenir le coup, quand j'ai une signature le samedi, je ne fais rien la semaine qui précède pour me reposer au maximum et les jours qui suivent me voient vautrée dans le canapé. C'est le prix à payer mais entre nous, ça vaut diablement le coup ! Même si souvent, à la fin des dédicaces *(et parfois même dès le milieu !)*, je suis obligée de redemander trois fois le prénom tellement mon cerveau embrumé par la fatigue et les douleurs peine à se concentrer plus d'une demi-seconde. Désolée à ceux à qui j'ai infligé ça et à ceux à qui je l'infligerai encore ! Je vous promets que je vous écoute ! Les dédicaces comptent tellement pour moi, vous comptez tellement pour moi…

Alors oui, il est vrai également que mes parents m'y accompagnent toujours, ils me véhiculent *(pour l'indépendance, je sais, on repassera mais ça aussi, ça fait partie du travail d'acceptation)*. C'est le seul moyen pour moi de pouvoir le faire, car conduire aller-retour et faire en plus la dédicace, c'est tout bonnement impossible. Donc merci à eux qui connaissent à présent, entre autres, les rayonnages de chez Ratucul par cœur ! Et merci au surmatelas qui m'accueille à l'arrière de la voiture pour un trajet adapté, comme on peut *(mais toujours dans la sécurité et attachée, je tiens à le préciser avant que vous ne vous manifestiez !)*.

C'est pareil sur les réseaux. En ouvrant un compte Instagram, je ne pensais pas faire autant de rencontres virtuelles intenses et sincères. J'ai l'impression de tous vous connaître alors que pour la plupart, nous ne nous sommes jamais vus en vrai ! Que ce soit la communauté des autres malades ou celle des bookstagrameurs, votre force est communicative et me rebooste férocement !

Au début de la maladie, j'avais tendance à ne pas vouloir être en contact avec les personnes qui vivaient la même chose que moi. Je crois que cela me faisait peur et que j'avais besoin de cette distance pour digérer en paix.

Aujourd'hui, je comprends les bienfaits de pouvoir échanger, de se sentir moins seule. Et même si ça ne transforme pas le quotidien, quelque part, ça l'adoucit. Ça adoucit l'esprit. D'ailleurs, au moment où je tape ces mots, je viens tout juste de vivre le fameux grand évènement de l'association SpaVer22 *(l'asso dont je suis l'ambassadrice)*, que j'attendais avec impatience et dont j'ai brièvement parlé plut tôt dans ce livre. Et WAOUH !!! Rencontrer enfin en chair et en os *(surtout en os d'ailleurs !)* toute l'équipe de SpaVer22 après deux ans d'échanges réguliers, c'était dingue. Je vous raconte un peu ? Bien sûr que oui ! *(D'autant que la maquette finale de ce livre est en stand-by depuis trois semaines pour me permettre de vous narrer cet évènement, timing serré avant le départ en impression ! Merci à mon éditrice Marie d'avoir permis cela !)*

Tout d'abord, j'ai pris la route. Excitation extrême ! La tempête Ciaran, bien que très forte sur la Bretagne, n'avait pas réussi à mettre en péril l'événement et nous soufflions tous de soulagement. Nous avions échangé des messages avec Karyn (la présidente et fondatrice) et Vanessa (la co-présidente) jusqu'à la veille au soir sur notre groupe privé WhatsApp *(qui s'appelle « Secret » suivi d'un smiley l'index en chut sur les lèvres, ça ne s'invente pas !)*. Karyn avait envoyé des vocaux où, si elle avait parlé ne serait-ce qu'un tout petit peu plus vite, on n'aurait rien compris. 3000 de tension ! Heureusement que le week-end arrivait enfin, nous étions remontées comme des coucous. Elles s'amusaient à me répéter qu'une méga-surprise m'attendait, de celles qu'on n'a qu'une fois dans sa vie. J'étais loin, très loin d'imaginer ce que j'allais vivre…

Sur le trajet, avec mon aménagement de voiture fait de surmatelas et de coussins pour que mes os n'arrivent pas en mille morceaux *(c'est une image bien sûr)*, j'ai répété mes ateliers *(sophrologie et écriture thérapeutique)* ainsi que mon petit discours *(sur la gestion apaisée de la douleur avec la sophrologie)*. Et puis j'ai compté les voitures rouges et les voitures vertes pour que ça passe plus vite mais entre nous, c'est une arnaque, ça ne marche pas du tout !

Après 5 h 30, nous *(mes parents étaient évidemment de la partie pour vivre ce grand moment)* croisions enfin le panneau Merdrignac. Et que l'aventure commence !

Passée la petite surprise des chalets à 14 degrés *(problème résolu quelques heures plus tard à coups de chauffages d'appoint et de couvertures supplémentaires pour tous, glaglagla !)*, eut lieu le premier repas, la première rencontre, les premiers émois. Un mélange de joie et de retenue, comme si, même après deux ans d'échanges virtuels assidus, la réalité nous rendait timides. Et puis le lendemain, LA journée. Les échanges, les rencontres, les retrouvailles, les signatures, les rires, les confidences. La vie, pure et simple.

Cette journée fut une réussite totale, une première édition marquante remplie de personnes bienveillantes, de bénévoles incroyables et de visiteurs enthousiastes. Les stands étaient riches, les ateliers variés, les interventions des élus et des professionnels de santé passionnantes.

Mais ce n'est pas tout ! Parce que ce week-end a été vraiment fou, j'ai eu droit à une des surprises les plus émouvantes de ma vie. La députée Maud Petit, si humainement et authentiquement investie auprès de notre cause pour les maladies invisibles, m'a prise de court. Elle m'a en effet remis la médaille de l'Assemblée nationale pour ma contribution littéraire, mon implication auprès des malades et mon engagement au côté de l'association. Je ne saurais précisément définir ce moment par des mots mais les larmes, ce jour-là, ont parlé toutes seules ! Quel honneur. Karyn avait raison, c'était la méga-surprise du siècle, de celles qui font trembler les mains et bourdonner l'âme. S'il était évident, depuis longtemps, que j'allais continuer de me battre, à mon échelle, pour les malades, cette médaille me donnait le sentiment d'une mission à poursuivre, d'un engagement à tenir, coûte que coûte. Pour faire honneur à ce cadeau inestimable.

Après les au revoir et les promesses de « à bientôt », j'ai fait le chemin en sens inverse, la tête emplie de souvenirs et le cœur gonflé à bloc. Cet évènement, je l'attendais, j'étais persuadée qu'il serait fort et j'étais pourtant bien loin du compte. Il était d'une force intersidérale. SpaVer22, c'est de l'or en barre !

Après toutes ces émotions, il allait falloir s'appliquer à récupérer et à chouchouter le petit corps fatigué. On nous dit souvent qu'il faut aimer son corps. Ce n'est facile pour personne mais ça l'est encore moins quand il n'est que douleurs, lourdeur et entraves. Ce corps qui se cyphose, ces épaules qui s'enroulent et cette tête projetée en avant. Parfois, quand je croise quelqu'un dans la rue avec ces caractéristiques, je me dis « Tiens, un copain de spondy ! ». Alors oui, on nous dit qu'il faut apprendre à aimer ce corps qui change autant qu'il fait mal et ça semble irréalisable. Toutefois, ce n'est pas impossible ; c'est avant tout une question de point de vue. En ce sens, j'ai fait un grand chemin sur la conception de mon corps avec ces dernières crises. Avant, j'avais tendance à le voir comme le responsable de mes maux et tourments. Aujourd'hui, quand je le regarde, je lui dis plutôt : « La vache, qu'est-ce que tu dérouilles… » Je perçois ce corps, mon corps, comme première victime de la maladie. Ce n'est plus mon corps qui me fait mal, c'est mon corps qui a mal. Et ça, ça change tout.

Alors pour lui donner toutes ses chances de reprendre du poil de la bête *(enfin pas trop de poils quand même !)*, en plus de mes deux séances de kiné hebdomadaire et de mes auto-étirements quotidiens, j'ai pris… roulement de tambour… un COACH personnel ! Une heure d'activité physique adaptée par semaine, ça ne rigole pas. C'est incroyable les progrès que l'on peut faire avec un professionnel qui propose des séances précisément adaptées à nos besoins et limitations. Et puis, il faut dire que j'ai un coach formidable, même si Maxime ne se gêne pas pour rire de moi. Paraît que j'ai parfois un ton à la Schwarzy ! Un jour où il me demandait si j'allais pouvoir faire l'exercice avec un poids, j'ai répondu, après avoir essayé de toutes mes forces, armée de ma conviction tenace, les mâchoires serrées et le regard étrécit : « Je peux le faire ! ». Apparemment, c'était très comique *(le ton, ma tête, tout ça…*

Terminator quoi !) et le « Je peux le faire, coach ! » est à présent gravé dans les annales !

Oui, cette heure de sport hebdomadaire est géniale. Et même si parfois la motivation n'est pas là, ça force à se bouger, à tenir le cap, tout en étant extrêmement adaptable, maître-mot.

S'adapter, c'est aussi instaurer une vie différente malgré le regard et le jugement d'autrui. Aujourd'hui, je partage une maison avec mes parents. Je ne vis pas *chez* eux, nous vivons *ensemble*, avec des espaces dédiés et des lieux communs. Une collocation d'adultes en somme, où moi j'ai un peu plus besoin d'assistance. Mais beaucoup ne le voient pas ainsi et leurs avis rabaissants pourraient presque me donner « honte » de la situation… alors que non ! À 35 ans, je suis en effet souvent avec mes parents et cela n'est que peu toléré et encore moins compris par la société. Le regard porté est lourd. Dans d'autres cultures, l'entraide intrafamiliale semble logique. J'aimerais que l'on tende vers cette même tolérance…

Et puis, souvent, c'est drôle de vivre avec ses parents… Enfin pour eux surtout… Parfois, pour rire, je leur dis : « Ça va être beau avec l'âge, quand je vivrai avec des vieux ! » Alors que pour l'heure, c'est eux qui vivent avec une grand-mère ! Le summum, c'est à table, les soirs où je suis explosée de fatigue mais que je m'escrime à discuter et que mes pensées s'emmêlent entre mon cerveau et ma bouche. Mes parents disent que ces soirs-là, quelqu'un qui ne me connaîtrait pas pourrait penser que je fais un AVC *(reconnaissez leur délicatesse !)*. Et le pire, c'est que, souvent, ils me laissent aller au bout de ma « phrase » avant de se tordre de rire ! Pas mal, non ?

Alors même si j'ai parfois la sensation que cinq ans après, j'en suis toujours au même stade avec un état fluctuant, des semaines entières passées dans le canapé devant Flixnet *(ce qui a entre-temps nécessité l'achat d'un nouveau canapé et d'une nouvelle télé, les anciens ayant rendu l'âme par manque de congés payés !)*, les choses bougent et évoluent malgré tout. Il est vrai que c'est deux pas en avant pour trois pas en arrière mais ce sera toujours ainsi et j'ai appris à ne plus l'intégrer comme une défaite ou un échec. Cette maladie oblige à vivre dans ce va-et-vient permanent. Le savoir ne rend pas le mécanisme plus facile à vivre mais au moins à le comprendre et à combiner avec. La société aussi progresse tout de même. J'ai parlé plus tôt dans ce livre, dans la partie écrite il y a cinq ans, du problème de l'AAH en couple. Aujourd'hui, nous y sommes, la déconjugalisation a été votée. C'est encourageant mais il ne faut pas que ça s'arrête là. Et j'y crois !

Sur les réseaux sociaux, on me dit souvent : « Comment fais-tu pour être toujours souriante et enjouée ? ». La réponse est ultra-simple : parce que je ne montre pas les moments où je ne le suis pas. Je ne suis pas une super-héroïne, ni une warrior invincible, juste une pudique qui, quand elle a les joues rougies, les yeux vitreux et le teint cireux, se cache sous son plaid. Mais jamais ô grand jamais, je ne voudrais faire croire que la vie est facile et que je sais rester positive et heureuse à chaque instant. Les douleurs, ça mine, l'épuisement, ça terrasse, mais je préfère communiquer de l'espoir plutôt que de l'accablement. Je me force toujours à regarder le verre à moitié plein plutôt qu'à moitié vide.

J'ose donc espérer que l'année 2023 finira mieux qu'elle n'a commencé. Après un été exceptionnel avec des pics à 75 % d'humidité *(et les douleurs qui vont avec...)*, nous sommes plongés dans un automne pluvieux. J'ai le corps en vrac et les articulations déboussolées par ce vent qui souffle en rafales. Et pourtant, j'ai espoir.

Espoir parce que j'ai commencé un nouveau traitement il y a peu, le Fyatrem et que j'y crois, toujours *(mais c'est reparti pour les injections par contre... Grey's anatomy le retour !)*.

Espoir parce que j'ai un nouveau coussin d'assise qui est tout bonnement magique, souple, alvéolé pour un confort inégalé *(même si un médecin, récemment, m'a accueillie avec un petit sourire narquois et m'a dit « Alors, on a besoin de son coussin pour son petit confort ?! ». Bon lui, je l'ai mouché !)*.

Espoir donc de soignants plus empathiques, heureusement il y en a et j'espère qu'un jour, ils seront encore plus nombreux. En attendant, je bénis les miens *(mon rhumato, mon médecin généraliste, mon kiné, mon ostéo et tous les autres)* d'être toujours si disponibles, à l'écoute et compatissants. J'écorche parfois le corps médical dans ce livre car certaines situations restent ubuesques et n'auraient plus lieu d'être, mais je tiens à saluer tous ceux qui font un travail exemplaire. Mon parcours de vie ne serait indéniablement pas le même sans eux.

Espoir parce que j'ai la joie de recevoir des retours de lecture magnifiques et que l'écriture de mon prochain roman est déjà plus qu'avancée !

Espoir parce que l'étude scientifique sur le microbiote dans laquelle j'ai embarqué toute ma famille *(merci à mes parents et à mon frangin d'avoir accepté de faire caca dans un tube à essai. Plusieurs fois !)* avance.

Espoir parce que je suis persuadée que la vie a encore beaucoup à offrir.

Espoir parce que l'année 2024 va commencer avec la sortie de ce livre. Et ce n'est pas rien !

Espoir parce que vous êtes toujours là, après cinq ans !

Et comme on dit en sophrologie : Confiance Harmonie Espoir.

Envie folle

Qui a eu cette envie folle, un jour d'inventer… Ah non, je me trompe de chanson, on ne parle pas de Charlemagne, ici !

L'envie folle, c'est moi qui l'ai eue. L'envie folle de donner une seconde vie à ce livre. Parce qu'on me dit que cet écrit aide, soutient, supporte. Je n'ai pas la prétention d'être indispensable, bien évidemment, mais je me dis que si mon parcours peut aider d'autres patients, même un seul, alors c'est gagné.

J'ai donc aussi cet espoir-là, celui d'apporter mon appui à d'autres et que ce livre puisse encore offrir assistance.

N'oubliez pas, la vie est une grande expérience… Vous aurez d'ailleurs remarqué, sur la nouvelle couverture de ce livre, mon expérience capillaire. J'ai coupé mes cheveux, court, et au-delà du fait que j'aime ce style différent, entre nous, quel bonheur, quand il est l'heure de les laver. Adieu les douleurs aux épaules, aux bras, aux mains… dues à mon ancienne et lourde tignasse *(que j'ai donnée à l'association Fake Hair Don't Care pour la création de perruques)*. Alors oui, tentez des expériences, de la plus dingue à la plus minime, parfois, le luxe se cache dans les détails !

Chapitre 54

[2028]

Pour dans cinq ans, je rêve. Je suis une éternelle rêveuse et rien ne pourra jamais m'enlever ça. En tout cas, je l'espère. Ma liste des importances est similairement la même qu'il y a cinq ans et elle accompagne joyeusement mes rêveries.

Alors oui, pour dans cinq ans, je suis emplie de rêves…

Pour tous les handicapés
Je rêve que soient réalité
Les transferts de corps habités
L'AAH au-dessus du seuil de pauvreté
Les douleurs au panier
Une existence désincarnée
Pour tous les balafrés
Je rêve qu'aient émergé
Un monde pleinement adapté
De l'amour, de l'amitié
Une inclusion valorisée
Une vie à aimer

Alors, réaliste selon vous ? Certains doutent, d'autres y croient. Ok, je prends les paris ! On verra qui l'emporte !

Et si on se donnait rendez-vous dans cinq ans ?

Merci

CINQ ANS APRÈS, MES MERCIS sont un peu différents. Ils ont eux aussi vieilli, vécu. Toutefois certaines choses ne changent pas et comme je l'avais expliqué dans la version initiale, je passe mon temps, avec la maladie, à dire merci car j'ai constamment besoin de l'aide de quelqu'un. On apprend à mettre sa fierté de côté et on accepte d'avoir besoin des autres…

Alors, comme il y a cinq ans, je commencerai par remercier mes parents qui me soutiennent comme peu savent le faire. Maintenant que vous êtes à la retraite, je vous embauche !

À mon frère et sa femme pour leur présence.

Aux personnes de ma génération osseuse, notamment mes grands-parents dont mon grand-père qui, depuis la parution initiale, s'est éteint et a demandé à partir, mon premier livre avec lui, pour l'éternité. Et ma grand-mère pour son aide dans les relectures !

Je remercie ma famille, mes amis d'être toujours fidèles au poste cinq ans après. Désolée pour celles et ceux que j'ai écorchés pendant ce livre, vous savez que c'est de bonne guerre !

Merci aux équipes qui ponctuent mon chemin et aux côtés desquelles je prends plaisir à faire avancer la cause ; l'équipe Grande Patiente, l'équipe de SpaVer22.

Dans mes premiers remerciements, j'offrais une part belle à mes animaux. Jalka est toujours là pour me pousser à marcher en balade mais mon Lilou brille maintenant au-dessus de ma tête et je le remercie infiniment pour ses douces années de service.

Merci, pour sa préface, à mémé Gertrude, bien que cette dernière soit purement imaginaire !

Un immense merci à mes soignants, à tous mes bobologues passés, présents *(futurs, je vous salue mais ne vous connais pas encore. Quoique... Soyez gentil avec moi sinon vous risquez de vous retrouver dans la prochaine version !)*. Vous faites un boulot incroyable et me permettez de vivre au mieux.

Un grand merci à la rhumatologue Ariane Leboime qui a accepté de relire, corriger et valider les passages médicaux de ce livre. Tu m'as été d'une aide précieuse !

Tous mes remerciements vont aussi au Professeur Maxime Breban pour sa disponibilité et son immense implication dans la recherche sur la spondylarthrite depuis tant d'années. Et hommage au Professeur Gilles Chiocchia qui, à ses côtés, aura beaucoup donné pour notre pathologie. C'est grâce à des personnes comme eux, les chercheurs, que la médecine avance, que le quotidien des patients s'en trouve amélioré et que l'espoir est toujours possible.

Je tiens aussi à rendre hommage à ma tante Jeannine qui nous a quittés avec force et dignité. Chaque jour ton courage m'accompagne et je t'en remercie.

Je remercie bien évidemment les Éditions Sud Ouest pour avoir cru en moi et en mon livre surtout, au point d'avoir l'envie d'en sortir une nouvelle édition augmentée en format poche.

Mille mercis à Pascal Moulin, sans qui rien de tout cela ne serait arrivé. Vous connaissez tous l'histoire à présent !

Mille mercis à Marie Cardinaud, l'éditrice qui aura fait le pari fou de défendre mes écrits.

Mille mercis à tous ceux qui auront travaillé sur cet ouvrage, la première comme la seconde version, et fait en sorte qu'il voie puis revoie le jour. Ce fut l'un des plus beaux cadeaux de mes trente *(-cinq)* années de vie !

Je remercie aussi les libraires, les journalistes et les influenceuses littéraires pour leur soutien inestimable.

Et pour finir, merci à vous tous. D'avoir lu *(peut-être même relu)* ce livre, d'avoir suivi les épopées de Grande Patiente. D'être à mes côtés depuis tant d'années maintenant. Je suis si touchée par ce soutien que vous m'offrez chaque jour.

Toutefois, les règles depuis la première parution de ce livre n'ont pas changé. En effet, ce n'est pas une raison pour quitter l'arène, l'aventure n'est pas encore finie. Maintenant que vous faites partie de la tribu élargie, vous êtes pieds et poings liés *(ça marche comme ça avec moi !)*. Alors le premier qui décampe… pas facile avec les pieds liés… Bref ! Je disais, le premier qui décampe… Oui, oui, je vous menace. Et j'assume !

Alors restez là les amis, je vais encore m'occuper de vous…

Vos mots…

(Certains risquent de se reconnaître !)

« Un livre qui parle de la maladie avec drôlerie !! Bref, amis Spondy, un livre qui fait du bien !!! À lire absolument et à recommander à ceux qui ne vous comprennent pas. »

« Livre intéressant et pas réservé uniquement aux malades ou aidants ! Je n'avais pas réalisé à quel point le fait d'avoir un mal invisible était difficile au quotidien. »

« En tant que malade, ce bouquin fait du bien. On se sent moins seule. »

« On se retrouve dedans, il y a des mots qui résonnent dans nos têtes mais aussi dans nos cœurs. »

« Merci pour ce livre qui malgré toutes les difficultés rencontrées met du baume au cœur. »

« Un livre drôle, pas pleurnichard, qui relate notre parcours du combattant en tant que malade. »

« Grâce à ce livre, je comprends aujourd'hui mieux mon épouse. Ça a ouvert une autre voie au dialogue. »

« Cela permet de découvrir d'autres réflexions sur ce que nous vivons et surtout de se sentir moins seuls. Toujours dans le vrai, pas trop dans le mélo, on en sort grandis. »

« Avec ce livre, j'ai commencé mon chemin vers l'acceptation. »

« Je le conseille à tous : malades, accompagnants ou toute autre personne curieuse des autres et du handicap invisible. Une belle leçon de vie. »

Et tant d'autres depuis la première parution en 2019…

MERCI À TOUS !

J'attends avec impatience vos nouveaux retours !

Sans solitude

Je te sens toujours
Me rôder autour
Et je vois encore
Ton corps qui se tord
Courbée en deux
Courbettes d'enjeu
Pour te soulager
De la pomme empoisonnée
Merci grâce à toi, je ne serai
plus jamais seule
Seule sans solitude
Seule sans amertume
Je ne serai jamais seule
Seule avec ma gueule
Lovée dans mon épaule
Mes hanches que tu frôles
Et parcours dans mon dos
De tes doigts marteaux
Cassée en mille
Morceaux fragiles
Donne-moi le péché
De la pomme empoisonnée
Merci grâce à toi, je ne serai
plus jamais seule
Seule sans solitude
Seule sans amertume
Je ne serai jamais seule
Seule avec ma gueule
Merci grâce à toi
Je ne vivrai pas
Sans l'ombre d'un chat
Qui se colle à moi
Sans l'ombre d'un chat
Je ne vivrai pas
Vivrai plus sans toi
Quoique...